도전! 지구둘레길 395일

도전! 지구둘레길 395일
(남미편)

초판 1쇄 인쇄 2012년 7월 25일
초판 1쇄 발행 2012년 7월 30일

지은이 최세열
펴낸이 金泰奉
펴낸곳 한솜미디어
등 록 제5-213호

편 집 박창서 김주영 이혜정
마케팅 김영길 김명준
홍 보 김태일

주 소 143-200 서울시 광진구 구의동 243-22
전 화 (02)454-0492(代)
팩 스 (02)454-0493
이메일 hansom@hansom.co.kr
홈페이지 www.hansom.co.kr

값 15,000원
ISBN 978-89-5959-319-4 (03980)

도전! 지구둘레길 395일

| 삶의 二毛作 | 남미편 |

한솜미디어

예순여섯에 걸은 후반생後半生의 순례길

'이유 없는 반항Rebel Without a Cause', 오늘을 사는 기성세대는 1950년대에 회자하였던 10대의 성장통을 모두 겪었을 것이다. 그래서 우리 아이들이 안고 있는 답답증과 소통 부족의 현실에서 느끼는 소외감에 공감할 수 있고 '이유 없는 반항'을 신세대의 투정 정도로 이해하는 너그러움도 가질 수 있다.

그러나 당신은 60대 노장의 '이유 있는 반항'에 대해 들어본 적이 있는가?

서른 후반에서 쉰 전반을 아우르는 기성세대에게 자리를 내준 60대는 대부분이 사회활동에서 떠밀려 난 퇴직세대이고, 인생의 석양을 관조하는 잊혀가는 황혼세대이다.

새 아침에 떠오르는 태양이 아름답다면 붉게 물든 저녁노을도 장엄하지 않았던가? 새봄의 신록이 희망의 상징이라면 온 산을 붉게 물들인 오색 단풍과 황금 들녘에 물결치는 오곡은 풍요로운 결실의 증거가 아니겠는가?

66세 되던 한 해 동안2010년 1월~2011년 2월 배낭을 메고 6대륙 33개국으로 나그넷길을 다녀왔다. 그것은 지금껏 살아왔던 전반전 삶에 대한 이유 있는 반항이었고, 미지의 후반생에 던진 하나의 도전장이었다.

우리말 가운데 내가 제일 싫어하는 어휘는 '노인'이란 단어이다. 안타깝게도 기성 사회에서는 노인이라 하면 인생을 다 살아서 용도 폐기된 그래서 꿈의 커튼이 내려진 무대 밖으로 퇴장해야 하는 퇴역 배우 정도로 생각한다. 나는 그와 같은 사회적 통념에 반기를 들고 싶었다. 그래서 젊은이들의 전유물이 되어 버린 배낭을 메고 만 65세에 '이유 있는 반항의 나그넷길'을 시작하였다.

1년간의 순례길에서 세계의 지붕 티베트 고원과 에베레스트의 베이스캠프를 걷는 동안 불자들의 윤회 사다리를 보았다. 몽골 벌판에서 시베리아 철도로 북극권의 종착역 로바니에미까지 가는 1만km의 정신 나간(?) 기차여행에 도전하였다. 킬리만자로 정상에 올라서 66살의 내가 아직 건재함을 외쳐 보기도 했다. 검은 대륙 아프리카의 끝 희망봉을 돌아서 나미비아의 죽음의 사막에서 밤을 새웠고, 남극의 백색 대륙 위를 내 두 발로 걸어보고 우수아이아에서 페루의 안데스 골짜기까지 남미대륙을 거슬러 올라가는 고달픈 행보를 시작하였다. 그리고 마지막으로 아마존 정글에서 원주민을 찾아 좌충우돌하는 방랑의 길을 걸었다.

6개 대륙을 반항하는 구도자의 심정으로 후반생의 순례길을 시작하였다. 그리고 네 번째 안데스를 넘어오며 나의 젊은 날의 초상을 볼 수 있었다. 사람들은 남미대륙의 끝자락 아르헨티나의 가장 남쪽 마을 우수아이아를 '세상의 끝'이라고 부른다. 지구의 바닥 남극 탐방에서 돌아온 날 나는 그곳에서 다음과 같은 글이 적힌 팻말을 보았다.

'세상의 끝 그러나 모든 것의 시작 El fin del mundo, el principio de todo'

'끝'이란 곧 '시작'이란 뜻의 이음동의異音同意어이다. 세상을 살아보니 인생이란 항상 후반생의 반전이 있기에 살아볼 만한 것 같더라. 인간은 60중반에도 통념의 고치를 뚫고 나와 재생의 창공으로 비상하는 나비가 될 수 있다는 확신을 갖게 되었다.

옛날 요엘이라는 선지자는 "젊은이는 이상을 보고 늙은이는 꿈을 꿀 것이다"라고 예언했다. 꿈꾸는 삶이란 나이에 상관없이 영혼이 젊은 자에게 미지의 신세계이다. 내가 좋아하는 '조지 워커'가 100세 생일에 읊은 그의 시 '노년 찬가 Growing Old' 가운데 이런 구절이 있다.

사람들은 '늙는다는 것이 삶의 언덕 아래 내리막길을 간다' 하네
우리의 운이 다해버린 듯 슬픔에 잠긴 말투로-

지나버린 한 때의 時節을 한숨 지며 이야기하네
다가오는 미래가 不滅의 빛을 잃었다는 투로-

그러나 그것은 내리막길이 아니라오, 더 높은 곳으로 오르는 것이라오.
우리의 영혼이 열망하는 高度가 거의 다 보일 때까지….

그 누가 물결치는 황금 이삭을 갓 솟아난 여린 싹과 바꾸려 할까?
또, 무르익은 오곡을 보며 녹엽綠葉의 시절을 그리워하랴?

또 누가 진리의 길 위에 얻은 아름다운 銀白의 머릿결을
반짝이는 앳된 머리 타래로 바꾸고 싶어 하랴?

영혼은 항상 젊음이건만 흐르는 세월이 사람을 늙게 할까?
노년에 맺은 잘 익은 실과實果, 그 최상의 맛을 그 누가 알까나?

우리 시대를 살며 일탈을 꿈꾸는 오륙십 대의 어버이들에게 이렇게 외치고 싶다.

"그대가 67세 미만의 젊은이라면 이제 한 번 '이유 있는 반항'을 하여 보라! 그대의 버킷리스트에 도전하기에 그대는 아직 늙지도 늦지도 않았다! 그대가 꿈꾸는 일탈을 '60대의 반항'이라고 불러도 좋다. 왜냐하면, 그것은 통념의 고치를 뚫고 나온 모충毛蟲이 하늘로 비상하는 나비가 되는 변신의 순간이기 때문이다."

33개 나라에서 나그네로 보냈던 나날들이 외롭고 때로는 고달팠으나 꿈을 메고 걸었던 방랑자의 길은 마냥 행복했었다. 우리와 좀 달리 생긴 그들의 삶과 문화를 접하며 흘러가버린 시공 속의 내 옛 모습을 보게 되었고, 그 행로에서 마주친 다른 마을에서 온 길동무와 나누었

던 시간은 내 가슴을 열게 하고, 새로운 세계에 눈을 뜨게 하여 삶을 풍요롭게 해주었다.

내가 후반생의 나그네 이야기를 쓰기로 마음먹은 시점은 지구의 밑바닥 남극대륙을 출발하여 남미대륙의 파타고니아를 거슬러 올라와 아마존 정글에서 66세 생일을 맞고 돌아온 2011년 2월 중순이었다.

2010년 초에 시작하여 1년 동안 지구촌의 33개 나라를 돌아보는 다섯 번째의 여행을 마무리하였다. 혼자 하는 늦깎이 배낭여행 동안 내공도 좀 쌓였고 검게 탄 얼굴은 꽤 두꺼워졌지만, 아직도 찾아가야 할 지구촌의 다른 동네가 나를 기다리고 있다는 소년의 꿈을 계속 꾸고 있다.

그러나 너무 늦기 전에 반항의 나그넷길에서 보았던 젊은 날의 나의 초상, 지난 예순여섯 해의 삶 속에 깃들었던 작은 승리와 환희, 실패와 후회의 눈물, 그리고 아픔까지 포함한 전반생前半生의 이야기도 들려주고 싶다.

그리고 혹시 이 글을 읽고 나비처럼 비상을 꿈꾸는 마음이 젊은 자들에게 한 바가지의 마중물이 되고 싶은 유혹에 가슴이 뛰고 있다. 이 모험은 나에게 새로운 세계에 도전하는 60대 노장의 두 번째 이유 있는 반항이 될 것이다.

나는 누구인가?

이름은 최세열崔世烈. 조부께서 지어주신 이름인데 이제 돌이켜 보면

'세차게 세계를 돌아보라' 고 하신 뜻이었던가?

나는 세계 2차 대전 종전을 6개월 앞둔 1945년, 2남 3녀 중 막내로 태어난 해방둥이다. 그러나 5년 후에 닥친 6·25 한국전쟁의 비극은 5살짜리 아이한테서 어미를 빼앗아 가버렸다. 그 당시에 생겨난 또래의 전쟁고아들, 그리고 이산가족의 고통은 이제는 거의 잊힌 서글픈 현대사의 기록 속에 묻혀버렸지만….

대부분 40~50년 세대의 성장 과정이 그랬듯이 전후의 혼란과 가난의 소용돌이 속에서 용케 살아남았고, 고달픈 학창시절을 보낸 후에는 월남전이 한창이던 20대 후반에 국토방위 책임을 진 육군 병사로 3년의 청춘을 고스란히 최전방에서 보냈다.

1976년 5월, 신혼의 아내와 함께 미국으로 늦깎이 이민유학길에 올라 실리콘밸리에 있는 산호세 캘리포니아 주립대학에서 컴퓨터공학을 전공하였다. 14년 동안의 미국생활을 청산하고 1989년 미국 첨단 소프트웨어 산업 케이던스 사 한국 지사장으로 역이민하여 돌아왔다. 그 후 20년간 서울 주재 첨단 반도체 설계 자동화 분야에서 아시아 태평양 지역 책임자로 일하였고, 2010년 3월 코웨어시높시스 사와 합병 아시아 본부 대표직을 마지막으로 퇴임하였다.

우리 시대의 아버지들이 그리했던 것처럼 나 역시 예순다섯이 되도록 앞만 보며 달려왔다. 불탔던 열정의 젊은이가 어느덧 기성세대가 되어버렸고 내가 누볐던 활동영역을 '자기 몫을 달린 릴레이 경주자가 다음 선수에게 바통을 넘기듯' 더 젊은 세대에게 넘겨야 했다.

그러나 경주가 끝난 것은 아니다. 퇴직과 함께 '은퇴가 세상 끝이 아니라 미지의 세계를 향한 후반생의 시발점'이라는 믿음으로 지구촌 속으로 홀로 가는 다음 경주에 도전하기로 한 것이다. 그것은 내가 60여 년 동안 품어왔던 꿈의 목록을 하나씩 실행해 보려는 '이유 있는 반항'이기도 하다.

비록 그것이 고독한 행성 위를 걸어가는 순례자의 행보이건 서투른 글 솜씨로 이 소박한 꿈을 전염시키는 촉매자의 역할이건 나는 앞으로 10년간은 계속 그 꿈을 꾸는 나그네로 살아갈 것이다.

아내는 나이 육십이 넘어서야 겨우 철이 들었다고 놀린다. 어찌 보면 나는 아직도 60대의 철부지가 두 번째 삶의 걸음마를 막 시작하는 '어른 아이'이다.

그리고 다섯 남매 중 유일하게 살아계신 팔십을 훨씬 넘긴 누님께서는 내 인생의 두 번째 장章을 '일생이모작一生 二毛作'이라고 부른다. 그런데 초보 농사꾼치고는 첫해 수확이 제법 괜찮았다는 생각이 든다.

최세열

1st: Machu Picchu and Galapagos
(Jan 15 – Jan 30, 2010) Two weeks
Peru, Ecuador
5th: Antarctica and South America (Dec 4, 2010 – Feb 11, 2011)
Antarctica, Chile, Argentina, Uruguay, Brazil, Peru and
Mexico
Mexico
멕시코시
갈라파고스
GALAPAGOS ISLANDS (ECUADOR)
Quito
ECUADOR
Guayaquil
Oxapampas
옥사팜파
Amazon
Manaus
마나우스(아마존)
Lima
리마
MachuPicchu
쿠스코
San Pedro Atacama
아타카마 사막
Easter Island (CHILE)
라파누이(이스터 섬)
Santiago
산티아고
Buenos Aires
부에노스아이레스
Montevideo
몬테비데오
Artigas
아티가스
Iguazu
이과수
Huincacara
우인카카라
Bariloche
바릴로체
Torres del Paine
토레스 델 페인
Ushuaia
우수아이아
남극대륙
Caribbean Sea
COLOMBIA
VENEZUELA
GUYANA
SURINAME
French Guiana (FRANCE)
BRAZIL
PERU
BOLIVIA
PARAGUAY
CHILE
ARGENTINA
URUGUAY
GUATEMALA
BELIZE
HONDURAS
EL SALVADOR
NICARAGUA
COSTA RICA
PANAMA
JAMAICA
HAITI
DOMINICAN REPUBLIC
Falkland Islands (Islas Malvinas) (administered by U.K., claimed by ARGENTINA)
Drake Passage
Scotia Sea
SOUTHERN OCEAN
Antarctic Circle (66°33')

도전! 지구둘레길 395일

꿈을 메고 백색 대륙을 가다. 지구의 밑바닥, 남극/73

세상에서 가장 긴 나라, 칠레 종단/118

도전! 지구둘레길 395일

지구의 배꼽, 라파 누이/150

금수강산의 나라, 아르헨티나 종단/170

아마존 속으로, 안데스를 4번 넘다/203

옥사팜파에서 테오티우아칸 피라미드까지/241

배낭여행의 첫사랑
마추픽추!

한여름 밤의 꿈같았던 나흘간의 산행은 결국 남은 삶의 이정표를 바꿔 놓고 말았다.

아, 마추픽추!

남반구 밤하늘의 이름 모를 별자리를 헤아리며 옛 잉카인의 오솔길을 따라 걷는 안데스 산맥, 산새들의 노래 속에 이슬 맺힌 야생 난을 반기며 마추픽추로 숨 가쁘게 넘어가던 해발 4,200m의 '죽은 여인의 고갯길', 그것은 2010년 1월 중순 65세의 내가 시도한 첫번째 상쾌한 모험이었다.

마추픽추로 향하는
잉카의 옛길에서

그 모험은 내 삶의 이모작二毛作을 꿈꾸게 했던 나의 첫사랑이었다. 돌이켜 보면 한여름 밤의 꿈같았던 이 나흘간의 산행은 결국 남은 삶의 이정표를 바꿔 놓고 만 것만 같다.

그 때문인지 1년 반이 지난 지금까지 지구촌의 구석진 마을을 찾아가는 구도자의 모험을, 또 첫사랑을 그리며 꿈을 메고 전설을 찾아가는 순례자의 행로를 계속하고 있다.

2010년 1월 중순 잉카의 땅 마추픽추에서 시작한 나의 처녀 배낭여행은 6대륙 33개 나라를 거쳐 2011년 2월 11일 다섯 번째 여행의 마지막 종착지인 안데스 고원 위 옥사팜파에서 마감하였다. 첫사랑 안데스를 다시 찾아 지구를 한 바퀴 돌아온 셈인가?

페루문명의 기원은 잉카문명보다 2만 년 전으로 거슬러 올라간다. 고대문명의 요람이었던 메소포타미아, 이집트, 인도, 그리고 중국의 황허문명과 어깨를 겨루는 페루는 남아메리카 대륙에 존재했던 고대문명의 발상지다.

마추픽추의 나라 페루의 역사 속에는 원주민들이 직조한 담요나 오색 구슬 띠처럼 신비롭고 슬픈 과거의 무늬가 짜여 있다. 마치 우리의 가락 아리랑 속에 '한'과 '정'이 숨겨져 있듯이….

지금은 사라져 버린 제국의 옛길을 따라가는 나흘간의 산행을 통해 안데스 고원 위에 남기고 간 그들의 문화유산을 살피며 내가 걷는 삶의 여정에 대한 무슨 실

구름 속의 마추픽추

잉카문명의 요람 페루

마리를 찾을 수 있기를 기대하여 본다. 그리고 설령 정답을 찾지 못한다 해도 자신에게 끊임없는 질문을 던지게 되리라. 내가 걷는 이 시공의 세계에서 무엇을 찾느냐고?

페루의 수도 리마에서 국내선 비행기로 갈아타고 쿠스코 공항에 도착하자 머리가 깨질 듯한 심한 두통이 왔다. 코에서 석유냄새가 나는 것이 마치 매연이 극심한 공해의 도시처럼 느껴졌다. 그러나 이 모든 현상이 고산병 증후군이라는 것을 나중에야 알게 되었다. 쿠스코는 해발 3,400m의 고지에 세워진 잉카제국의 수도였다. 겨우 고도 2,000m 미만의 설악산과 지리산을 몇 번 다녀왔던 고산 트레킹 초보자인 내가 받은 첫 번째 신체적 쇼크였다.

공항에서 택시를 타고 큰아들 큐와 만나기로 약속했던 첫 번째 숙소 '로스 니노스'라는 조그만 호텔에 도착했다. 리셉션 데스크에서 막 체크인을 하고 있는데 2주 전에 먼저 출발하여 파나마와 콜롬비아를 거쳐 방금 도착한 큰아들이 반갑게 맞는다.

첫 번째 배낭여행은 이라크 전장에 미 육군 레인저 부대원으로 네 차례나 다녀온, 몇 개월 전 제대한 아들 큐규익와 같이한다. 미국에서 태어난 큐는 배낭여행을 워낙 좋아하여 동유럽과 남미를 벌써 두 번이나 다녀왔다. 예순 중반의 늦깎이 초보보다는 훨씬 고수인 셈이다.

잉카제국의 옛 수도 쿠스코

우리가 묵은 쿠스코의 로스 니노스는 스페인어로 어린이라는 뜻의 호텔로, 플라자 데 아르마스 근처에 있는 300년 정도 된 건물 안에 있는 작고 저렴한 별 두 개짜리 호텔이다.

니노스 호텔은 1998년에 욜란다 반 덴버그라는 네덜란드 여인에 의해 시작되었다는데 이 호텔이 특이한 것은 여기서 생겨나는 이익금 전액을 500여 명의 버림받고 집 없는 이 지역의 어린이들에게 매일 더운 음식과 따뜻한 샤워를 제공하기 위해 쓰인다는 점이다. 이뿐 아니라 도움이 절실한 아이들을 위한 의료 봉사 및 숙제 도우미, 스포츠 활동을 지원하는 일도 '니노스 유니도스 페루아노스'라는 재단을 통해 이루어지고 있었다.

지구촌의 여러 마을 – 인도, 네팔, 에티오피아, 케냐 그리고 마다가스카르 – 에서 보았던 것처럼 이 페루의 길거리에도 갓난아이를 안고 거리에서 그냥 쓰러져 자는 여인, 또 집 없는 아이들의 구걸하는 모습을 이 풍요의 세기 가운데서 볼 수 있다는 사실이 놀라울 뿐이다.

이 거리의 아이들을 보며 1950년대의 비참했던 한국, 전란 중 우리 세대의 실상을 떠올렸다. 나는 이들에게서 가난했던 어린 시절의 우리의 모습을 보았던 것일까? 1950년 한국전쟁 이후 나와 동시대를 살았던 지금의 60대 장년들은 전화에 부모를 잃거나 굶주린 배를 채우기 위해 거리를 헤맸던 가난했던 어린 시절을 아직도 기억할 것이다.

나 역시 어린 수많은 전쟁고아와 이산가족을 배출하였던 그 전란 중에 어머니를 잃었다. 할머니의 손을 잡고 피난처를 떠돌며 겨우 얻어온 감자 몇 알과 옥수수로 배를 채우는 것을 행운으로 여겼던 그 고통의 시절을 아직도 생생하게 기억하고 있다. 그 시절에 울며 넘던 보릿고개는 지금은 잊혀진 전설의 옛이야기가 되어버렸지만….

그러나 인간은 그가 체험하는 가난과 배고픔이 때로는 삶의 깊이를 풍요롭게 하는 불행으로 변장한 축복일 수 있다는 사실을 모를 때가 있다. 그래서 이 파란 눈의 서양 여인 욜란다가 대단해 보이는지도 모르겠다. 가족과 친구들을 떠나 먼 이국땅 페루의 쿠스코에 영구 이주한 이래 12명의 고아를 자신의 가족으로 입양하고 '어린이 돕기'를 실천하며 인생의 후반생을 살고 있다. 이 날개 없는 천사가 있기에 아직도 이 지구는 우리가 살 만한 행성이 아닐까?

고지 적응을 위해서는 한 3~4일 전에 쿠스코에 미리 오는 것이 좋다고 한다. 퇴직을 2달 앞두고 미국 캘리포니아 본사에서 있었던 연두年頭 콘퍼런스에 참석하고 트레킹 출발 하루 전에 쿠스코에 겨우 도착하였다. 그날 저녁 먼저 와 있던 아들 큐와 함께 시내 구경도 하고 저녁도 먹을 겸 플라자 데 아르마스 광장으로 나왔다.

광장은 각국에서 온 젊은 배낭족들과 호주머니 사정이 넉넉한 관광객으로 꽤 붐비는 곳이다. 나는 이국땅에 오면 시차와 현지 적응을 위해 항상 매콤한 한국 음식을 찾게 되는데 쿠스코 공항 입국장에서 얼핏 본 한식당을 광장에서 찾다가 포기했다. 20시간이 넘는 장거리 비행에 너무 피곤하고 고산병 증세도 있어서 근처의 한 페루 식당에서 저녁을 먹고 바로 쉬고 싶어서였다.

이곳의 유명한 전통 요리 가운데 하나는 우리가 흔히 실험용 쥐라고 하는 기니피그이다. 페루 원주민이 쓰는 케추아 말로는 '키위' 혹은 '야카'라고 부르는 추천 요리를 먹어 볼까 했으나 아직도 속이 매스껍고 또 처음 먹는 토속음식에 도전하기는 좀 이른 것 같아서 아쉽지만 그저 무난한 닭고기를 시켰다. 이럴 때는 김치찌개나 매운탕 한 그릇이면 시차 적응을 한 방에 끝내줄 텐데….

다음 날 쿠스코에서 선교사로 일하고 있는 남아프리카 친구 요한과

기니피그 메뉴가 쓰여진 식당

이 귀여운 놈들을 어떻게 잡아먹지?

같이 시내 구경을 나갔다. 쿠스코 광장에는 잉카의 옛 건축물과 스페인 정복자들의 대성당 라 카테드랄이 서 있는데, 라 카테드랄은 1560년에 짓기 시작하여 완공될 때까지 거의 100년이 걸렸다고 한다. 스페인의 웅대한 건축물보다 자연을 훼손하지 않고도 자연과 조화를 이루는 잉카인의 건축물이 더 마음에 들었다. 인공구조물이 아닌 자연석의 모서리를 맞추어 쌓아 올린 돌벽의 구조가 특이하다. 하나의 돌에 열두 개의 다른 돌들이 빈틈없이 끼워진 12면석이 자연스러운 형태로 건물 벽을 이루고 있었다.

요한이 아주 흥미로운 이야기를 해주었다. 잉카제국의 옛 궁전 위에

1560년에 지은 라 카테드랄 대성당

지진에도 끄떡없었던 잉카의 건물벽 12면석

건설한 스페인 건축물은 1650년 대지진으로 대부분 무너졌으나, 그보다 몇백 년 전에 세웠던 잉카 건축물은 끄떡없었고 오히려 그 위에 세웠던 스페인 건물들이 무너지자 잉카 건축물의 원래 모습이 나타나는 기이한 현상이 일어났다고 한다.

어찌 보면 스페인이 잉카제국을 무력으로 정복하는 데 성공하였으나 그들의 건축기술은 잉카인의 옛 솜씨를 넘어설 수 없었음을 보여주는 것이 아닌가? 한 인간의 품성도 지진의 충격을 당할 때 화려한 외양은 벗겨지고 그 사람의 본질이 나타나게 된다. 위선으로 포장되었던 천박한 가식이 어떤 충격으로 깨지면 그 사람의 참모습이 드러난다. 그러나 지진의 충격을 겪고도 굳건히 서 있는 사람을 보면 우리는 마음으로부터 그의 품격을 존경하게 된다.

잉카제국의 옛 건물 벽을 바라보며 자신에게 질문 하나를 던져본다.

'너는 충격 후에도 남아 있을 품격을 건축하기 위해 지금껏 잘 살아왔던가?' 그렇다고 말할 자신이 없다. 그러나 다시 한 번 기회가 주어진다면 그렇게 살 수 있을까?

저녁 때 이번 잉카 트레일 트레킹을 주관하는 라마 페츠 사무실에서 오리엔테이션이 있었다. 다음 날 새벽 마추픽추를 같이 등정할 팀원들과 만나 상견례를 하고 종합적인 설명을 듣는 시간이다.

나흘간 산행을 같이할 트레킹 멤버는 총 11명. 영국과 호주에서 온 두 쌍의 젊은 남녀, 나머지는 미국 동부에서 온 젊은 남녀 5명, 그리고 미국에서 태어나 거의 20여 년을 미국에서만 살아온 순수한 한국 토종이라 하기는 좀 어려운 큐, 그래서 내가 유일한 한국인이었다. 대부분 30대 미만인 청춘 남녀들인데 예순다섯의 낯 두꺼운 젊은이(?)가 이

선남선녀들 사이에 깍두기처럼 슬며시 끼어든 셈이다.

'얘들아, 나를 너무 우습게는 보지 마라! 이래봬도 40대처럼 보이는 동안인데다 이미 설악산과 지리산을 몇 번씩 다녀온 관록 있는, 너희보다 영혼은 더 젊은 청년이다.'

속으로 중얼대며 이들과 반갑게 인사를 나눴다. 큐를 제외하고는 일행 중 아무도 내가 60대라는 사실을 모르고 있었다. 쉽게 노화되는 서양인에 비해 동양인의 얼굴은 훨씬 젊게 보여서 한 수 먹고 들어간 셈이다. 다음 날 저녁에 내 체력의 한계가 탄로 나고 말았지만….

잉카의 성도聖都 마추픽추로 가는 옛길 탐방은 배낭여행자들에게는 꿈의 리스트 중의 하나일 것이다. 반들반들하게 닳은 자갈로 덮인 오솔길과 절벽의 바위를 깎아 만든 3,000개의 계단들, 커다란 암석 사이에 낸 석굴로 된 좁은 통로, 이 옛길을 지나다 보면 '룬쿠라카이', '와이나이 와이나', '푸유파타마르카' 등 혀 꼬부라지는 케추아 이름의 잉카 성채들을 만나게 된다. 그리고 소나기와 햇빛이 교차하는 안데스의 고원 위에 거미줄에 반짝이는 이슬방울과 야생 난이 걸려 있는 구름의 수림을 지나게 된다.

숨이 차고 심장이 터질 것 같은 고통 가운데 해발 4,200m의 고산준령을 넘어서면 옛 제국의 전령들이 넘나들던 꼬불꼬불한 카미노 잉카가 펼쳐진다. 그리고 그 옛길을 따라 걷다 보면 몇백 년 전의 과거 속에서 잉카인들과 함께 걸어가는 상상 속의 나를 보게 된다. 800년간 이 길을 걸었던 잉카인들과 소리 없는 대화를 통해 그들의 기쁨과 애환의 속삭임을 듣고 또한 21세기에서 찾아간 내 하소연도 들려주며 꿈의 길을 거닌다.

첫째 날 : 'km 82'

심한 두통을 무릅쓰고 새벽 4시에 일어나 무거운 배낭을 메고 비를 맞으며 미팅 포인트 쿠스코 광장으로 갔다. 잉카 트레일의 시발점인 피스카쿠초 즉, 'km 82'라고 부르는 곳까지 버스로 이동하기 위해 트레킹 팀 전원은 새벽 5시에 아르마스 광장에 집합해야 했다.

한때 콜롬비아 남쪽에서 칠레와 아르헨티나까지 뻗쳐 있던 대 잉카 제국의 영토를 연결했던 이 안데스의 산길은 약 3만km가량 되었는데 아마도 광대한 제국의 각지를 잇는 혈관과 같은 역할을 했을 것이다. 이제 그 제국의 옛길을 내 발로 걷고 싶어했던 어린 시절의 꿈을 막 실현하고 있는 셈이다.

새벽부터 내린 비가 그칠 기미를 보이지 않는다. 한국에는 한겨울인 정월 중순이지만 이곳 남미에서는 지금이 한참 여름이다. 우리 일행은 쿠스코에서 버스를 타고 1시간 후에 올란타이탐보 마을에 도착하여 간단한 아침 식사를 마치고 빌카노타 강변의 잉카 트레일 입구인 km 82까지 이동하였다.

잉카 트레일의 시발점인 km 82에서 첫 번째 어처구니없는 실수를

km 82 출발지점. 제일 오른쪽 필자

빌카노타 강 위의 출렁다리

와일라밤바에서 본 우룸밤바 산맥

후일카 라카이 옛 성곽

하고 말았다. 레인저 부대에 근무했던 큐가 자기는 포터를 쓰지 않고 20kg이 넘는 배낭을 혼자 멘다고 하기에 나는 하프 포터를 사용하기로 하고 15kg의 배낭은 내가 메고 10kg짜리 더플백을 포터한테 준 것이다.

사실 우리 일행의 절반 정도는 풀 포터를 사용하였는데 풀 포터를 사용하면 트레커는 간단한 데이 팩이나 카메라와 물병만 들고 가면 된다. 일단 넘겨준 더플백은 트레킹이 끝나고 숙소 텐트에 들어갈 때까지는 돌려받을 수 없다. 예순다섯의 나이를 생각지 않고 저지른 고산 등정 초보자의 실수였다. 인간은 나이를 먹어도 마냥 초보자의 길을 걸어야 하는가 보다. 그러나 실수를 통해 배우는 것이 또 인간이 아니던가?

해발 2,720m 지점에서 시작하는 잉카 트레일은 빌카노타 강 위의 출렁다리를 건너 후일카 라카이라는 잉카의 옛 성곽이 보이는 평원을 지나다 보니 믿어지지 않을 만큼 잘 보존된 락타파타 산 위의 도시라는 뜻 유적지가 나타났다. 그곳을 넘어서면 우룸밤바 산맥은 안데스의 해발 5,860m의 와카이 윌카 봉우리와 열대 밀림지역으로 갈라놓는데 흔히 이 봉우리를 베로니카라고도 부른다.

km 82 트레킹 출발지점에서 아들 녀석에게 "이 트레킹 멤버 중에는 여자들이 다섯이나 있으니 나는 아무리 못해도 중간은 가지 않겠니?" 라고 자신 있다는 투로 물었다. 그러나 오만한 예측은 1시간도 못되어 여지없이 빗나갔다. 나는 중간이 아니라 일행의 제일 꽁무니에서 앞서 가는 일행을 쫓아가는 것만으로 숨이 차 계속 헐떡였다. 겨우 하루 전에 도착하여 고산 지역에 적응도 못 한 채 겁 없이 메고 가는 15kg의 등짐은 역시 무리였다. 예순다섯이 되도록 겸손의 미덕을 깨우치지 못한 나는 아직 철부지인가 보다.

몇 시간째 완만한 산길을 따라오다 잉카 트레일의 마지막 마을인 고도 3,000m 지점 와일라밤바에서 점심을 먹기 위해 잠시 쉬었다. 점심은 '와포'라는 별명을 가진 요리장이 다른 포터들과 미리 와서 닭볶음 같은 페루식 전통요리를 만들어 놓았는데 이른 아침을 먹고 몇 시간째 빗속을 걸었던 우리에게는 꿀맛 그 자체였다. 이 맛있는 요리를 우리보다 먼저 도착하여 준비하다니 정말 놀랍고 고마울 따름이다.

비가 그치자 햇빛이 눈이 부시도록 빛나는 계곡 위로는 무지개가 뜨고 고산준령에 걸린 하얀 구름을 올려다보니 선경이 따로 없다. 일행이 점심을 먹는 동안 잉카 옛길의 마지막 동네 사람들이 몇 마리의 나귀 등에 짐을 잔뜩 지운 채 호기심 어린 눈으로 우리를 쳐다보며 지나간다. 그들의 조상 역시 수백 년 동안 지금 그들이 지나는 똑같은 길을 걸어갔을 것이다.

인간은 길을 걸으며 길을 낸다. 산다는 것은 길을 가는 것이다. 비록 그것이 8차선의 고속도로가 아닌 안데스 고원의 오솔길이라고 해도 인간이 걷는 곳에 길이 생긴다. 그리고 그것은 연속되는 삶의 증거이자 희망(꿈)이다.

800년 전 잉카인의 족적이 담긴 길 위를 걸으며 내가 남긴 60여 년의 발자국을 뒤돌아볼 수 있어서 행복하다. 그것이 비록 돌부리에 걸려 넘어졌던 수많은 실패와 아픈 기억의 생채기를 후비는 힘든 여로일지라도, 나는 살아있고 지금 그토록 꿈꾸었던 안데스 고원의 구름 사이를 두 다리로 걷고 있지 않은가?

첫날의 트레킹을 마감하는 캠프사이트 아야파타는 이름 그대로 녹색 골짜기 가운데 있다. 점심을 먹었던 와일라밤바 마을에서 약 2시간 가량 더 올라가야 하는 곳이다. 비록 숨이 가쁘고 다리가 후들거리는

아야파타 캠프에서 본
환상적인 우룸밤바 산맥

산행을 하면서도 주변 안데스의 매혹적인 아름다움에 넋을 잃을 지경이었다.

4시경 야영할 첫 캠프 아야파타에 내가 꼴찌로 들어오자, 먼저 도착한 일행들이 전부 기립 박수로 도착을 환영하고, 선착한 큐 녀석이 하이파이브를 해주며 “아버지, 해내셨군요!” 하며 제일 좋아한다.

나이가 제일 많은 노장 선수가 결승점을 마지막으로 통과하는 것에 대한 환영과 격려의 박수까지 받고 나니, ‘아, 이제 포기하기는 틀렸구나! 사내대장부의 자존심이 있는데 죽더라도 끝까지 가야지 별수 없구나!’ 라고 마음을 다져 먹었다. 비록 꼴찌로 들어왔어도 기뻤다.

누군가 말하기를 “인생의 경주란 누가 먼저 결승점에 도착하느냐가 중요한 것이 아니다. 어떻게 끝까지 완주하느냐가 더 중요하다”고 했다. 이 녀석들이 나의 도착을 기뻐하는 것은 아마도 자기들이 내 나이가 되도록 적어도 30년간의 산행을 계속할 수 있겠다는 산 증거를 보게 되었기 때문이 아닐까?

저녁을 마치자 가이드 책임자인 카시아노가 전체 회의를 소집하였다. 팀 11명과 요리장 및 포터들, 탐방 지원팀이 각자 자기소개를 하는

첫날 야영장 아야파타에서 아들 큐와 함께

전 페루 육군 장교였던 노랑 재킷의 포터 팀장

시간이었다. 한 사람씩 이름과 나이, 고국 그리고 하는 일을 말하였다. 내 옆에 서 있는 노란색 재킷의 포터 책임자는 전직 페루 육군 장교 출신이라는데 나이가 꽤 들어 보여 속으로 내 나이 정도는 되겠거니 생각했는데 웬걸 겨우 53세였다.

내 차례가 되어 "나는 현재 미국 전자 소프트웨어 회사의 부사장이고 2주 후에 만 예순다섯이 된다"라고 하니 좀 놀라는 눈치들이다. 우리 탐사대에서 나를 뺀 10명의 트레커 전체의 평균 연령은 28세의 새파란 젊은이들이다. 그들과 나 사이에는 평균 37년의 시차가 있다. 그러나 100세의 정정한 조지 와커 선생에 비하면 나는 아직도 새파란 청춘이 아닌가?

카시아노는 자신의 트레킹 가이드 경력 가운데 제일 나이가 많은 등반대원은 73세의 미국 콜로라도 출신의 산악인이었다고 한다. 콜로라도는 평균 해발 2,000m의 고원지대인 만큼 그들에게 고산지대 적응은 어렵지 않았을 것이다.

그 얘기를 듣고 있자니 은근히 잠자던 승부근성이 발동한다. "오케이 카시아노. 9년 후에 다시 보자. 내가 그 기록을 꼭 깨 주마"라고 큰소리를 쳤다. 그리고 그 약속을 지키고 싶은 강렬한 꿈이 있다. 그때는 내 나이 겨우 74세일 테니….

안데스 고원은 라마들의 세상이다. 저녁을 먹은 후 일행들과 트레킹 첫날의 이런저런 일들을 얘기하고 있는데 갑자기 땅을 두드리는 말발굽 소리가 요란하게 들리더니 갑자기 위쪽에서 "조심해, 라마가 온다!"라고 외치는 소리가 난다. 라마 네 마리가 우리의 야영장 옆길을 무엇이 급한지 후다닥 지나간다.

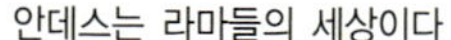

안데스는 라마들의 세상이다

첫 캠프에서 가이드 카시아노와 함께

라마는 보고 싶어 했던 남미 안데스의 토종 동물 가운데 하나인데, 이 녀석들은 낙타처럼 무거운 짐을 나르는 데 사용될 뿐 아니라 식용 가축으로 사육되기도 한다. 라마는 어떻게 보면 양처럼 생겼으나 자세히 보면 낙타에 더 가깝다. 라마의 근원지는 4천만 년 전의 북미 대륙의 중앙고원으로 추측한다. 3백만 년 전에 남미대륙과 아시아로 이동한 것으로 현재는 주로 안데스 산악 지역에서만 볼 수 있다. 선한 눈과 순한 성격으로 쉽게 사람들과 친해질 수 있는 유용한 동물이다.

비가 갠 안데스의 밤은 점점 깊어가고 먼 하늘의 별들은 얼마나 총총하고 많은지! 이 오염 없는 산상에서 쳐다보는 잉카의 밤하늘에서 금방이라도 별들의 소나기가 쏟아질 것만 같았다. '아, 나는 지금 꿈을 꾸고 있는 것인가? 아니지, 내 어린 시절의 꿈이 60년이 훨씬 지난 바로 지금 현실이 되는 순간이다!'

오랜 세월 동경했던 먼 나라로의 꿈의 순례가 바로 이 안데스 고원 위에서 그 서막이 열리고 있다. 밤이 되면서 기온이 섭씨 5도로 급속히 떨어진다. 이제 침낭으로 들어가 잉카의 산길을 걸어온 첫날의 피곤함을 풀어줄 단잠을 청할 시간이다. 겁 없이 시작한 나흘간의 배낭

길 첫날을 돌이켜보며 나의 행운에 감사하고 있다. 그리고 내일 넘어야 할 최고의 난관 '죽은 여인의 고갯길Abra de Warrmihuanusca'은 내일 부딪혀 보자. 미리 겁먹을 필요는 없다고 자신에게 최면을 건다.

둘째 날 : 죽은 여인의 고갯길을 넘어서

안데스 고원의 상쾌한 고요함이 새벽을 깨운다. 아침 5시에 전원 기상이다. 포터들이 따끈한 차를 천막마다 갖다 주며 일행을 챙긴다. 천막 밖으로 나와 보니 벌써 포터가 세면대에 더운물을 떠놓고 수건까지 준비해 놓았다. 이건 만점짜리 룸서비스이다. 안데스 능선에 걸린 하얀 구름과 계곡 위로 조약돌이 깔린 잉카의 옛길이 우리를 기다린다.

오늘은 잉카 트레일 중 가장 난코스인 해발 4,200m '죽은 여인의 고개'를 넘어야 하고 8~9시간 사이에 총거리 16km를 걸어야 한다. 전체 탐방로 중 최대 고비인 이 고개를 넘어야만 나머지 트레킹을 무사히 마칠 수 있는, 전체 트레킹의 성공 여부를 가름하는 곳이다.

아침 식사가 끝나자마자 준비된 사람들부터 먼저 길을 떠나기 시작했는데 어제 종일 미련스럽게 15kg의 배낭을 메고 고생했던 것을 생각하고 슬쩍 꾀를 부렸다. 포터에게 줄 더플백에 15kg의 짐을 챙겨 넣고 내가 메고 갈 배낭의 무게는 10kg으로 줄였다. 조금 미안하긴 했지만 우선 내가 살고 봐야지.

'미안하다. 포터 친구야, 그래도 쓰러진 나를 업고 가는 것보다는 이 5kg이 훨씬 가벼울 거야. 그렇지 않나?'

가벼워진 10kg짜리 배낭을 메고 남보다 일찍 떠났으나 30분도 채 되지 않아 지치기 시작했다. 3,000m가 넘는 지점부터는 고산병이 나

드디어 해발 4,200m 지점

빗속에 넘는 '죽은 여인의 고갯길'

를 괴롭히기 시작했다. 코카잎을 씹으면 도움이 된다고 하여 입에 넣고 씹어 보지만 내게는 별로 효험이 없는 것 같다. 결국은 다시 맨 뒤에 처져서 한 10m 가다 쉬고, 또 20m 정도 걷다 걸터앉을 바위가 보이면 무조건 엉덩이를 갖다 대었다.

아, 역시 2~30대 젊은이들과 60대 사이에 엄연히 존재하는 35년 이상의 세월 차이를 부인할 수는 없구나! 지나버린 30년의 세월이 '이 친구야, 네가 아직도 30대인 줄 아나?' 라고 나에게 불편한 진실을 말하는데도 속으로 오기를 부려본다. '그건 그래, 그러나 나도 한때는 20대였다. 아직 게임 끝나지 않았어!'

일행 제일 뒤에서 따라오며 낙오자가 없는지 수시로 체크하는 보조 가이드 칼로스는 내가 걱정되는지 혹시 산소통이 필요하냐고 묻는다.

"칼로스, 네 뜻은 고맙지만 아직은 괜찮다."

지금은 오르막길인데 산소통을 쓸 수야 없지. 은근히 도전의식이 발동한 나는 이 고비를 '내 힘으로 극복할 수 있다는 것을 보여주자! 또 내가 얼마나 지독한 코리안인지 증명하자!' 하고 젖먹던 힘을 다해 한 걸음 또 한 걸음을 떼었다.

드디어 '죽은 여인의 고개'에 도달하였다. 이곳의 지명이 궁금하여 칼로스에게 이곳을 왜 '죽은 여인의 고개'라고 부르는지 물어보았다. 칼로스는 자기도 그 유래는 잘 모르겠고 이곳 원주민들이 이곳을 그냥 그렇게들 부른다고 한다. 아마 그 옛날 잉카 여인도 이 가파른 고갯길을 혼자 넘다가 나처럼 힘들어하다 죽었을까?

그런데 이 죽을 맛 나는 고갯길을 빨간 유니폼을 입은 포터 팀은 무거운 짐을 잔뜩 지고도 펄펄 날아가는 듯이 올라간다. 탐방대 일행은 그들을 슈퍼볼 팀이라고 한다. 붉은 유니폼의 '샌프란시스코 포티나이너스'처럼….

카시아노는 지금까지 자기가 안내한 팀 가운데 우리 팀이 성적이 제일 좋은 팀인 '슈퍼 하이커스'라고 치켜세워줄 줄도 아는 것이 여간내기 프로가 아니다. 당연히 나는 거기서 예외이지만…. 드디어 잉카 트레일 중 가장 높은 고갯길을 넘었다. 숨은 가빠오고 심장이 터질 것 같아 도저히 한 발자국도 뗄 수 없을 것처럼 보였던 해발 4,230m의 고지를 무사히 통과했다. 그 무엇과도 비교할 수 없는 성취감 때문인지 그동안 나를 괴롭히던 고산병의 심한 두통마저도 잠시 잊었다.

죽은 여인의 고개를 넘어서니 또 고개

슈퍼하이커 팀 최대의 고비를 넘다

나는 100세의 조지 워커 선생이 자신의 생일에 낭송한 영시 노년찬가Growing Old의 다음 몇 구절을 무척 좋아한다. 왜냐하면, 노년이란 인격 비상의 계절일 수 있기에….

사람들은 '늙는다는 것은 삶의 언덕 아래 내리막길을 간다' 라고 하네
우리의 운이 다해버린 듯 슬픔에 잠긴 말투로 –
그러나 그것은 내리막길이 아니라오. 더 높은 곳을 오르는 것이라오
우리의 영혼이 열망하는 고도高度가 거의 보일 때까지!

지금까지 올랐던 산행 중에 가장 높은 4,230m의 죽은 여인의 고갯길을 이제 막 넘어왔다. 몇 개월 후 나는 두 번째 배낭을 메고 히말라야의 5,200m의 에베레스트 베이스캠프, 또 몇 달 후 네 번째 배낭을 메고 아프리카의 지붕 약 6,000m 킬리만자로 정상에 서게 된다. 그러나 그것은 훗날의 이야기, 현재로서는 이곳이 내가 넘었던 가장 높고 가파른 고갯길이다.

우리는 모두 인생행로에 넘어야 할 가파르고 힘든 고갯길 아니 고비가 있다. 그것은 정신력으로 극복해야 할 육체적 고통보다 더 힘들고 가파른 고갯길이다. 그 고비를 넘은 후에도 더 높은 고개를 넘어야 할 때가 온다는 것을 예순다섯 해의 삶을 통해 나는 배우고 있다.

그러면 지금까지 걸어왔던 여로에서 가장 힘들었던 죽은 여인의 고갯길은 어디였을까? 아마도 1976년 5월 중순, 조국을 떠나 생면부지의 미국 땅으로 신혼 3개월의 아내의 손을 잡고 유학이민을 떠났을 때가 아닐까 싶다. 가난했던 우리는 달랑 이민 가방 2개를 끌고 돈을 벌어

서 갚아야 하는 노스웨스트 외상 항공권을 든 채, 막내딸 얼굴을 다시 못 볼지도 모른다며 눈물 흘리는 연로한 장인 장모님을 뒤로하고 김포 공항을 떠났다.

그리고 3년 동안 자정부터 아침 8시까지 일하는 야간 근무를 하며 주간에는 겨우 서너 시간의 새우잠을 잔 후 정규 대학생활을 하는 힘겨운 고갯길을 넘어야 했다. 잠이 부족하여 졸면서 운전하다 사고를 낼 뻔한 적이 부지기수였다. 돈이 없는 우리 부부는 중고가구로 신혼 살림을 차렸으며, 외상으로 타고 온 항공권의 빚을 갚느라 1불을 쓰는 것이 무서워 벌벌 떨어야 했다.

그때 내가 개발한 요리가 있었다. 이름하여 '이민 탕'이라 불렀는데, 당시 미국에서는 닭고기보다 싼 칠면조에 양파, 당근, 감자 등 채소를 잔뜩 집어넣고 끓이면 며칠 동안은 싫증이 나도록 먹을 수 있었다. 첫 아이를 가져 입덧이 심한 아내가 먹고 싶어 하는 젓갈도 사줄 수 없었던 가난한 시절이었다. 낯선 타국 땅에서 외롭고 두렵게 보냈던 이민 초기의 몇 해는 그 당시 우리에게는 넘어가기에 너무나 어렵고 벅찼던 죽은 여인의 고갯길이었다.

그것은 물론 나뿐 아니라 1970년대를 살았던 우리 시대의 대부분 동년배가 고국 땅에서, 독일에서, 또는 월남이나 중동에서 넘어야 했던 각각 다른 이름의 고갯길이기도 했다. 우리에게 젊음이 있었기에 희망이라는 정상을 향해 그 가파른 고비를 넘을 수 있었고 오늘 세계 속의 선진국 대열에 선 조국 코리아를 보는 행운을 맞이할 수 있는 것이다.

우리는 몇 시간째 햇빛과 소나기가 교차하는 잉카의 산길을 걷고 있다. 무지개 빛깔이 고운 비를 뿌리는 안데스의 여름은 가파른 산길을 걷는 우리에게는 차라리 신선하기만 하다. 물이 불어난 개울을 건널 때나 흐려진 시계가 안데스의 아름다운 풍광을 가끔 훼방하지만, 얼굴 간질이는 시원한 빗방울은 여름 산행의 무더위를 잊게 하는 최고의 청량제이다. 우리의 발걸음을 더 가볍게 해주는 것은 운림 속에 지저귀는 산새들의 노래와 또 벌새들의 춤이다. 구름의 수림 가운데 숨어 있는 야생 난, 또 안데스의 이름 모를 초목들과 수줍은 꽃들이 잉카제국의 옛길을 걷는 우리에게 남미의 신비스러움을 한없이 더해주었다.

정상에서 잠시 숨을 돌린 후 점심할 장소인 3,500m 지점의 파카이마유까지는 내리막길이다. 내리막길을 걷는 것은 자신이 있다. 점심 텐트가 쳐 있는 지점까지 선두로 들어왔다. 아침을 마친 후 숙소 천막을 정리하고 우리보다 늦게 떠난 포터들과 요리장 와포는 우리가 먹을 점심을 이미 차려놓았다. 이 빨간 유니폼의 슈퍼볼 팀은 완전히 손발이 척척 맞는 시스템을 갖고 있다.

페루식 수프와 노란 쌀밥, 또 카레가 덮인 닭요리는 6시간 이상 가장 높고 어려운 고개를 넘어온 우리에게 꿀맛 바로 그 자체였다. 이대로 쓰러져 한잠을 잘 수 있으면 얼마나 좋으련만 그러나 다시 제2의 난코스인 해발 4,000m의 룬쿠라카이를 향해 나가자는 진군의 나팔이, 아니 카시아노의 퉁소 소리가 울린다.

제2의 난코스 빗속의 전망대에서

오후 5시에 두 번째 밤을 보낼 야영장에 도착했다. 가장 어려운

룬쿠라카이를 향해

카시아노가 퉁소를 불며 우리를 격려한다

해피아워와 피스코 사워

두 개의 고비를 넘었다는 사실 때문인지 일행 모두 밝은 얼굴들이다. 오후 5시가 되면 어김없이 해피아워가 시작된다. 저녁을 보통 7시쯤 먹는 관계로 2시간 동안은 그날 하루의 피로도 풀 겸 산행 중 있었던 시시콜콜한 얘기들, 다른 나라를 여행했을 때 겪었던 각자의 경험을 나누는 대화의 광장이 열린다. 나는 이 젊은이들의 이야기를 듣는 것이 즐겁고 재미있다. 세대차 때문인지 그들이 나누는 대화 가운데 신세대의 뉘앙스를 간혹 놓칠 때도 있지만, 생각이 건전한 이 친구들 속에서 나도 젊음을 느낀다.

카시아노가 "와포" 하고 부르면 그때부터 우리가 둘러앉은 식당 텐트 안으로 팝콘과 비스킷 또 코카 잎을 비롯한 여러 종류의 차와 커피, 과일 주스가 들어온다. 때로는 페루 전통 음료인 피스코 사워가 나올 때도 있다. 페루인들은 매년 2월 8일을 피스코 기념일로 정했을 만큼 자신들의 전통 음료인 피스코 사워에 대해 자부심이 강하다. 저녁을 먹는 동안 그리고 밤새 비가 내렸다. 비가 내리면 우리의 행동반경은 식당으로 쓰는 천막 안으로 제한되는데 자연스럽게 각자의 연애담이나 직장 생활에 관한 얘기의 꽃이 핀다.

오늘은 영국에서 온 1년 차 신혼커플 마크와 리나의 이야기를 들었다. 광고회사에 일하는 마크의 예쁜 신부 리나는 현재 공인회계사로 런던에 사는 인도인 부모에게서 태어났다. 리나는 인도의 수천 년 전통과 인종 문제로 말미암은 부모의 반대를 무릅쓰고 이 영국 미남 청년과 결혼에 성공했다고 한다.

물론 그 이면에 흑백을 초월한 마크의 끝없는 사랑의 구애 그리고 그의 용기와 집념이 숨겨져 있지만…. 이 커플을 보니 34년 전, 세상에서 제일 예쁜 10년 연하의 아내와 결혼하기 위해 처갓집의 반대를 무릅쓰고 용감하게 구혼을 해야 했던 31세 노총각의 추억을 떠올리게 된다. 용기 있는 자가 미인을 얻는다는 속담은 동서고금을 막론하고 사실인가 보다.

신혼부부 마크와 리나의 인종을 초월한 사랑의 승리

푸유파타마르카 구름 위의 도시

셋째 날 : 구름 위의 도시와 영원한 젊음

악몽 같았던 둘째 날의 산행에 비하면 10km 정도의 셋째 날 산행길은 초등학교 아이들 소풍 길이다. 아침 6시에 식사를 마친 우리는 구름 위에 있는 도시라는 뜻의 푸유파타마르카를 향해 서서히 진군해 갔다. 이번 여정 중 세 번째로 높은 지역인 해발 3,700m를 넘어서면 케추아 말로 접근할 수 없는 도시라는 뜻의 사야크마르카가 나온다. 바위를 깎아 만든 층계와 1,000개의 돌계단을 통해서만 올라갈 수 있는 곳으로 주로 천문관찰과 종교의식을 위한 성지였다고 한다. 신라인이 첨성대에 올라 별을 헤아렸을 때 잉카인들은 이곳에서 같은 별자리를 보았을까?

푸유파타마르카에 가까이 내려오니 먼저 도착한 카시아노의 애절한 퉁소 소리가 발걸음을 서두르게 한다. 성벽 밑에 배낭을 내려놓고 돌로 쌓아올린 성채 위로 올라간다.

아! 잉카인들은 이 많은 돌을 어디에서 가져왔고 어떻게 이 같은 아름다운 석조물을 세울 수 있었을까? 이토록 정교하고 매끄럽고 튼튼하게 쌓은 돌담으로 둘린 잉카의 유적을 보고 있노라면 대자연의 질서 속에 자연 그대로 조화를 이룬 순수한 아름다움을 볼 수 있다. 여기에는 인공의 흔적을 찾을 수 없다. 자연을 파괴하지 않고도 이처럼 신비로운 아름다움을 창조할 수 있다니, 공학도였던 나의 식견으로도 거의 불가사의한 작품들이다. 이 접근 불가의 성벽 위에 서서 아래를 보니 겹겹이 펼쳐지는 산맥과 또 사이사이의 구름 속 계곡들은 나의 제한된 어휘로는 도저히 형언하기 어려운 장관들이었다.

이곳에서 다시 야생 난이 우리의 발걸음을 유혹하는 구름의 수림 속

와이나이 와이나

사야크마르카

으로 3,000계단을 내려가서 세 번째 야영지인 와이나이 와이나 영원한 젊음에 도착했다.

이곳은 유일하게 전기가 들어오고 샤워시설이 있는 곳이다. 먼저 짐을 푼 일행은 어두워지기 전에 와이나이 와이나 유적을 보기 위해 산길을 내려갔다. 와이나이 와이나는 마추픽추로 가기 전에 각처에서 온 트레커들과 기차를 타고 왔다가 중간에 이틀간 트레킹을 한 후 태양의 문을 지나기 전에 모이는 등산객의 집결지이다.

아래로는 까마득하게 우루밤바 강이 커다란 뱀처럼 꾸불거리는데 강 건너 쿠스코에서 아구아스 칼리엔테스로 가는 열차가 마치 장난감 기차 같다. 세 번째 밤을 보낼 캠프로 돌아와 곧장 샤워장으로 향했다.

지난 3일간 땀과 비에 젖은 채 씻지 못한 몸에서는 쉰 옥수수 냄새가 나는 것 같다. 마지막 날의 해피아워는 이곳 산상 카페테리아에서 찬 맥주를 마시며 한다고 하니 이곳 역시 젊은이의 세상이다.

저물어 가는 밤하늘에 흐르는 구름바다, 또 끝없이 겹쳐지고 이어지는 안데스 산맥들, 그 사이로 하얀 구름이 걸쳐 있다. 아찔한 천 길 낭떠러지 아래의 계곡들 사이로 누런 강물이 흐르고 지난 3일간의 어려운 등반의 마침표를 찍는 마지막 밤에, 들뜬 젊은이들이 서로 축하의 포옹을 교환한다.

나 역시 이 젊은이들 사이에 끼여 내일 최종 목적지 마추픽추의 관문 '태양 문'을 향해 달릴 것을 생각하니 가슴이 뛴다. 이 꿈꾸는 장년도 삶의 완성을 향해 돌진할 것 같은 뜨거운 동력으로 흥분하고 있음이 틀림없다.

저녁을 마치자 카시아노가 이틀 전 약속을 상기시키며 나에게 노래 한 곡을 청한다. 전날 만약 내가 무사히 이 트레킹을 마치면 카시아노의 청을 들어주겠노라고 했더랬다. 이제 그 약속대로 이 마지막 날 밤 우리 전부를 위해 맏형(?)인 나의 노래를 한 곡 듣고 싶다고 한다. 이 건전한 젊은이들 사이에 깍두기로 끼어 민폐 없이 여기까지 올 수 있어 나는 행복하다.

'아, 어둠이 깊어가는 안데스의 고원에서 젊은 친구들을 위해 무슨 노래를 불러야 할까?' 그때 포크송 에델바이스가 떠올랐다. 나치의 압력을 피해 조국 오스트리아를 떠나야 했던 캡틴 폰 트라프와 그 가족들의 이야기인 뮤지컬 '사운드 오브 뮤직'에서 조국을 기리며 불렀던 마지막 합창. 왜 그 생각이 났을까?

에델바이스

에델바이스는 고원에서만 피는 꽃, 이 노래는 내가 학창 시절에 즐겨 불렀던 노래였다. 벌써 20년도 지난 일이지만 스위스의 제네바로 출장을 갔을 때 보았던 알프스의 풍광이 떠오른다. 당시 프랑스에서 알프스를 넘어 스위스로, 또 스위스에서 이탈리아 북쪽의 밀라노까지 가는 길에 보았던 눈 덮인 장엄한 알프스는 지난 며칠간 우리가 지나온 잉카의 옛길처럼 잊을 수 없는 추억으로 남아 있다.

그 알프스 고원에 핀다는 에델바이스, 이곳 잉카의 고원 어딘가에도 피어 있을까?

에델바이스 에델바이스 넌 아침마다 날 반기네.
작고 또 하얀, 맑고도 밝은 너의 미소 날 보아 기뻐하누나.
눈꽃 송이처럼 피고 자라라, 눈꽃 송이처럼 피고 자라서
에델바이스, 에델바이스.
영원토록 내 조국을 축복하여다오.

노래가 2절에 들어가자 마지막 밤을 함께 보내는 모든 젊은이도 따라 부르기 시작했다. 그래서 먼 나라로의 여행은 모두를 한 가족으로 만드는 마술이 있는 것 같다. 비록 나이는 그들보다 서른 살이 더 많지만, 꿈을 메고 가는 이 나그네의 젊은 영혼은 그들과 별 차이를 느끼지 못한다. 또한 이 젊은이들에게 앞으로 35년 이상 그들도 배낭을 멜 수

있으리라는 작은 격려가 되었다는 것이 나를 기쁘게 한다. 그들과 함께 보낸 지난 사흘간의 가파른 산행이 한없이 자랑스럽고 행복했다.

넷째 날 : 태양 문을 지나 마추픽추에 서다. 그리고 아슬아슬한 탈출

우리는 마지막 야영지에서 새벽 4시에 기상하여 아침을 서둘러 먹고 5시 전에 마추픽추로 가는 길목 초소에 집결했다. 여기서 다시 여권심사와 신원확인을 하고 잉카 트레일의 마지막 날 트레킹을 시작하게 되는 것이다. 다행히 우리는 초소에 도착한 두 번째 팀이었다. 고도 2,700m에 있는 태양 문까지 해가 뜨기 전에 도착하기 위하여 다른 팀들보다 먼저 출발해야 했다.

초소부터 태양 문까지는 각자의 배낭을 메고 계속 뛰어야 하는데 장애물 경주를 하는 것과 다를 바 없다. 서로 먼저 가서 일출 시의 마추픽추 장관을 보고 또 거기서 마지막 기념촬영을 할 수 있도록 모두 열심히 뛰었다. 다행히 대부분이 내리막이었고 고도 역시 점차 낮아져 이미 고산병을 극복한 나에게는 이번 산행 중 가장 쉬운 경로였다.

숨을 헐떡이며 달려온 우리 일행이 비 그친 태양 문에 도착하자 눈 아래 펼쳐지는 잉카의 성 마추픽추의 산허리에는 하얀 구름이 솜사탕처럼 걸려 있다. 아, 그리고 마침내 떠오르는 붉은 태양이 우리에게 행운의 미소를 짓는다!

태양 문 위에서 감격과 환희 속에 일출을 맞이한 우리, 나흘간 잉카의 옛길을 함께 걸었던 젊은 길동무들은 마추픽추를 배경으로 마지막 기념촬영을 했다. 소위 '포스트 카드 샷'이라 부르는 이 사진촬영은 나흘간 잉카의 험로를 끝까지 완주한 행운의 여행자에게 주어진 특권

시간 여행을 온 잉카제국의 옛 도시에는 인적이 없다

이기도 하다.

신비롭고 아름다운 도시의 건축에 반하다

태양 문에서 슈퍼하이커 팀, 마추픽추에 서다

계속된 비로 말미암아 우루밤바 강이 범람하기 직전까지 우리는 몇 시간 동안 마추픽추 성의 주요 볼거리인 해시계, 태양 신전, 신성한 광장, 산신과 강의 신들의 제단, 나이 어린 소녀를 희생제물로 바쳤다는 성스러운 바위 그리고 몇백 년이 지나도록 아직도 건재한 잉카인의 경이로운 건축물을 둘러보며 넋을 잃었다.

수백 년 전 잉카 황제의 장례를 위하여, 혹은 계속되는 흉년이나 재앙을 막기 위해 카파코차라는 종교의식에 신에게 바쳐질 희생제물로 선택된 어린아이는 순결하고 신체적으로 흠이 없어야 했단다. 제물로 선택되어 멀고 먼 길을 코카 잎을 씹으며 걸어왔던 어린 소녀들의 심경은 어떠했을까? 카시아노는 이 성스러운 바위를 가리키며 일행 중 제일 어린 엘레나에게 우리를 위해 희생물이 되겠느냐고 묻는데, 엘레나는 그냥 웃기만 한다.

잠시 주요 사적지를 돌며 안내인의 설명도 듣는 둥 마는 둥 나는 발길이 내키는 데로 이 비밀의 도시를 이곳저곳 한참 동안 혼자 거닐었다. '타임머신'을 타고 온 내가 옛 잉카인들과 같이 웃고 떠드는 상상의 나래를 펴보느라 하산할 시간이 된 줄도 몰랐다.

그런데 성 위에서 내려다본 우루밤바 강이 아무래도 심상치가 않아 보인다. 거대한 뱀처럼 마추픽추를 둘러 감고 흐르는 강물은 계속 내린 비로 누렇고, 강 수면이 철로 길보다 더 높아 보인다. 뭔가 예감이 이상하여 카시아노에게 강물의 수위가 지면보다 높을 수 있느냐고 물었더니 그럴 리가 없다고 한다. 그럼 이건 착시 현상이란 말인가?

지그재그로 이어지는 내리막길을 버스를 타고 내려가니 아구아스 칼리엔테스 역이 나온다. 지난 나흘간 고락을 함께했던 마추픽추 원정 대원들은 마지막 점심을 같이 한 후 서로 포옹을 하며 아쉬운 작별을 했다. 미국에서 온 5명은 아구아스 칼리엔테스에서 하룻밤을 더 지나기로 하고 나머지 우리 6명만 쿠스코로 가는 기차에 올랐다.

아구아스 칼리엔테스에서 우리가 탄 그날의 마지막 열차는 한동안 가다 서다를 반복하며 거북이처럼 움직였다. 30분쯤 운행하던 기차는 파손된 선로를 보수해야 한다며 한참 동안 정차를 한다. 철로 바로 옆까지 넘실대는 성난 강물을 보며 우리는 한참을 불안하게 기다려야 했

강물이 범람한다고 경고하는 인디언 여인

잠시 후 강물은 선로를 덮쳤다

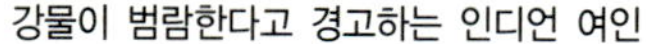

다. 얼마 후에 다시 기차가 움직였고 마침내 마지막 다리를 건너서 안전지역에 들어섰다.

호기심을 이기지 못해 차량 후미 쪽을 돌아다보다 기절할 뻔하였다. 조금 전에 지나왔던 철로가 불어난 누런 강물에 덮여서 트랙이 보이지 않는다. 지난 나흘간 계속 내린 비로 마추픽추 지역이 홍수로 고립되기 직전에 우리가 탄 열차가 아슬아슬하게 강물에 막힌 아구아스 칼리엔테스를 빠져나오는 아찔한 순간이었다.

나중에 뉴스를 통해서 우리가 떠난 직후 마추픽추 지역은 우루밤바강의 범람으로 얼마 동안 고립되었고 남은 일행 5명을 포함한 수백 명의 여행자는 얼마 동안 마추픽추 지역에 발이 묶여 일부는 헬리콥터로 소개하는 등 꽤 혼란스러웠다는 소식을 듣게 되었다. 우리가 탔던 그 기차가 마추픽추에서 우리를 아슬아슬하게 탈출시킨 홍수 직전의 마지막 행운 열차였다.

예기치 못했던 불운에서 아슬아슬하게 벗어나는 운명의 고리를 사람들은 행운이라고 부른다. 어쩌면 행운의 여신은 나의 첫 번째 나그넷길에 작은 미소를 보내고 있는가 보다. 아직도 생생한 나흘간의 잉카 옛길을 생각하면 가슴이 뜨거워진다. 그리고 이 잉카 트레킹은 내게 주어진 앞으로의 인생행로를 어떻게 사랑해야 하는지를 가르쳐 준 첫사랑과 같다.

오래된 가족 앨범 가운데 내가 좋아하는, 100년도 지난 빛바랜 흑백 사진 한 장이 있다. 40대의 조부께서 금강산 산행길에서 찍은 이 사진은 소년 시절의 나에게 먼 나라 여행의 꿈을 심어주었고, 예순이 훌쩍 넘은 나이에 죽은 여인의 고갯길을 넘게 한 영감을 주었다. 그리고 그것은 몇 달 후 마침내 아프리카의 지붕 킬리만자로 정상을 오를 수 있도록 힘과 용기를 불어넣어 준 전설의 고향이었다.

이 글을 읽은 모든 중년의 벗이여, 그대들도 꿈을 메고 나와 같이 희망의 오솔길을 한번 떠나 보지 않으려오? 내가 상속받은 한 장의 흑백 사진처럼 그대의 자녀에게 당신의 발자국이 담긴 전설을 유산으로 남겨주는 미중년의 삶은 어떻겠소?

이제 나는 꼭 1년 후 다시 넘게 될 안데스 고원과 아쉬운 작별을 하고 살아있는 주라기 공원, 선사 이전 생물의 세계 환상의 섬 갈라파고스를 향해 꿈의 배낭을 다시 멘다.

선사 이전의 생물 세계
갈라파고스

마추픽추를 향해 안데스 산맥을 넘어갔던 지난 며칠이 산의 모험이었다면 갈라파고스로 가는 여정은 바다와 물의 모험이라고 할 수 있다. 모험은 희열과 공포의 쌍곡선 위를 걷는 줄타기와 같다. 그러나 꿈을 가진 자는 모험을 두려워하지 않는다. 공포와 위험 속에서도 진실을 찾고자 하는 이 모험심이 다른 동물세계에서 인류를 구분하는 인간성의 차이점이다.

비글 호의 항해와 『종의 기원』

1831년 12월 27일 스코틀랜드의 한 목사 지망생 찰스 다윈은 선장 로버트 피츠로이의 동료로 5년에 걸친 긴 비글 호의 항해를 시작했다. 호기심과 새로운 항로 발견의 꿈을 품고 비글 호에 오른 26세의 젊은 찰스 다윈은 대서양을 건너서 남미대륙의 끝 비글 해협을 돌아 태평양을 항해하던 도중에 이 섬을 찾아왔다.

갈라파고스 군도에 상륙한 후 다윈이 관찰하였던 작은 동물과 조류의 세계는 20여 년 후에 진화론의 바탕이 된 『종種의 기원起源』을 발표할 수 있게 한 자연과학의 실험실이자 희귀생물의 낙원으로 다윈이 찾

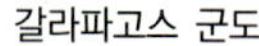
갈라파고스 군도

황금 이구아나가 오후 햇볕을 쬐고 있다

아낸 보물섬이었다. 그리고 그로 말미암은 과학과 종교의 충돌이란 역사적 사건은 그 후 두 세기 동안 인류사상의 거대한 흐름을 바꿔버린 계기가 되었다.

내가 배낭을 메고 시작한 꿈의 여로 두 번째 목적지는 남아메리카 본 대륙에서 약 1,000km 떨어진 적도상의 외로운 섬 갈라파고스이다. 찰스 다윈의 진화론의 진원지로 유명한 갈라파고스는 특이 생물들의 낙원이기도 하다. 스필버그의 영화 '주라기 공원'에서나 볼 법한 선사이전 생물의 후손들이 사는 이 섬은 내가 가장 가고 싶어 했던 '꿈의 순례지 리스트' 중 한 곳이다. 그 꿈을 좇아온 65세의 젊은이는 모험심과 호기심에 이끌려 마침내 이 신비의 섬을 찾게 된 것이다.

갈라파고스는 주도인 산타크루스, 산크리스토발, 에스파놀라, 플로레아나, 산살바도르, 이사벨라, 페르난디나 외에도 여러 개의 작은 섬들이 모여 있는 태평양 적도상의 군도이다. 또 갈라파고스 각 섬에 사는 동물의 서식지는 각각 달라서 이 섬에서 볼 수 있는 동물들을 다른 섬에서는 볼 수 없는 특이한 자연환경을 갖고 있다. 예를 들어 올빼미와 거북의 섬 산타크루스, 이구아나와 물개들이 주로 사는 섬, 홍학과 자라의 섬, 펭귄의 서식지가 각각 따로 나누어져 있는 동화 속의 세계 같은 섬이다.

생물학의 문외한인 나 역시 이곳에만 서식하는 토착 생물들을 보고 있노라면 수백만 년 전부터 지구 상에 존재하여 왔을 여러 생물의 유래와 그 변천 과정의 한 부분을 보는 것으로 가슴이 설렌다.

누구나 이 신비의 섬들을 돌아보게 되면 잠시 타임머신을 타고 고생대의 어느 세계에 착륙한 듯한 자신만의 상상의 나래를 펴 볼 수 있지 않을까? 21세기 지구 상 어디에서도 볼 수 없는 생물들의 군락지, 아마도 영화 '주라기 공원'에서나 나옴직한 희귀한 생물들이 바로 눈앞에서 움직이는 것을 본다. 갈라파고스는 '이상한 나라의 앨리스'처럼 동화 속으로 걸어 들어가는 듯한 신비로운 체험을 현실에서 할 수 있는 곳이다.

갈라파고스에 오기 위해 페루의 쿠스코 공항에서 리마를 거쳐 에콰도르의 수도 키토에서 1박한 후 갈라파고스로 가는 에콰도르 국내선 항공기로 갈아타야 했다. 전날 마추픽추와 그 인근 지역의 홍수로 쿠스코 공항이 폐쇄되는 바람에 대부분 항공편 운항이 취소되었다. 나는 키토 공항에 밤늦게 도착하였고 다음 날 아침 갈라파고스행 항공기를 아슬아슬하게 탈 수 있었다.

고산지역인 안데스의 시원한 대기에 익숙했던 나는 갈라파고스 공항이 있는 발트라 섬에 내리자마자 후끈한 적도의 열기 때문에 마치 열탕 속에 들어온 것 같은 느낌이 들었다. 발트라 공항에서 다윈 연구소가 있는 산타크루스 섬으로 페리로 이동한 후 다시 버스를 바꿔 타고 푸에르토 아요라 항구까지 갔다. 아요라 항에서 앞으로 5일간 선상

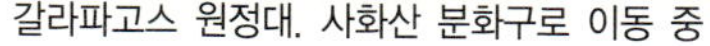
갈라파고스 원정대. 사화산 분화구로 이동 중

5일간의 해상 숙소 '프라가타' 호

생활을 같이할 일행을 만나서 각자 자기소개를 했다. 중년 부부 3팀과 4명의 젊은이들이 섞여 총 11명이 한 팀이었다.

팀원 중 캐나다에서 온 치과의사인 멕레이 부부는 에콰도르에서 의료봉사를 하고 우리와 합류하였는데, 그의 아들 코너가 한국에서 영어 교사로 일하고 있어 나에게 각별한 관심을 보였다. 한국을 꼭 한 번 방문하겠다더니 내가 아프리카 여행을 마치고 돌아온 지난 11월 초 서울에서 그들과 재회하고 저녁을 함께 보냈다.

그런데 먼저 쿠스코를 떠났던 아들 큐는 쿠스코에서 항공기 결항 때문인지 아직도 감감무소식이다. 내일 오후 우리 배가 떠나기 전까지는 아요라 항에 도착해야 할 텐데 예정에도 없이 이산가족이 될까 좀 걱정이 된다.

외로운 조지의 신부를 찾습니다!

내가 거북 할아버지를 처음 본 것은 발트라 공항에서다. 이 거북 할아버지 호세는 80세가 넘어 보이는데 우리를 맞기 위해 공항에 나와 우리가 탈 버스까지 안내하여 주었다. 첫날 우리는 다윈연구소에 가서 간단한 설명과 안내용 필름을 보고 그곳에서 보호 관리하는 자라와 자이언트 거북의 생태를 관찰할 수 있었다. 이 영감님이 바로 이곳 다윈 연구소의 자라와 거북의 전문가인 거북 할아버지이다. 부끄러운 이야기지만 솔직히 이곳에 오기 전까지 자라와 거북이 어떻게 다른지 몰라 한참 헷갈렸고 또한 그들의 정확한 학명조차 몰랐다.

자라는 주로 물속에서 서식하고 앞발에 오리발 같은 물갈퀴가 있거나 수영을 쉽게 할 수 있는 지느러미 형 발을 갖고 있다. 그러나 거북은 주로 육지에서 서식하며 지느러미나 물갈퀴 대신 발에 날카로운 발톱이 있어서 모래나 땅을 쉽게 팔 수 있는 구조로 되어 있다.

거북이 물에 가는 경우는 물을 마시거나 혹은 몸을 씻기 위한 경우이고 유영을 할 수 없어 센 물결에 잘못 쓸려서 익사하는 경우도 있다고 한다. 거북이가 익사한다? 좀 이해가 안 되지만 사실이라고 한다. 또 자라는 거북보다는 평판형의 등 각질을 갖고 식물과 곤충류를 먹는 잡식성인 반면에 둥근형 등 각질을 지닌 거북은 식물의 잎사귀를 먹는 채식성 파충류이다. 자라는 바다를 유영하여 여러 지역으로 이동하는 반면 거북은 주로 한 지역에서만 서식하는 특징이 있다.

거북의 특징 가운데 하나는 150년 이상 장수하는 것인데 최근에 인도의 한 동물원에서는 255년 된 거북이 죽었다는 보고가 있었다고 한다. 자이언트 거북들은 다윈 연구소의 보호 구역 안에 살고 있는데 거북이만큼이나 나이 든 호세 할아버지가 우리 일행을 안내하였다.

마치 거북처럼 거뭇거뭇한 얼굴과 자라 등 껍질 같은 손을 가진 호세는 100살이 훨씬 넘은 거북들과 대화할 수 있는 특별한 능력이 있는 것 같았다. 우리가 아무리 불러도 꿈적하지 않던 거북들이 호세가 녀

국립공원 안내인 호세 할아버지는 거북이와 대화할 수 있는 특별한 능력이 있는 것 같았다.
100살이 넘은 거북은 자기를 부르자 고개를 든다

석들의 이름을 부르자 거북이가 길게 목을 내밀며 그에게 다가가는 것을 보니 참 신기하였다.

이 섬에서는 파충류 중에서 가장 큰 체중의 250kg짜리 자이언트 거북을 볼 수 있다. 이 섬에 서식했던 수많은 거북은 18세기와 19세기 고래잡이 포경선원들에 의해 한꺼번에 수백 마리씩 생포되어 배에 실려갔다고 한다. 냉장고가 없던 시절 그 거북들은 포경선에 실려 산 채로 운반되다가 신선한 고기가 필요할 때마다 선원들의 국거리가 되는 운명이었다. 이곳에 있는 14종의 자이언트 거북 중에 3종은 이미 멸종되었으며 현재 약 1만5천 마리 정도만 남아 있다고 하니, 거북의 천적은 바로 포경선의 뱃사람이었던 셈이다.

외로운 조지가 신부를 찾습니다. 상금 미화 1만 불!

호세와 같이 걷는 탐방 길에서 우리는 이 섬에서 혼자 사는 자이언트 거북을 만나게 되었다. '외로운 조지'라는 별명의 이 홀아비 거북은 핀타 섬에서 잡혀

프리게이트는 요트 위를 나르는데 배가 가르는 물결 사이에 많은 먹거리가 있기 때문이다

와 이곳 연구소가 있는 공원으로 옮겨졌는데 아직도 제 짝을 찾지 못하고 있다. 만약 배필을 찾지 못하면 이 희귀한 거북 역시 멸종될 위기라고 한다.

다윈연구소에서는 미화 1만 불의 상금을 걸고 외로운 조지의 신부를 찾고 있다. 그 옛날 마구잡이 포경선 선원들의 손에서 국거리가 될 뻔하기가 수차례, 구사일생으로 지금껏 외로운 삶을 살아온 조지는 이제 자신의 대에서 종족의 대가 끊길지도 모르는 서글픈 운명에 처해 있다. 혹시 누구 도와주실 분 없을까요?

진화론의 실험실 갈라파고스

갈라파고스는 여러 면에서 아주 흥미로운 곳이다. 4백만 년 전 화산 폭발과 분출한 용암으로 형성된 이 섬들에 어떻게 이 희귀한 동물군과 식물군이 이주하고 서식하게 됐는지 궁금하지 않는가? 그들의 선조는 약 1,000km 떨어진 이 섬에서 가장 가까운 육지인 남아메리카 대륙에서부터 어떻게 이주하였을까?

많은 이론과 가설이 있지만, 이곳에 이주할 수 있었던 동물은 유영할 수 있는 파충류나 날개를 가진 조류들뿐이었음이 분명하다. 또한 이주에 성공한 동물들은 그들의 전통적인 천적들을 남아메리카 해안 쪽에 남겨 두고 위협이 없는 이 자유의 영토에서 왕성하게 번식하였을 것이다. 물론 식물의 씨나 곤충들은 조류의 날개나 소화가 덜 된 조류의 배설물을 통해 이 섬들에 옮겨졌을 테고….

작은 새 몇 마리가 인간의 사상을 완전히 뒤집어버릴 수 있을까? 그런데 그와 같은 인간사고의 천지개벽이 약 160년 전 바로 이 작은 섬에서 태동하고 있었다. 한국에서 콩새라고 불리는 다윈의 되새류Darwin's finches가 천적이 없는 환경에서 어떻게 한 종의 되새에서 13종의 각각 다른 되새로 변화될 수 있는가를 이 섬에서 볼 수 있다. 갈라파고스의 되새류는 각 구역이 지닌 환경의 특수성에 따라 약간씩 다른 신체 구조로 변화되었는데, 어떤 되새는 씨를 까먹기 쉽게 두껍고 짧은 부리를 갖고 있고, 어떤 되새는 벌레나 곤충을 잡아먹기 쉽게 가느다랗고 긴 부리를 갖고 있다. 쉽게 말해 이 섬은 변화된 모든 되새류의 살아있는 표본을 볼 수 있는 작은 지구이다.

되새

1831년 처음 이 섬을 찾은 수년 후 다시 갈라파고스 섬에 온 다윈은 이 되새류의 점진적 변화를 관찰함으로 '모든 생물은 자연스러운 선택의 과정을 통해 진화된다'라는 진화학설에 귀착하였다. 그것은 수천 세대를 거쳐 생물들은 새로운 환경에 적응하기 위해 변화하고, 그 종류의 특성들을 다음 세대에 유전시킴으로써, '적자생존의 원칙'에 의한 새로운 종으로 생성된다는 것이다.

이것은 다윈이 학계에 제출한 『종의 기원』의 근간이 되었고, 이 새

갈라파고스의 수많은 새들 중 홍족새, 청족새 그리고 뿔새. 이곳은 새들의 낙원이다

로운 학설은 '인간 역시 동물에서 진화되었다' 라는 이론으로 그동안 종교계가 의심 없이 믿어왔던 인간의 조상은 절대 신의 손에 의해서 창조되었다는 기독교적 창조론과 정면으로 상충하는 것이었다. 그 결과 기독교의 창조론과 진화론의 충돌은 더는 회피할 수 없는 논쟁의 중심이 되었다.

또한 이 사건은 학문의 세계와 진실한 신앙을 동시에 추구하는 자들에게는 뜨거운 감자가 되었다. 또 이 학설은 당시 19세기 초의 종교계를 폭풍 속으로 몰아가게 했고, 16세기 코페르니쿠스의 지동설만큼이나 종교계와 학계에 큰 파문을 일으켰다.

그런데 흥미로운 아이러니는 비글 호 항해를 시작하기 전까지 다윈은 교구목사가 되기 위해 대기 중이었다는 것이다. 만약 다윈이 비글 호를 타는 대신 좀 더 일찍 교구목사가 되었더라면 21세기 인류는 아직도 진화론 없는 자연과학의 어둠 속에 있을까? 제2의 다윈이 갈라파고스를 찾아올 때까지?

다윈의 변신을 생각하며 한때 목회자가 될 생각으로 2년 반 동안 신학을 공부하다가 결국 컴퓨터공학자로 진로를 바꿔 지난 35년간 공학 분야에서 일해왔던 나 자신의 변화에서 일말의 공통점을 찾았다. 그러나 나의 변신은 아무런 논쟁의 미풍조차도 일으키지 않았고 내가 이 섬들을 다녀간 20년 후에도 다윈이 남겨놓은 과학과 종교의 충돌 같은 뜨거운 감자는 여전히 없을 것이다.

그러나 과학과 종교는 다른 차원의 세계이고 생물학적 진화론 역시 우주 창조의 한 과정이 아닐까? 그런 의미에서 진화론적 창조는 갈라파고스에서 풀린 수수께끼가 아닌가? 인간이 밝혀내지 못한 자연의 신비는 아직도 무한한 우주 안에 숨겨져 있다. 그래서 다윈의 학설 역시 더 넓은 의미에서 창조과정에 포함된 지엽적 이론이라고 믿는다. 과학자들은 아직도 그들이 풀어야 할 수많은 숙제를 안고 있다.

둘째 날 오전, 거북이 할아버지 대신 국립공원의 젊은 직원 가이드 야즈마니가 우리 일행을 인솔하여 본섬인 산타크루스의 사화산 분화구가 있는 산 정상까지 갔다. 이 섬은 비교적 작지만 몇 개의 기후대를 가지고 있다. 열대우림과 초목 지대, 또 용암대에 각각 다른 동식물들의 분포를 볼 수 있는데, 각 기후대의 수림들을 지나노라면 흉내지빠귀Mocking bird, 그리고 둥지를 만들기 위해 나뭇가지를 모으는 다윈의 되새 들을 어렵지 않게 볼 수 있다. 이 작은 섬이 바로 지구 기후대의

산타크루스 로스 헤멜로스 분화구의 열대우림

산타페 섬의 선인장 수림 위에 무지개가 걸려 있다

축소형인 셈이다.

한 가지 신기한 점은 이곳에 사는 조류나 파충류는 사람들이 가까이 가도 전혀 무서워하지 않는다는 것이다. 천적이 없는 낙원에 사는 동물들이라 두려움을 모르는 것일까? 아마도 우리의 선조 아담과 이브가 에덴동산에서 사탄의 유혹을 받고 신을 거역하기 전까지 천적이 없는 낙원에서 두려움을 몰랐던 바로 그 상황이 아니었을까?

수중 공포증 환자의 스노클링 –
적도의 심해에서 죽음의 손길을 추억하다

배로 돌아와 점심을 먹는 동안, 마추픽추의 홍수로 취소된 항공편 때문에 쿠스코 공항에서 헤어졌던 아들 큐가 우여곡절 끝에 하루 늦게 도착하였다. 우리 배는 큐를 태우자마자 3시간 정도 떨어진 다음 목적지 산타페 섬으로 향했다. 그 섬에서 선인장의 수림과 육지 이구아나 그리고 섬에 서식하는 다른 조류를 볼 계획이었다.

산타페에 상륙하기 전 야즈마니는 적도 지역의 수중 천국인 산타페 섬 부근에서 스노클링을 한다고 알렸다. 나를 뺀 팀 전원은 기다렸다는 듯이 이 황금 프로그램에 환호성을 지른다. 그러나 모두가 환호하는 이 스노클링이 내게는 황금의 기회가 아닌, 할 수만 있다면 피하고 싶은 공포의 순간이다. 수영치는 아니지만, 남미로 떠나기 3달 전 물에 빠져 거의 죽을 뻔한 사고를 당한 이후로 심한 수중 공포증에 떨어야 했다.

지난 10월 중순에 마추픽추 등정을 위한 예비 훈련차 요세미티 하프돔에 오르던 중, 더위도 식힐 겸 중간지점인 버날 폭포 바로 위에 있는 에메랄드 호수에서 잠깐 쉬고 있었다. 약 100m가 안 되는 호수 건너편에 두 남녀가 앉아 있는 것을 볼 수 있었고, 또 상류 쪽에서도 몇 사람이 헤엄쳐 건너가는 것을 보고 나도 이 정도 거리라면 어려움 없이 건너갈 수 있을 것 같아 아무 생각 없이 수영을 시작했다.

그러나 위험은 헤엄쳐 건너간 쪽 호수변에서 기다리고 있었다. 건너간 호수 가녘은 완만하게 경사진 화강암 바위였는데 수면 밑에는 이끼로 잔뜩 덮여 있어 아무리 애를 써도 미끄러운 바위 위로 기어 올라갈 수가 없었다.

출발했던 곳은 호수의 동쪽 중간지점이었고 접근하려 했던 곳은 서쪽의 하류 쪽인데, 바로 밑에는 100m 높이의 버날 폭포가 있었다. 에메랄드 호수의 급류가 바로 폭포수로 바뀌는 지점이었

버날 폭포

요세미티 하프 돔 가는 길

다. 그 상황에서 내가 출발했던 원지점으로 돌아가는 것이 절대로 불가능하다는 사실을 알았다.

내 수영 실력으로는 이 급류를 거슬러 올라갈 수도 없거니와 미끄러운 바위를 올라가려는 여러 차례의 시도로 체력은 이미 바닥난 상태였다. 그 순간 생전 처음으로 절망 그리고 죽음의 공포가 무엇인지를 생생하게 체험하게 되었다. 영원의 경계, 미지의 나라 해안에 서 있는 나를 본 것이다.

'아, 지금 여기서 죽는구나… 오! 하느님, 아직 떠날 준비가 되지 않았는데….'

삶과 죽음의 경계선에 놓인 이 절박한 순간은 불과 몇 초에 지나지 않았으나 나의 예순다섯 해의 생애가 유성처럼 뇌리를 스쳐 갔다.

1930년대 할리우드에서 가장 유명했던 금발의 폭탄 여배우 진 할로우Jean Harlow는 26세의 젊은 나이에 요독증으로 죽게 된다. 그녀가 죽기 전 출연했던 영화에서 그녀는 전설의 명배우 클라크 게이블의 상대역 헤로인이었다. 외롭게 떠나는 죽음의 문턱에서 그녀는 '영원의 각성Eternity's Awakening'이란 시 한 편을 남겼다.

진 할로우

영원의 각성

영원의 경계, 미지의 나라 해안에 서서, 나는

마침내! 마침내! 현실의 참모습을 깨닫게 되네
세상은 내게 많은 약속을 하였건만! 나의 마지막은 이것이니

아무도 돌아보지 않고 알아봐 주는 사람도 없구나!
수많은 축복의 잔을 그들과 함께 마셨건만,
이제 빈 잔의 찌꺼기를 나 혼자 마시네
날 위해 약속했던 수많은 사랑의 서약들
모두 다 어디 갔나? 그것이 가장 절실한 이 순간에?
이제 나는 영원의 이마를 만지며
마침내 삶의 새로운 의미를 깨닫게 되네
환상에서 현실이 나뉠 때,
허위의 환희와 진실의 참모습을 보는구나!
너무 늦었네! 너무 늦었네!
내게 내민 힘 있는 사랑의 손은 보이지 않고
영원의 경계, 미지의 나라 해안에 나 홀로 서 있네!

영원의 경계선에 서 있었던 나는 잠시 후 다시 정신을 차려 안간힘을 다해 건너편에 있는 두 사람에게 "살려 달라"고 절박하게 외쳤다. 그들도 나의 위급한 처지를 보았으나 그 상황에서 그들이 할 수 있는 것은 아무것도 없었다. 남자가 손을 뻗어 나를 잡아보려 하였으나 속수무책이었다. 나는 그 사람에게 긴 나뭇가지를 가져와 나에게 건네 달라고 애원했다. 폭포수가 시작되는 곳에서 약 2m 떨어지는 곳에 물 위로 돌출한 작은 바위가 보였다. 나는 급류가 흐르는 그 미끄러운 바

위에 죽을힘을 다해 매달린 채 그 사람이 오기만을 기다렸다. 그리고 얼마 후 그가 건네준 긴 나뭇가지를 붙잡고 미끄러운 바위 위로 기어 올라갈 수가 있었다.

영원의 경계선에서 삶의 영역으로 이동하는 순간이었다. 물속에서 겨우 기어나온 나는 곧 정신을 잃어버렸다. 내가 다시 깨어났을 때는 요세미티 국립공원 구조대원들이 나를 둘러싸고 있었다. 나는 그 순간 영원의 경계에서 내 이마에 스치는 차가운 죽음의 손길을 느꼈었다. 다만, 진 할로우와는 달리 나에게는 '다시 한 번'이라는 기회가 부여되었다. 어찌 보면 그때부터 나의 삶의 첫 장이 끝나고, 다시 한 번 주어진 삶의 제2장이 시작된 셈이다.

그 사고 이후 심한 수중 공포증 환자가 되었고 얕은 물에도 들어가지 못하는 겁쟁이가 되어버렸다. 물에 빠져 죽을 뻔했던 내가 스노클링을 주저하는 것은 당연한 일, 그렇다고 일행이 스노클링을 즐기는 동안에 사내대장부가 고무 쪽배에 혼자 앉아 2시간 동안 기다려야 하는 굴욕을 견딜 수도 없는 일, 참으로 난감했다.

하는 수 없이 야즈마니에게 얼마 전 익사할 뻔한 사고로 심한 수중 공포증이 있다고 실토했다. 이해심 많은 에콰도르 청년 야즈마니는 자기가 도와줄 테니 한 번 시도해 보라고 권한다. 사고 난 지 3개월도 지나지 않은 지금, 1시간 이상 바닥도 보이지 않는 이 깊은 물속에서 죽음의 공포와 싸워야 한다니, 정말 기가 막힐 노릇이다.

더구나 일행 중 5명의 여자들도 스노클링을 하는데 사내인 내가 마냥 겁쟁이로 배에 혼자 남을 수는 없는 일, 두려움을 무릅쓰고 스노클을 낀 후 야즈마니의 손을 잡고 물속에 들어갔다. '아, 누가 이 바보 같은 스포츠를 만들었을까?' 라고 원망하면서….

익사의 공포 속에서도 적도의 심해 속 눈 아래 펼쳐지는 환상적인 아름다움에 나는 잠시 두려움을 잊었다. 아, 물밑 세상이 이렇게 아름다울 줄이야! 오색찬란한 열대어 떼는 바로 내 옆을 유유히 헤엄치고, 다양한 빛깔의 산호초는 물론 이 해역에 서식하는 이름 모를 수많은 어류, 적도의 수중 세계는 정말 별천지였다. 예전에 다큐멘터리 필름을 통해 몇 번 본 적이 있었지만 지금 보는 이 환상적인 해저 풍경은 필름과는 결코 비교할 수 없는 환희로운 경험이었다.

한 3~40분간 수중에서 반을 즐기고 반은 공포에 떨며 스노클링을 한 후 먼저 고무보트에 올라왔다. 아직은 익사 직전의 그 악몽을 떨칠 수 없어 더는 요행을 바랄 생각이 없기 때문이었다. 주변에서는 상어를 보았다느니 돌고래를 보라느니 하며 탄성이 계속 터진다.

모험이라 부르는 공포와 환희의 쌍곡선 위에서 겨우 남자로서의 최저 체면을 유지하는 것으로 만족해야 했다. 그러나 아무리 생각해도 스노클링은 내게 죽음의 그림자를 상기시켜 주는 공포의 순간이었다. 그리고 또 한편 이것은 내가 공포를 극복하기 위해 딛고 넘어야 할 첫

야즈마니가 수중 카메라로 찍은 산호초 위의 청 불가사리와 아름다운 오색새우

걸음을 떼게 한 얄궂은 체험이기도 했다.

갈라파고스 국립공원에서 본 주라기 공원

일행은 스노클링을 마친 후 식당이자 숙소인 요트에 올라간 다음 목적지인 산타페 섬으로 항해를 계속하였다. 갈라파고스의 토착 생물 가운데 가장 큰 볼거리는 아무래도 공룡 모양의 수많은 이구아나이다. 마치 스필버그의 주라기 공원에서 보았던 공룡의 세계와 같다.

수 억 년 전 선사 시대에 살던 공룡의 사촌격인 이구아나는 특이한 파충류인데, 물에 사는 해양 이구아나와 뭍에서 사는 육상 이구아나로 구분할 수 있다. 그 외에도 샐리 라이트라고 불리는 홍게와 노을에 붉게 빛나는 선인장 숲이 이 섬의 명물이다. 그리고 헤아릴 수 없이 징그럽게 많은 강치떼…. 천적이 없는 세상 그것이 바로 이들의 낙원이 아닌가? 다윈이 이 섬을 돌아보고 파충류의 낙원이라고 하였는데, 이 섬에 사는 마린 이구아나는 12m 이상 잠수할 수 있고 주로 해초를 먹고 산다.

갑옷 같은 외피는 보통 흑색이며 코로 소금물을 품어내는 못생긴 모

갈라파고스 이구아나

표범 같이 생긴 이구아나

습은 아무리 예쁘게 봐준대도 매력은 빵점이다. 그러나 짝짓기를 할 때의 수컷은 오렌지, 홍색 또는 초록색으로 자신의 색깔을 변화하여 암컷을 유혹한다. 마치 공작새 수컷이 암컷 앞에서 멋쟁이 깃털을 마음껏 뽐내는 것처럼. 조물주는 연약한 수컷들을 위해 한 가지씩 유혹의 무기를 더해준 것 같다. 그러나 인류는 거기서 예외인 것 같다. 왜냐하면 여성이 유혹의 무기를 쥐고 있지 않은가?

또 이구아나들은 텃세가 아주 심해서 다른 수컷이 자신의 영역을 침범하면 날카로운 이빨을 드러내고 싸우는데 물론 자기 영토와 암컷들을 지키기 위해서이다. 이 녀석들의 싸움을 보고 있노라면 공상과학영화 '주라기 공원'에서 공룡들이 서로 싸우는 것과 너무나 흡사하다. 아, 우리가 살아 숨 쉬는 지구 상에 아직도 고생대의 살아있는 흔적을 볼 수 있다니! 나그네의 행운에 감사할 따름이다.

작은 공룡의 후손으로 육지에서만 서식하는 육상 이구아나는 주로 황금색 외형이고 주로 선인장을 먹는다. 큰놈은 1m 정도로 해양 이구아나보다 큰 것이 특징이다.

붉은 저녁노을을 등에 지고 장엄하게 서 있는 선인장의 수림은 갈라파고스에서만 볼 수 있는 한 폭의 아름다운 그림이다. 석양 깃든 이구아나의 왕국을 뒤로하고 우리는 저녁 식사가 기다리고 있는 요트로 돌아왔다. 어둠이 짙어지자 우리가 탄 배는 밤 바람을 가르고 다음 목적지인 플로레아나 섬으로 향한다.

흔들리는 배 안에서 뱃전을 때리는 파도 소리를 들으며 온종일 보았던 갈라파고스의 신비한 생명체를 헤아리는 동안 잠이 들었다.

새벽하늘이 부옇게 밝아오고 이미 배는 정박을 했는지 흔들림이 약

육상 이구아나가 노을에 황금색으로 바뀐다

스노클링 마니아 큐

해졌다. 잠시 후 7시가 되니 아침 식사를 하라고 종이 울린다. 파란 하늘 청록의 바다, 천적이 없는 이곳은 새들과 파충류의 천국이다. 오늘 일정은 푼타 코모란트 지역에 상륙하여 이 섬에 주로 서식하는 펭귄, 라바 왜가리, 라바 갈매기, 홍학들과 바다거북의 산란지 등을 보는 것이다.

2시간 동안 탐방로를 걸으며 이 섬에만 서식하는 조류를 관찰하는데 춤추는 홍학떼와 파도치는 물속에서 짝짓기하는 바다거북들이 흥미롭다. 자연 속의 필사적인 생물의 번식본능은 어떤 환경에도 왕성해 보인다. 2마리의 자이언트 바다거북이 레슬링 매치를 하듯 짝짓기에 열중한다. 지친 암컷은 죽은 듯 움직이지 않더니 모래 위로 기어온다. 해변의 모래사장에는 바다거북이 알을 까기 위해 파 놓은 모랫구멍들과 이미 낳은 알들을 숨겨놓은 흔적들, 백사장을 가로질러 물로 들어간 그들의 발자취가 선명하다.

2시간 정도 지나자 바닷속 생물을 관찰하기 위해 또다시 스노클링을 하자고 한다. 어제보다는 조금 수심이 낮은 바다라 수중 공포증은 덜했으나 그래도 불안한 것은 어쩔 수 없다. 그러나 어제 한 번 바닷물에 들어갔던 터라 야즈마니의 손을 잡지 않고도 수많은 오색 열대어 외에도 가오리와 물 사자 또 바다거북이 헤엄치는 장관을 즐길 수 있었다.

이열치열이라 했던가? 아니면 내 경우에는 이수치수以水治水인가? 물에서 생긴 수중 공포증은 물에서 치유해야 하나 보다.

18세기 고래잡이 선원들의 나무 우체통

우리는 점심 후에 플로레아나 섬의 다른 편에 있는 포스트 오피스 베이로 향했고 그곳에 있는 유명한 '무인 우체국'을 찾았다. 말이 우체국이지 사람도 시설도 없이 달랑 나무 우체통 하나만 서 있는 곳이다. 그래도 이 우체국은 300년 이상의 긴 역사를 가진 곳으로 지금도 옛날 옛적의 우편배달 전통이 그대로 지켜지는 낭만이 깃든 곳이다.

18세기에 고래잡이 포경선 선원들이 고향으로 보내는 편지를 이 나무 우체통 넣고 갔던 것인데, 그동안 나무 우체통은 몇 번인가 바뀌었으나 아직도 편지를 넣어두던 나무 우체통이 그대로 서 있다. 그리고 긴 세월 동안 마치 병 속에 넣어 띄운 편지의 전설처럼 이곳을 찾는 우

고래잡이 선원들이 남긴 나무 우체통

무인 우체국의 우편배달부가 된 큐와 크리스

체부들은 아직도 이 나무 우체통에 남겨진 편지를 수신자에게 배달하고 있다.

낭만이 깃든 무인도를 찾는 이들은 이곳에서 사랑하는 연인이나 가족을 위해 메시지를 남겨 놓는다. 그러면 다음 번에 이곳을 찾는 고향에서 온 여행자는 전통에 따라 여기 놓인 편지를 대신 보내주는 품앗이를 하는 것이다. 나 역시 꽤 많은 편지 더미 속에서 한국으로 가져갈 편지를 찾아보았으나 아쉽게도 하나도 찾지 못하고 겨우 캘리포니아와 중국으로 보낼 편지 몇 통만 가져와 집에 돌아온 후에 각지로 보내주었다. 나도 무인 우체국에 아내에게 부치는 편지 한 통을 넣어두었는데 몇 개월 후에야 아내가 받아보았다고 한다. 어느 고마운 한국 나그네가 부쳐주었을까?

지난 수백 년 동안 파도와 싸우며 고래를 쫓아 대양을 누비다가 이 외로운 섬에 들러 언제 찾을지 모르는 고향의 가족들에게 소식을 보냈을 포경선의 뱃사람을 상상하여 본다.

비록 이 섬에서 수많은 거북을 잡아간 사람들이었지만 가족들을 그리워하며 눈물로 쓴 편지에는 풍어의 만선 후에 돌아가리라는 아버지와 지아비의 끈끈한 사랑의 사연이 담겨 있었으리라.

갈라파고스에서 맞은 65번째 생일과 해방둥이의 추억

고래잡이 선원들의 무인 우체국에 편지를 남기고 배로 돌아와 저녁을 먹고 난 후, 후식을 먹는 시간이 되자 갑자기 식탁 주변의 전등불이 꺼지면서 생일 축가와 함께 축하 케이크가 들어왔다. 큰아들 큐가 조리장에게 오늘이 내 생일이라고 귀띔한 모양이다.

태어나서 이렇게 많은 사람에게 생일 축하를 받아보기는 처음이었다. 더구나 환상적인 갈라파고스의 요트 선상에서….

1945년 1월 28일 해방둥이로 태어나 세계 2차대전과 6·25 한국전쟁, 그리고 또래의 한국 젊은이가 참전했던 월남전까지 3번의 전쟁을 치렀던 격동기 세대에 속한다. 지금 회상해 보면 우리 세대는 참으로 우여곡절의 시대를 살았다.

지지리도 가난하고 배고팠던 우리 세대는, 우리 아이들이, 또 그 아이들의 아이들이 대한민국 여권을 들고 당당하게 세계 각 곳을 누빌 수 있도록 중동에서, 독일에서, 또 월남에서 피와 땀을 뿌렸다.

눈물의 빵을 씹으며 국민 소득 100달러가 되는데 단군 할아버지 때부터 무려 4,600년이 걸렸던 그 시절부터 IT 혁명의 쓰나미가 지구를 휩쓰는 오늘날까지 세계 역사에서 유래를 찾기 어려운 '한강의 기적'을 볼 수 있었던 행운의 세대이기도 하다.

반도체 전자와 IT 업계에서 35년을 종사하였던 나는 지난 30년간의 폭발적인 기술발전을 실리콘밸리 현장에서 보았던 산증인이다. 지난 20년간 과학기술의 발전속도는 1780년 영국의 산업혁명 이래 200년

서프라이즈 65세 생일파티

조리장의 작품

선장님 시식(?)

동안 인류가 이룩한 기술발전의 속도를 능가한다. 그 테크놀로지 발전의 소용돌이 한가운데 한국의 IT 산업이 일익을 담당하고 있다. 세계 시장 영토정복의 최전선에서 활약하는 산업전사들이 자랑스럽다.

내 나이의 중년들은 생일을 맞을 때 무슨 생각을 할까? 만약 나에게 딱 10년만 살 시간이 남아 있다면 주어진 10년으로 무엇을 할 것인가? 우리 인간은 모두 선고받은 시공을 살고 있지 않은가? 이것은 만 65세 된 내가 두세 달 후 은퇴를 예측하고 있던 2010년 초부터 내 머릿속에 맴도는 질문이었다.

'후반생은 어떻게 살 것인가?'

몇 달 전 영원의 경계선 저편을 잠시 훔쳐본 이후로는 더 절실하게 자문하여 온 물음표였다.

지난 몇 주간의 잉카제국의 마추픽추와 신비로운 섬 갈라파고스를 탐방하는 동안 '나는 무엇을 할 것인가?'에 대한 실마리를 찾은 것 같다. 그 실마리는 지금껏 살아왔던 행적과는 다른 모험적 행로를 통해 인생의 이모작을 시작해 보자는 것이다.

아직은 그것이 행운의 열쇠(?)일지 끝이 끊어진 다리일지 모른다. 다만 그 실마리를 따라 구도자의 심정으로 나그네의 길을 걸어 볼 생각이다. 가보지 않은 오지를 찾아서 아프리카도 찾아보고, 아시아 대륙의 외로운 섬, 세계의 지붕 티베트를 찾아가자. 남극대륙을 찾은 후에는 북극권의 먼 마을도 걸어가 보자. 오스트로네시아의 여러 마을을 둘러보고 세계의 지붕 히말라야에서 아마존까지 걸어보자. 이처럼 계속하여 꿈의 행선지 목록을 늘리고 있다.

그리고 66세의 생일은 어느 하늘 아래 있게 될까? 남극의 빙산 사이?

아니면 아마존 강의 밀림 가운데? 이 영원한 초보 여행자는 계속 꿈꾸고 있다.

파도에 흔들리는 선실에서 잠든 사이 밤새워 항해를 계속한 배는 다음 날 아침 북세이모어 섬에 도착하였다. 이곳은 우리가 첫날 도착했던 공항이 있는 발트라 섬의 위쪽에 있고 최고 높이 겨우 28m, 넓이 $2km^2$인 아주 작은 섬이다.

이곳에도 육상 이구아나와 해양 이구아나가 있고 용암 위에 사는 도마뱀도 많이 눈에 띄지만, 그보다 갈라파고스에서 가장 많은 조류가 사는 새들의 천국이다. 그리고 거북과 바다사자들의 낙원이기도 하다.

이곳에는 다윈의 되새 외에도 청족靑足 가마우지와 제비꼬리갈매기, 그리고 짝짓기 때에 수컷이 부리 밑의 빨간 바람 주머니를 풍선처럼 불어서 암컷을 유혹하는 프리깃 등 많은 조류를 볼 수 있다. 이곳 외에도 갈라파고스의 다른 섬에는 바닷새 중 가장 큰 앨버트로스라 부르는 신천옹信天翁, 화산 갈매기, 페레그린 매, 펠리컨, 그리고 갈라파고스 수리 등 많은 조류가 서식하고 있어 과연 살아있는 새들의 박물관이라 할 만하다.

청족 가마우지

프리깃(군함새)이 암컷을 유혹한다

2010년 1월 29일, 일행은 닷새간의 선사 이전의 동물 세계를 찾는 시간 여행을 마치고 갈라파고스와 아쉬운 작별을 고해야 할 시간이 되었다. 며칠 동안 선상고락(?)을 같이하며 우정을 나누었던 친구들과 아쉬운 작별을 하고 나는 미국으로, 큐는 중남미 여행을 계속하기 위해 콜롬비아로 향했다.

갈라파고스는 나에게 두려움 속에서도 불편한 진실을 보게 해주었고, 용기있는 모험 속에서 공포를 환희로 바꾸어준 치유의 섬이기도 했다. 그리고 무엇보다도 인생의 제2장 꿈의 행로를 가리키는 행운의 실마리를 안겨준 고마운 섬이었다.

남아메리카여 잠시 안녕! 아디오스 갈라파고스!

꿈을 메고 백색 대륙을 가다

지구의 밑바닥, 남극

오랫동안 세계의 끝, 지구의 밑바닥 위를 걸어보는 꿈을 꾸었다. 그리고 마침내 그 꿈을 남극대륙에서 이룰 수 있게 되었다.

지구의 밑바닥 백색 대륙 남극으로

아프리카와 이스라엘의 순례길에서 돌아온 후 다섯 번째로 찾아갈 여행지를 남극대륙으로 결정하였다. 왜 하필 남극인가? 남극을 제외한 지구 상의 6대륙은 이미 다녀왔다. 내가 태어난 곳은 아시아이고, 북아메리카에서는 30년가량 살았으며 유럽과 오스트레일리아는 출장으로, 남아메리카와 아프리카는 지난 몇 달 동안 배낭을 메고 다녀왔다. 아직 두 발로 걸어보지 못한 유일한 대륙은 남극뿐이다.

과학자들은 트라이아스 후기인 2~5억 년 전 지구는 원래 판게아라는 하나의 슈퍼대륙이었다고 믿고 있다. 이 판게아가 북쪽 로라시아와 남쪽 곤드와나의 두 슈퍼 대륙으로 분리되었는데, 곤드와나는 다시 동곤드와나아프리카, 남아메리카와 서곤드와나로 나뉘게 되었단다. 그리고 남극대륙은 마다가스카르, 오스트레일리아, 인도와 아라비아 반도가 함께 속해 있던 서곤드와나에서 분리된 지구의 가장 아래쪽 대륙이라고 한다.

남극대륙은 유럽의 1.3배인 환상의 섬이다. 2010년 12월 3일, 어린 시절부터 꿈꾸어 왔던 만년설과 빙하의 대륙 남극을 향해 배낭을 꾸렸다. 예순다섯을 넘어선 나이에 비록 스콧과 아문센, 섀클턴 같은 위대한 탐험가는 될 수 없어도 '안타티카 드림Antartica Dream, 남극의 꿈' 호로 가는 열하루간의 남극 탐사는 나에게 새로운 지평을 열어주는 도전이고 모험이 될 것이라 믿었기 때문이다.

남극으로 가는 것은 다른 대륙을 여행하는 것과 달라 계절적 제한과 지리적 환경 때문에 성공적인 여행을 위해서는 치밀한 사전 계획과 충분한 준비가 필요하였다.

남극대륙으로 가는 꿈의 항해

첫째, 여행자가 남극대륙에 갈 수 있는 시간대는 1년 중 약 3개월 정도만 가능하다. 북반구의 계절과는 정반대로 남극은 12월과 1월이 가장 기온이 높은 여름이고, 11월 중순 전이나 2월 중순부터는 혹독한 기상 여건으로 일반 여행객들은 남극을 방문하기 쉽지 않고 또 그곳으로 항해하는 선박도 많지 않다.

또한 남극협정에 의해 방

문객을 제한하기 때문에 몇 달 전에 예약하지 않으면 일반 외국여행과는 달리 남극 탐방의 기회를 잡기가 쉽지 않다. 운이 좋으면 물론 예약하지 않고 우수아이아에 도착하여 남극으로 가는 배를 탈 수도 있다.

대부분의 남극으로 향하는 선박의 출항지는 아르헨티나의 마지막 항구 우수아이아인데 그곳에 도착하여 2주 이상 기다릴 시간적 여유만 있으면 스탠드바이대기자 우선 순위로 자리가 날 때 좀 더 저렴한 가격으로 남극으로 가는 배를 탈 수도 있다. 그러나 그것은 순전히 자신의 여행을 운에 맡기는 위험한 방법으로 남미의 다른 지역을 연이어 가는 여행자에게 이 같은 시도는 시간과 금전적 낭비가 될 수 있다.

남극의 역사를 대략 살펴보면, 남극의 존재에 대해서는 이미 1세기경 이집트에 살았던 로마 수학자요 천문학자이며 시인인 프톨레미에 의해 예측되었다. 즉, 유럽 · 아시아 및 북아프리카의 북쪽 땅과 균형을 이루는 광대한 대륙 테라 오스트레일리아스가 먼 남쪽에 존재할 것이라는 이론이었다. 탐험가들이 오스트레일리아와 남아메리카를 발견한 17세기 후반에도 그들은 전설의 남극대륙이 존재할 것을 믿었고 유럽의 세계지도에는 가상의 남극대륙이 표시되어 있었다.

기록에 의하면 최초1773~1774년로 제임스 쿡 선장이 남극선을 넘어서 세 차례에 걸쳐 남극 해안에서 121km 떨어진 지점까지 접근하였으나 빙벽으로 말미암아 결국 회항해야 했다. 미국 국립과학재단과 NASA에 의하면, 1820년 최초로 남극을 발견한 사람은 에스토니아 출신의 제정 러시아 해군 선장 고틀리프 폰 벨링스하우젠과 대영제국 해군 함장 에드워드 브랜스필드 그리고 미국 포경선 선장 나다니엘 팔머였다고 한다. 그리고 1907년 어니스트 섀클턴의 림로드 탐험대가 당시에는 지리학적 남극점에 가장 가까운 남극의 자극磁極점에 도달하는 등 몇 가지 신기록을 세웠다.

그러나 남극점을 향한 세기의 경주에서 최초로 남극점에 도달한 사람은 1911년 12월 14일 도착한 노르웨이의 극지 탐험가 로알드 아문센이었다. 그리고 불운한 스콧 원정대는 1달 후에야 남극점에 도달하였다. 남극점을 향한 경주가 아문센의 승리로 끝나자 섀클턴은 자신의 최종 목표를 남극점을 통과하여 남극대륙을 횡단하는 트랜스 남극 원정으로 바꿨다. 섀클턴은 남극 관통 원정을 시도하던 중1914~1917년 탐험선 인듀어런스 호가 빙하에 끼어 파선되었으나 구사일생 끝에 원정대원들을 무사히 귀환시킨 영웅적 전설담을 남겼다.

그 외에도 남극 원정을 위한 숱한 탐험가들이 이 백색 대륙에 도전장을 내걸었다. 현재는 한국의 세종기지를 비롯하여 세계 각국에서 남극에 과학기지를 설치하고 자국의 연구원들을 1년 단위로 그곳에 파견하여 연구활동을 하고 있다.

샌프란시스코에서 우수아이아까지

2010년 12월 4일 토요일 흐림, 아침 일찍 잠이 깨어 약 3개월 예정의 배낭여행을 위한 마지막 점검을 했다. 열하루간의 남극 탐방을 끝낸 후에는 남아메리카가 그다음 목표다. 샌프란시스코에서 부에노스아이레스를 거쳐 우수아이아까지 가는 편도 항공권과 남극으로 12월 7일 출발하는 안타티카 드림 호의 승선권만이 내가 가진 전부이다. 남극을 다녀온 후 칠레의 파타고니아와 토레스 델 파이네 국립공원이 있는 푸에르토 나탈레스까지 버스로 이동하고, 라파 누이와 산 페드로

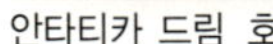
안타티카 드림 호

우수아이아 항구

아타카마로 가기 전에 산티아고까지는 버스와 항공편을 이용한다. 또 아르헨티나까지는 버스로 안데스 산맥을 넘을 계획이다.

오전 11시 45분 샌프란시스코에서 출발하여 다음 날 오후, 스페인어로 세상의 끝이라는 우수아이아에 도착하였다. 총 21시간 이상의 지루한 비행시간이었다. 부에노스아이레스에서 우수아이아에 가기 위해서는 국내선이 있는 다른 공항으로 버스로 이동해야 했다. 그리고 다시 국내선 항공기로 4시간 정도 걸리는 우수아이아는 남미대륙의 최남단 진짜 땅끝 마을이다. 그래서 그런지 우수아이아로 향하는 항공기 탑승자 대부분이 배낭을 멘 여행객이다.

하늘에서 본 티에라 델 푸에고의 풍치는 눈 덮인 알프스만큼 아름답다. 남미의 안데스 대간은 칠레와 아르헨티나의 팜파스와 파타고니아의 끝자락까지 계속되다가 빙하로 덮인 마셜 산맥 남쪽 끝 바로 비글 해협에서 끝난다. 아, 이곳이 정말 지구의 끝이란 말인가?

12월 5일 일요일 오후, 샌프란시스코를 떠난 지 만 하루 만에 우수아이아에 도착하니 마치 한국의 이른 봄처럼 햇볕이 따뜻하다. 미국을 떠나기 전 예약한 안타티카 호스텔에 여장을 풀었다. 로비에서 러시아

세상 끝 마을 우수아이아

세상 끝 기차역

의 캄차카에서 온 알렉스를 만났는데 아르헨티나 공항에서 노트북과 카메라를 잃어버렸다고 투덜거린다. 나도 몇 달 전 요하네스버그 공항에서 ATM 사고를 당했던 터라 그의 심정을 충분히 이해할 수 있었다. 알렉스는 캄차카에서 여행사를 하고 있다며 그쪽에 올 기회가 있으면 꼭 자기를 찾아오라고 연락처를 건넨다. 언제가는 아이슬란드에서 캄차카까지 북극권 지역을 여행하게 될 것 같아 명함을 받아두었다.

우수아이아는 공식적으로 세계 최남단 도시이며 티에라 델 푸에고의 주도主都이다. 인구 6만의 이 소도시의 모토는 '우수아이아, 세상의 끝, 모든 것의 시작Ushuaia, fin del mundo, principio de todo'이다. 관점의 차이에 따라 시작이 될 수도 끝이 될 수도 있다는 정말 재미있는 표현이다. 그리고 남극 탐방을 마치고 우수아이아에서 북쪽으로 두 달에 걸쳐 아메리카 대륙을 거슬러 올라가게 되었을 때 나는 이곳이 바로 북으로 가는 출발선이라는 의미를 실감하게 되었다.

비글 해협과 피츠로이의 원주민 야간족 문명화 시도

남극대륙에 가기 위해서는 비글 해협과 험하고 광활한 드레이크 해협을 지나야 한다. 그리고 태평양에서 남아메리카의 꼭짓점을 돌아서 대서양으로 항해할 수 있는 뱃길은 티에라 델 푸에고 북쪽의 마젤란 해협을 포함한 이 세 항로뿐이다.

비글 해협은 남아메리카의 남부 해안 수로측량 탐사선인 비글 호1826~1830년의 이름을 따서 명명된 해협인데, 당시 비글 호의 선장 프린글 스톡스가 우울증으로 자살하자 로버트 피츠로이가 1828년 12월 15일 임시 선장이 된다.

피츠로이 선장은 수로 측량과 기상 관측을 위해 젊은 자연학자며 동료인 찰스 다윈과 함께 두 번째 비글 호의 항해1831~1836년를 하였는데, 다윈은 1833년 1월 29일 이 비글 해협에서 맨 처음 빙하를 목격하고, 일기에 '수많은 녹주석綠柱石의 파란 빙하와 백설이 대조되는 환상적인 아름다움을 보았다'고 적고 있다. 그 후 비글 호가 갈라파고스, 타히티, 뉴질랜드, 오스트레일리아와 남아프리카 등 두 번째 항해를 마칠 때까지 두 사람은 계속 동행하였다.

비글 호는 찰스 다윈과 비글 해협로도 유명하지만, 선장 피츠로이가 야만인의 문명화 실험을 했었던 재미있는 기록이 있다. 기록에 의하면 비글 호의 첫 번째 항해 시 부하 중 몇 명이 티에라 델 푸에고에 상륙하여 측량차 야영하게 되었다. 그때 푸에고 원주민인 야간족이 그들의 보트를 탈취하여 달아났다. 피츠로이 일행은 그들을 뒤쫓는 대신 범인들의 가족을 비글 호에 인질로 데려왔다. 그중에는 원주민 소년 셋 그리고 소녀도 하나 있었는데 그 인질들을 다시 육지에 상륙시키는 것이 어렵게 되자 이들을 영국으로 데려가 영어와 도구 쓰는 법을 가르치고 기독교인으로 개종시킨 후 이 지역의 선교활동을 위해 데려오기로 하였다.

피츠로이는 그들에게 영국식 이름을 지어주었는데 한 소년의 이름은 제미 버튼단추를 주고 샀다는 뜻, 다른 아이는 요크민스터그가 붙잡혔던 곳의 큰 바위 이름, 그리고 소녀는 푸에기아 바스켓도난당한 배가 바스켓처럼 생겼다이라고 불렀다. 다른 소년의 이름은 보트 메모리잃어버린 보트를 기념였는데 영국에서 천연두 예방 접종을 받다가 죽었다.

1831년 여름, 이들은 영국 선교사 수련사 리처드 매튜를 통해 충분한 훈련을 받았고 영국 국왕을 알현할 만큼 개화되었다. 이들은 영국에 있는 동안 유명인사가 되었다. 선교사 수련을 마친 그들은 1832년 비글 호가 두 번째로 티에라 델 푸에고로 항해할 때 옛 고향으로 귀향하여 버튼랜드 섬에 선교부를 설치하고 원주민을 상대로 선교활동을 할 계획이었다.

그러나 리처드 매튜가 다른 지역에 갔다가 9일 후에 돌아왔을 때는 선교부가 원주민들에게 약탈당한 후였다. 실망한 리처드 매튜는 버튼랜드에서 선교활동을 포기하고 개화된 3명의 원주민만 그곳에서 선교활동을 계속하도록 남겨둔 채 귀국해 버렸다.

1년 후 포크랜드 섬에서 찰스 다윈과 피츠로이가 버튼랜드 섬 선교부에 다시 찾아왔을 때에는 다른 2명은 없어지고 제미 버튼만 남아 있었다고 한다. 제미 버튼은 영국으로 돌아가자는 피츠로이의 제의를 거절하고 유럽인의 의복을 벗어버린 후 야간족에 합류하여 원시적 관습으로 돌아가 살게 되었다.

이로써 피츠로이가 시도했던 야만인 개화작업은 실패로 끝나게 된 셈이었다. 다윈은 그의 일기에 '원주민들의 야만성과 문명인의 차이는 야생동물과 가축의 차이보다 더 심한 것 같다' 라고 기록하였다.

그 후 1855년 파타고니아 미션의 기독교 선교사들이 나바리노 섬에서 제미 버튼을 만났을 때 그는 아직껏 유창한 영어를 쓰고 있었다고 한다. 또 1863년 선교사 웨이트 스털링이 다시 티에라 델 푸에고에 방문하여 다시 제미 버튼과 접촉했다고 한다. 스털링은 제미가 죽은 얼마 후 그의 아들 가운데 하나인 트리보이를 영국으로 데려갔다는 기록이 있으나 안타깝게도 이 지역의 원주민 야간족은 멸종되었고 지금 티에라 델 푸에고에는 한 명도 남아 있지 않다고 한다.

티에라 델 푸에고, 세상 끝 열차와 지구 끝에 있는 감옥

12월 6일 월요일 오후 맑음, 남극으로 떠나기 하루 전 우수아이아의 티에라 델 푸에고 국립공원을 찾아갔다. 새벽부터 주룩주룩 내리던 비가 9시가 되자 개고 눈 덮인 산 위에 따사한 여름 햇볕을 쏟아붓는 것이 눈이 부셨다. 이곳은 한여름이라도 기온은 겨우 영상 5도에서 높아야 10도의 날씨이다. 나는 어려움 없이 시내버스를 타고 우수아이아 중심가를 지나 국립공원 입구까지 올 수 있었다.

티에라 델 푸에고 공원

우수아이아는 이슬라 그란데 데 티에라델푸에고불타는 땅의 거대한 섬의 제일 남쪽에 있는 작은 도시이다. 1873년 훌리오 아르헨티노 로카 대통령은 태즈메이니아오스트레일리아의 유형

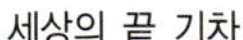
세상의 끝 기차

카밀라 2-6-2T 모델. 죄수들의 기차

지를 모델로 삼아 티에라 델 푸에고 전 지역에 아르헨티나 주권을 행사할 목적으로 유형 식민지 개발을 시작하였다. 그리고 정착민이 될 이 땅의 수형자들을 수용할 감옥을 건축한 것이 우수아이아의 시작이다.

1896년 이 교도소에 공식적으로 첫 번째 죄수가 들어왔고 그 후 50년간 재범자, 흉악범, 군 죄수 그리고 정치범들을 수용하게 되었다. 이 감옥은 1947년 재소자에 대한 인권유린과 신체적 위협 등의 문제가 야기되어 후안 페론 대통령의 명령으로 폐쇄되었고 지금은 우수아이아 해양박물관으로 바뀌었다.

오늘 이 국립공원에서 꼭 체험하고 싶은 것은 우수아이아의 또 다른 명물인 세상의 끝 기차를 타보는 것이다. 일명 '죄수들의 기차'라는 이 열차는 원래 우수아이아로 강제이주시킨 죄수들이 감옥 주변의 산림에서 벌채한 목재를 마을까지 실어나르기 위해 운행되었다. 이 철도는 마을이 커지고 죄수의 수가 늘어감에 따라 건축용 목재와 연료로 쓸 나무를 벌목하기 위해 점차 수림 내부까지 연장되었고 피포 강의 계곡을 따라 고원지역까지 선로가 증설되었다. 그러나 지금은 선로 폭이 겨우 50cm인 목재 운반용 소형 화물 철도 위에 사람을 태운 관광열차가 운행되고 있다.

그동안 지진에 의해 선로가 유실되고 방치되었던 철도는 아르헨티나 정부에 의해 1994년에 관광용 선로로 개조되었다. 이 기관차는 1995년 영국에서 제작한 카밀라 2-6-2T 모델이고 총 12명의 승객들이 한 줄에 두 사람만 앉을 수 있는 미니 열차이다. 그래도 특실에서는 샴페인과 디너 서비스까지 제공한다. 우수아이아 중심가에서 8km 떨어진 세계의 종착역에서 출발한 이 미니 열차를 타고 수림과 빙하에 덮인 파타고니아 산맥 아래 토로 협곡의 피코 강을 따라가노라면 수없이 많은 나무들의 공동묘지가 나온다.

수많은 거목이 벌채된 그루터기들이 그대로 남아 있어 몇십 년 전 이곳 유형의 땅에서 일하던 죄수들의 흔적을 증언하고 있다. 피코 강변의 초원에는 야생마 가족들이 평화롭게 풀을 뜯고 있어 마치 한 폭의 아름다운 그림을 보는 것 같다. 강물이 굽이쳐 도는 마카레나 폭포역에 잠시 정차했다. 이 간이역에는 멀리서 찾아온 나그네를 위해 따끈한 커피를 종이컵에 담아 파는 키오스크가 서 있다. 바로 마카레나 폭포 역 건너편에 멸종된 원주민 야간족의 움막 셋이 멀리 보이는데

야간족 원주민 움막

이 야간족이 영국에서 교육받은 그 유명한 제미 버튼의 조상이다.

유럽인들이 이 땅에 들어오기 전 수천 년 동안 이 대륙의 끝에 살았던 야간족은 몽골계로, 그들의 선조는 아시아 대

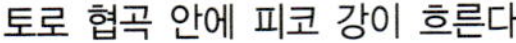
토로 협곡 안에 피코 강이 흐른다

주인 없는 야생마가 평화롭게 풀을 뜯고 있다

륙을 떠나 알류샨 열도를 통해 북태평양을 건너왔고 또 알래스카와 북미대륙으로 이동하였을 것이다. 그 일부는 안데스 산맥을 따라 남아메리카까지 남쪽으로 계속 이주하여 마침내 이곳 파타고니아의 땅끝까지 온 것이다. 나는 몇 개월 전 지구 최북단 사미족의 땅 라프란드 종착역 로바니에미까지 기차를 타고 갔던 적이 있다. 그리고 이제 우수아이아에서 세상 끝 열차를 타고 가며 지금은 사라져 버린 몽골계 원주민 야간족을 생각하고 있다. 지구 상에는 이 땅의 주인이던 야간족처럼 사라져 버린 원주민 부족들이 얼마나 될까?

아, 안타티카 드림!

우리가 승선할 안타티카 드림 호는 1961년 칠레 해군을 위해 네덜란드에서 건조된 길이 81m, 폭 12m에 흘수吃水 4.6m의 함정이다. 5년 전에 현재의 칠레 선주가 이 배를 구매하여 극지를 항해하는 여객선으로 개조하였는데 최대 120명이 탑승할 수 있다. 이 선박은 우수아이아에서 출항하여 90여 명의 승선인원을 싣고 드레이크 해협의 거친 풍랑을 통과한 후 사우스셰틀랜드 제도와 남극반도 서부지역을 열하루 동안 항해하게 된다.

2010년 12월 7일 화요일, 맑음. 4시에 안타티카 드림 호에 승선하자 승무원들이 우리를 환영하기 위해 커피와 다과를 준비한 레스토랑에서 남극 탐방 오리엔테이션이 시작되었다. 50명이 넘는 승객들은 승선 등록을 마친 후 각자가 묵을 선실을 배정받고 각 테이블에 앉은 동료 탐방대원과 인사를 나누는 시간을 가졌다.

애리조나에서 온 진은 나보다 한 살 많은데 피닉스에서 오토바이를 타고 남미 끝까지 왔다고 한다. 그리고 LA에서 우수아이아까지 오토바이를 타고 온 청년이 1명 더 있는데 영화사에서 일하는 로버트이다. 그 외에도 테오와 윌마라는 네덜란드에서 온 지압사 부부, 폴란드에서 온 라이직, 그리고 가끔 로버트와 교대로 우리 테이블에 앉는 캐나다 퀘벡에서 온 청년 프란시스와 한 조가 되었다. 우리는 항해가 끝날 때까지 거의 매일 같은 테이블에 앉아서 신변잡기와 경험담을 나누는 테이블 메이트가 되었다.

배는 저녁 식사를 할 즈음에 저녁노을의 붉은 하늘 아래 티에라 델 푸에고와 나바리노와 오스테 섬을 가르는 비글 해협의 평온한 바닷길

11일간의 남극 원정팀을 싣고 가는
안타티카 드림 호

비글 해협에서 본 백야 현상

을 지나고 있었다.

저 멀리 하얗게 눈을 두른 산맥과 우수아이아 항구의 정겨운 불빛은 우리가 열하루간의 항해를 마치고 무사히 귀항하기를 비는 것 같았다.

남극대륙으로 항해하는 배는 일반적으로 파도가 심한 드레이크 해협을 통과해서 킹 조지 섬까지 가는데 약 사흘이 걸린다. 남극의 여름도 북극권에서 본 것같이 하늘이 붉게 타는 백야 현상이 나타난다. 자정이 되자 비글 해협을 이미 지났는지 우리가 탄 배는 좌우로 구르고 흔들리기 시작하였다.

이것은 우리가 드레이크 해협에 들어섰다는 증거이다. 바람은 계속 심하게 불어대고 배 양편의 파고는 선실의 유리창을 때릴 만큼 높아지고 있다. 그래도 선미의 하얀 파도 위에 앨버트로스, 바다제비 그리고 섬새가 먹이를 찾아 낮게 나는 모습을 볼 수 있다. 선미에서 거칠게 부서지고 갈라지는 물결 사이에 그들의 먹거리가 모여들기 때문이다. 이 남극해의 바닷새들은 깨어있는 대부분 시간을 대양 위에서 보낸다.

12월 8일 수요일, 맑음. 풍랑이 너무 심해져서 잠자리에 들기 전에 선박의 주치의가 준 멀미약을 먹고 잠이 들었다. 그 탓인지 오전 10시가 넘어서야 잠에서 깼다.

침대에서 일어나 보니 밤새도록 풍랑에 흔들려 선실 안의 옷장 문들이 다 열려 있고 책상 위의 물건들은 바닥에 흩어져 있는데 잠들기 전에 벗어놓은 안경이 보이지 않는다. 손으로 더듬더듬 찾아보니 안경알은 깨져 있고 안경테마저 부러져 쓸 수 없게 되었다. 바닥에 떨어진 안경을 덩치 큰 룸메이트 유이치가 밟은 것이다. 그런데도 이 친구는 자기 잘못을 아는지 모르는지 미안하다는 사과 한마디 없다. 도쿄 법대를 졸업하고 공무원 시험에 합격하여 남극으로 여행을 온 이 청년은 별로 말이 없는 내성적인 친구이다. 다행히 다른 안경을 여벌로 가져왔기에 망정이지 그것마저 없었더라면 앞으로 2달 반의 여행은 답답한 고행의 연속이었을 것이다.

배가 킹 조지 섬에 도착하기 전 드레이크 해협을 항해하는 동안 우리가 선상에서 할 수 있는 활동은 제한된다. 탐방 지원팀이 준비한 남극 생물에 대한 강의를 듣거나 배의 도서관에 비치된 책을 빌려 읽는 것이 유일한 낙이다. 나는 남극점에 첫 번째로 도달한 로알 아문센이 쓴 『남극을 향한 경주 Race to the South Pole』을 읽기 시작하였다.

킹 조지 군도와 남극

남극에 사는 동물들에 대한 로

원더링 앨버트로스

드리고의 강의는 조류들에 대한 것인데 주로 우리가 남극에서 볼 수 있는 조류 가운데 갈매기, 가마우지 그리고 바다제비와 바람의 장인 앨버트로스까지 생물학적 진화와 적응에 관한 강의를 하였다. 조르디의 프레젠테이션은 고래에 대한 생물학적 특성에 관한 내용이었는데 특히 킬러 고래와 파타고니아와 남극반도에 서식하는 험프백 고래에 대해 자세히 설명하였다. 며칠 후 이 남극의 동물들을 근거리에서 관찰하게 되었을 때 큰 도움이 되었다.

드레이크 해협을 지나 사우스셰틀랜드 제도로

사우스셰틀랜드South Shetland Islands 제도는 남극반도의 북쪽에 있는 20개의 섬들로 구성되어 있는데 대륙에서 175km 떨어진 스미스 섬, 스노우 섬, 엘러펀트 섬과 클러런스가 주요 섬들이다. 이 제도는 1819년 이 지역을 항해하던 윌리엄 스미스 선장에 의해 발견되어 뉴 사우스 브리텐이라고 명명되었으나 나중에 사우스셰틀랜드로 이름이 바뀌었다. 풍속이 높은 이 지역은 1920년대 물개잡이의 중심지가 되었고 남극대륙에서 브랜스필드 해협을 사이에 두고 분리된 곳으로, 남극대륙 중 가장 따뜻하고 비가 많이 오는 지역이라 여름에는 색채가 풍부한 곳이다.

우리가 탄 배는 어제처럼 계속하여 좌우로 흔들리며 풍랑 속을 항해하였다. 사우스셰틀랜드에 가까워지자 비로소 선상의 상황은 점점 양

호해졌다. 남극 수렴 지역을 통과하였는지 이른 아침이 되자 여러 종류의 바닷새들이 보이기 시작한다. 그중에는 원더링 앨버트로스, 흑색이마, 잿빛 망토 앨버트로스가 있고, 또 케이프 바다제비 떼와 그 외 이름 모를 물새들도 보였다.

파블로와 조르디는 남극에 상륙하기 전에 각각 영어와 스페인어로 남극 상륙 시의 행동지침에 대해서 설명했다. IAATOInternational Association of Antarctic Tour Operators의 규정에 따라 남극을 방문하는 모든 사람은 의무적으로 남극의 야생 동식물 주변에서의 행동지침을 알아야 한다.

풍랑 때문인지 강의 시간에 빈자리가 많았고 또 식사시간에도 뱃멀미로 점심과 저녁을 건너뛰는 사람들이 제법 많아졌다. 나는 멀미약 덕분인지 아직은 그런대로 잘 견디고 책을 보거나 낮잠을 자는 방법으로 무료한 시간을 달래며 뱃멀미와 싸우고 있었다.

남극 탐방 기간 중의 활동은 예측이 어렵고 기후와 얼음의 상태에 따라 대단히 가변적이다. 우리는 원래 웨들 해로 항해하고 있었으나 밤사이 계속된 강풍과 파도가 배를 사우스셰틀랜드 쪽으로 밀어붙였다. 그 때문에 우리는 내일 아침 사우스셰틀랜드에 먼저 상륙하여 그곳에서 이틀을 지내고 나중에 웨들 해로 진입하여 남극대륙의 서부 지역으로 이동하기로 하는 첫 번째 계획변경을 하게 되었다.

첫 기착지 킹 조지 쥬바니 기지Jubany Station 애드미럴티 만. 12월 10일, 아침 식사를 할 즈음 안타티카 드림 호가 킹 조지 섬에 도착하자 우수아이아를 떠난 지 사흘 만에 눈 덮인 남극대륙의 환상적인 첫 모습을 볼 수 있었다. 신랑을 보는 새색시처럼 선상의 탐방대원들은 모두 흥분에 들떴다. 킹 조지 섬은 사우스셰틀랜드 제도 중 제일 큰 섬으로 한국의 세종기지를 비롯하여 중국, 칠레, 러시아, 우루과이의 기지가 맥스웰 만에 있고 아르헨티나 기지는 포터 소 만에 있다.

제일 먼저 상륙한 지점은 독일과 아르헨티나의 협동 기지가 있는 쥬바니 기지이다. 이 과학기지는 사화산의 잔재인 삼형제 바위 언덕과 빙하에 둘러싸인 아름다운 곳이다. 배에서 아침 식사를 마친 후 우리는 조디악을 타고 쥬바니 해변에 도착, 남극에서의 첫발을 딛게 되었다. 우리는 쥬바니 기지장의 따뜻한 환영을 받았는데 기지장과 한 선임연구원이 남극에서의 그들의 생활과 임무에 대하여 자세한 브리핑을 해주었다. 그들은 보통 1년씩 근무하며 현재 이 기지에는 1명의 여의사를 포함한 총 25명이 있으며 1년의 근무 기간이 지나 곧 귀국할 것이라고 한다.

쥬바니 기지의 삼형제 바위

기지장에게 한국의 세종기지가 이곳에서 얼마나 떨어져 있느냐고 물었다. 세종기지는 조디악에서 20분 걸리는 마리안 소 만에 있는데 이곳에서 가장 가까운 과학기지로 가끔 한국기지를 방문하여 불고기와 한국 음식을 대접받는다고 한다. 물론 한국기지 연구원들도 이곳을 다니러 온다고 한다.

2010년 1월 중순, 마추픽추로 가는 길에 세종기지에 근무하는 연구원을 만나 리마까지 함께 오며 남극 이야기를 들은 적이 있다. 그 연구원이 아직 이곳에 있을 것 같은데 세종기지를 바로 코앞에 두고도 찾아가 볼 수 없다니 참으로 아쉬웠다.

삼형제 바위 언덕으로 가는 길에 처음 본 아델리펭귄과 코끼리 물개가 우리를 물끄러미 바라본다. 조디악으로 돌아가는 길에는 거대한 해파리가 파도에 휩쓸려 해변에 밀려와 있다. 2시간 후 우리는 다시 '남극의 꿈' 호로 돌아와 점심을 먹고 킹 조지 섬의 서부 에드말티 만으로 출발하였다. 오후에는 에드말티 만의 서해안 아르스토스키 폴란드 기지 근처 에즈쿠라 포구로 조디악 크루즈가 있다고 한다.

이 포구 중앙에 두파엘이라는 작은 섬이 있는데 거칠고 가파른 절벽 해안에는 젠투, 아델리, 그리고 턱끈 등 세 종류의 펭귄들이 보이고 또 바위 둥지에는 켈프 갈매기들이 새끼를 돌보고 있다.

우리가 탄 조디악은 에즈쿠라 포구 앞에 있는 빙하 쪽으로 다가가는데 바로 앞에서 거대한 빙하의 분만이 시작되고 있었다. 우리는 2마리의 웨들 물개가 누워있는 해변을 지나 포구 안쪽에 있는 남극 제비갈매기의 번식지로 갔는데, 이곳은

턱끈펭귄

빙하의 분만

멀리 북극에서 이동해 온 철새 제비갈매기 떼가 모여있는 곳이다. 그런데 이 녀석들은 무엇 때문에 지구의 반 바퀴를 돌아 북쪽 끝에서 남극의 땅끝까지 먼 바닷길을 날아오는 것일까? 먹이를 찾아서일까? 아니면 번식지로의 귀소 본능일까?

남극의 긴 여름밤은 밤 11시가 되어도 어둡지 않다. 가는 곳마다 인터넷 접속을 습관적으로 해왔던 터라 외부 세계와 단절된 채 열흘 이상 지난다는 것은 보통 심각한 금단현상이 아니다. 그러나 그것도 잠시뿐, 벽옥의 빙벽으로 둘러싸인 빙하의 바다와 붉게 타오르는 백야의 하늘, 인간의 오염 없는 이 순백의 대륙에서 어떤 인간의 기념비적 건축물보다 더 우아한 아름다움을 본다. 이 웅대한 조물주의 걸작을 자연 그대로 감상할 수 있는 황홀한 특권으로 가슴이 뜨겁게 뛰었다.

호프 베이와 폴렛 섬의 대피소 돌 움막집들

호프 베이에 상륙한 12월 11일의 조용한 아침에 눈발이 흩날리고 있었다. 남극반도의 긴 꼬리 끝에 아르헨티나 기지 에스페란사가 있다. 조디악에서 내려 사다리를 올라 부두에 도착하자 7~8명의 귀여운 아르헨티나 꼬마들이 우리를 환영하며 아르헨티나 관광 팸플릿을 나누어 주었다. 이제 막 남극에서의 긴 겨울을 마친 그들은 외부에서 찾아오는 사람들이 무척이나 그리웠던 모양이다.

우리는 현지 직원을 따라 에스페란사 기지 내 여러 곳을 둘러보았다. 이곳에는 본부 외에도 작은 교회와 공작실, 쓰레기 처리관, 미니 박물관, 그리고 이 호프 베이 기지에는 16명의 아이들이 공부하는 방 2개짜리 미니 학교도 있다. 따뜻한 카지노의 응접실에서 따끈한 커피와

호프 베이의 에스페란사 기지

아르헨티나 기지의 귀여운 어린이 환영단

케이크를 대접받은 우리는 에스페란사 기지 방문 기념 스탬프를 각자의 여권에 찍은 후 지구의 밑바닥에서 보내는 사랑의 안부를 그림엽서에 실어 각자의 고향으로 부쳤다.

우리가 타고 온 안타티카 드림 호 같은 큰 배가 이 외로운 기지를 방문하는 경우는 좀처럼 드물어서 오는 길에 신선한 과일과 채소 등 필요한 보급품을 전달하여 주는 것이 관례이다. 그래서 그들은 모처럼 찾아주는 우리 같은 손님이 더 반가운가 보다.

이곳은 모처럼 휴대전화 통화가 되는 지역이라 집에 있는 아내에게 남극의 안부를 전했다. 1952년부터 이곳 아르헨티나 기지에는 1년 단위로 근무하는 4명의 과학자와 기지직원, 군 장교 그리고 그들의 가족들 총 60명이 비교적 편안하게 살고 있다. 그들의 주요임무는 기상 관측 이외에도 주로 아델리펭귄에 대한 연구이다.

기나긴 겨울밤을 외로운 남극에서 지내온 그들이 머지않아 본국으로 돌아가면 평화롭게 살아온 이곳을 그리워하게 되지 않을까?

호프 베이는 스웨덴 노르덴셸드 남극 탐험대의 돌 움막이 있는 곳이다. 우리는 스웨덴 남극 탐험대원 3명이 이곳에서 월동했던 돌 움막을

호프 베이 돌 움막

생존을 위한 겨울나기 식량인 펭귄과 물개

지나며 그들이 남극에서 고립된 채 겨울을 지냈던 이야기를 듣게 되었다. 1901~1904년에 스웨덴 지리학자 오토 노르덴셸드는 남극 원정대를 조직하여 이미 남극 바다를 항해한 경험이 있는 안타크틱 호 선장 라르센과 남극탐사에 나섰다. 원정대는 웨들 해로 항해하던 중 빙벽에 막혀 더 나아가지 못하게 되자 오토와 대원 5명은 스노우힐 섬에서 월동하도록 그 섬에 내려졌다. 이들의 원래 계획은 안타크틱 호는 파타고니아로 돌아가서 월동하고 다음 해 여름에 그들을 데리러 오기로 하였던 것이다.

스노우힐 섬에 상륙한 노르덴셸드 팀은 몇 개월 동안 비교적 편안히 지낼 오두막을 세웠고 썰매를 타고 400km 내부까지 탐사하고 또 세이무르 섬에 상륙하여 멸종된 거대한 펭귄의 화석을 채취하기도 했다. 그러나 다음 해 여름 안타크틱 호는 스노우힐 섬의 노르덴셸드 팀을 데려오기 위해 항해하는 길에 빙벽에 뱃길이 막히자 원정대 중 구르덴, 듀스, 앤더슨 3명을 이곳 호프 베이에 상륙시켜 320km 남쪽에 있는 스노우힐 섬으로 이동하여 그곳의 원정팀과 합류하도록 하였다.

그러나 스노우힐 섬으로 가는 남쪽 길이 얼음 없는 바다라 섬으로 접근할 수 없게 되자 이 세 사람은 호프 베이로 돌아와 이곳에서 월동하기 위하여 원시적이고 열악한 돌 오두막을 지은 것이다. 한편 안타크틱 호는 별도로 스노우힐 섬에 접근할 항로를 찾아 북쪽으로부터 조인빌 섬을 돌아 항해하던 중 폴렛 섬 근처에서 빙산과 충돌하여 침몰하게 된다. 침몰한 안타크틱 호를 무사히 탈출한 선원들은 총빙叢氷을 타고 16일 만에 폴렛 섬에 도달한다.

스웨덴 원정대는 세 그룹으로 따로 분산되어 피차 생사도 모른 채 고립되었다. 노르덴셸드 등 6명은 스노우힐 섬에서 한 번 더 긴 겨울을 지나게 되었다.

호프 베이와 폴렛 섬에 고립된 두 팀은 그들보다 훨씬 더 열악한 환경에서 월동해야 했다. 두 팀은 원시적 돌 움막에서 펭귄과 물개 고기만으로 긴 겨울을 생존해야 했다. 기적적으로 살아남은 호프 베이의 세 사람은 스노우힐 섬으로 건너가서 마침내 노르덴셸드 팀과 합류하게 된다.

파선된 안타크틱 호의 라르센 선장 외 20명 선원팀은 1,100마리의 아델리펭귄 고기를 저장하며 겨울을 나는 중 대원 20명 가운데 한 사람이 원인 모르는 병으로 죽게 되었다. 1903~1904년 여름 라르센 선장과 3명의 선원이 무개無蓋 보트를 저어서 이곳 호프 베이에 도착하였으나 그 세 사람은 이미 스노우힐로 간다는 쪽지를 남겨두고 이동한 다음이었다. 라르센 선장은 다시 스노우힐 섬까지 작은 보트를 저어 가기로 한다.

한편, 행방불명된 스웨덴 원정팀들을 수색하기 위해 아르헨티나의 우루과이 호가 보내졌다. 이 수색대는 마침내 스노우힐 섬에서 노르덴셸드와 라르센 선장 등 13명을 구조하였고 폴렛 섬에 남아 있던 나머지 선원들도 모두 구조하였다는, 드라마보다 더 감동적인 이야기를 들었다.

우리 배는 호프 베이를 떠나서 빙산과 얼음덩어리의 방해 없이 확 트인 바닷길을 따라 펭귄의 주요 서식지인 독특한 원뿔 모양의 폴렛 섬으로 향했다. 구름 낀 오후 5시에 탐방 팀의 리더 파블로가 섬에 상륙하기 위해 원정대를 소집하였다.

폴렛 섬의 거친 바윗돌 해변에 도착하자 우리는 시각, 청각, 후각의 세 감각기능에 과부하가 걸리는 것을 느꼈다. 적어도 10만 마리 이상의 아델리펭귄들의 한꺼번에 떠드는 소리와 양계장에서나 맡을 수 있는 지독한 냄새에 거의 질식할 정도였다.

펭귄들의 군락지를 지나 언덕으로 올라가자 눈 아래에 멋진 만이 펼쳐졌다. 노르덴셸드 남극 탐사대의 라르센 선장과 침몰한 안타크틱 호의 생존자들이 살았던 돌 움막 터가 여기에 남아 있다. 이들은 8개월 동안 날마다 만을 내려다보며 언제 올지 모르는 구조의 손길을 애타게 기다렸을 것이다.

폴렛 섬의 돌 움막 터

10만 마리 이상의 아델리펭귄의 서식지

돌 움막을 지나쳐 올라가면 얼어붙은 용해 호수 위에서 얼음을 지치는 아이들처럼 미끄럼을 타는 펭귄들이 보인다. 이곳을 찾아오는 사람들이 펭귄의 군락지를 지날 때는 펭귄 하이웨이펭귄이 지나다니며 다져진 눈길로만 통행해야 한다. 그들의 번식처는 인간에게는 출입금지 구역이다. 남극의 행동지침서에 사람들은 이 동물들에게 2m 이내로 접근하지 말라고 쓰여 있다.

우리는 가파른 아델리 하이웨이를 눈 속에 빠지고 또 빙판에 미끄러지며 눈 덮인 산등성이를 숨 가쁘게 올라가서 폴렛 섬의 다른 편 해안으로 넘어갔다. 고개를 넘자 표면이 얼어 있는 또 다른 호수가 나오고 300m 지나서야 자갈 덮인 해변에는 수많은 웨들 물개와 수영하는 아델리펭귄 떼 그리고 남극 갈매기 등이 신기한 구경거리인 양 우리를 쳐다본다. 남극에 사는 동물들은 사람을 전혀 무서워하지 않는다.

웨들 물개와 아델리펭귄

저녁 어스름이 스며드는 웨들 바다 위에 청록의 빙산들이 떠가고 공해 없는 이 웅장한 경관에 취한 채 서 있노라니 한순간 말과 생각이 정

평판 빙산 위의 남극 일출

지해 버린 것 같다. 잠시 후 우리는 폴렛 섬의 반대편 상륙지점에서 온 조디악에 올라 '남극의 꿈'이 기다리는 웨들 해로 돌아가며 오늘 보았던 야생동물들을 헤아려 보았다. 이 작은 섬에서 아델리펭귄 군락지, 웨들 갈매기, 웨들 물개, 도둑 갈매기와 바다제비를 보았던 것이다.

2010년 12월 12일은 대부분 탐방대원에게는 너무 짧은 밤이었다. 11시가 넘어 저녁노을을 보고 잠자리에 들었는데 새벽 2시 반에 파블로가 선실의 종을 치며 떠오르는 남극의 태양을 보라고 우리를 깨운다. 배는 웨들 해의 거대한 빙산들과 총빙 사이를 항해하고 있었고, 우리는 갑판 위나 함교艦橋에 올라서 떠오르는 태양에 붉게 물든 남극 하늘의 장관을 카메라에 담기 바빴다.

우리는 다시 침대로 돌아가 아침 먹으라고 깨우는 8시 종소리가 들릴 때까지 서너 시간 눈을 붙였다. 우리가 잠든 사이 안타티카 호는 스노우힐 섬의 북쪽 웨들 해의 최남단에 도달하였는데 수면에 떠있는 거대한 빙산들이 남쪽으로 향하는 우리 배를 가로막는 바람에 어네스토 선장은 선수를 다시 북쪽으로 돌려야 했다.

안타티카 호가 남극 반도의 끝머리에 도착하자 선장과 탐방 팀 책임자 파블로는 우리가 조디악을 타고 빙산들 사이를 지나는 순항을 허가

웨들 해의 얼음 다리

조디악을 타고 얼음동굴을 순항하다

했다.

기묘하게 생긴 빙산들은 웨들 해의 북쪽 빙벽에서 떨어져 나온 것들이다. 이 거대한 얼음 산들은 시계방향으로 표류하는데 반도의 끝머리에서 브랜스필드 해협의 바닷물과 만나게 되고 남극 반도의 북서쪽 해안을 따라 남쪽으로 이동하게 된다. 우리 배 주변에도 희한한 생김의 빙산들이 표류하고 있다. 우리는 조디악을 타고 회색 하늘과 청색의 얼음 덩어리들이 조화를 이룬 환상적인 빙산 사이를 마치 꿈을 꾸듯 순항하였다.

향유고래를 찾아서 아스트롤라베 섬으로

우리의 다음 목적지는 브랜스필드 해협에 있는 폭 560m에 길이 5km의 아스트롤라베 섬이다. 1837년 프랑스 측량 탐사대에 의해 발견된 이 바위 섬은 당시 탐사선 아스트롤라베 호의 선장 줄스 뒤몽 뒤르빌이 자신의 배 이름을 따서 명명하였다. 이곳은 조디악을 타고 파도를 가르며 순항하기 알맞은 장소로 한국의 아름다운 홍도를 연상케 하는 바위 해안과 작은 만 그리고 좁은 채널들이 아기자기하게 얽혀져 있다.

돌밭 해안에는 턱끈펭귄이 다이빙과 수영을 즐기는 것이 보인다. 우리는 처음으로 빙산을 돌아 헤엄치는 물표범을 볼 수 있었다. 섬의 바위 절벽 위에는 여러 마리의 케이프 갈매기, 윌슨 스톰 제비갈매기와 수백 마리의 섬새, 그리고 파란 눈 가마우치들이 둥지를 틀고 있고 또 여럿이 떼를 지어 앉아 있는 모양새가 남극의 험한 날씨에 찾아드는 새들의 피신처인 것 같다.

아, 바로 이곳이 남극의 야생동물의 낙원, 바닷새들의 안식처로구나!

조디악 크루즈를 마치고 모선으로 돌아가는 길에 우리는 서너 마리의 향유고래를 만났다. 안타티카 드림 호에 올라와 저녁을 먹는 동안에도 몇 마리가 더 우리 배 가까이 헤엄치고 있다. 매년 이 녀석들은 그들의 번식지인 콜롬비아, 에콰도르, 파나마와 코스타리카의 적도 해를 떠나서 이때쯤 남극에 도착한다고 한다. 이 고래들이 그토록 긴 이동을 감수하는 것은 그들의 주요 먹이인 남극 크릴새우와 같은 무척추 생물이 이곳에 무진장으로 존재하기 때문이다.

크릴은 지구 상에 인간 다음으로 많은 생물학적 유기체인데 남극 생태계에 가장 중요한 수종이며 주로 피토플랑크톤을 먹고 산다.

크릴은 남극해의 먹이사슬 가운데 가장 중요한 부분으로 남극의 고래와 물개 그리고 펭귄뿐 아니라 다른 바다 동물도 이 풍부한 먹이감에 의존하고 있다. 3달 전 아프리카의 마다가스카르의 생트마리 섬에서 그리고 남아프리카의 케이프타운 해안에서도 보았던 향유고래들의 이동이 생각났다. 그 녀석들은 아마도 지금 이 남극 바다에 벌써 도착하여 맛있는 남극 크릴로 저녁 식사를 즐기고 있을 것 같다.

저녁을 먹은 후 로알 아문센의 남극점을 향한 경주를 다시 펴들었다. 남극대륙의 항해가 끝나기 전에 이 책을 다 읽을 생각이다. 아문센은 자신보다 경험이 많은 스콧이나 섀클턴보다 먼저 남극에 도착할 수 있었던 비결을 스키와 개썰매를 사용한 덕분이라고 썼다. 물론 철저한 준비와 사전 훈련, 지도자의 덕목인 시의적절한 결정과 팀워크가 없었더라면 그의 승리는 불가능했을 것이다.

쿠버빌 섬에 상륙할 목적으로 게를라흐 해협으로 진입하던 우리 배 앞에 갑자기 여러 마리의 향유고래들이 나타났다. 파블로와 어네스토 선장은 다시 조디악을 발진시키도록 허락했다. 우리가 탄 4개의 고무보트 옆으로 거의 손이 닿을 정도의 거리에 향유고래가 스쳐 지나갔다. 얼마나 가까운지 향유고래의 고약한 숨 냄새를 맡을 수 있었고 고래 꼬리가 내려치는 물장구에 우리가 입은 빨간 방한복을 다 적실 정도였다. 이처럼 거대한 야생동물을 손으로 만질 수 있는 거리에서 사

향유고래 꼬리의 물장구에 옷을 적시다

향유고래의 헤트트릭 순간 포착

진촬영하는 아슬아슬한 경험을 평생 잊지 못할 것 같다. 이 녀석들은 덩치는 산 같으나 무척이나 순한 녀석들이다.

쿠버빌 섬은 1897년 게를라흐의 벨지카 원정대에 의해 명명되었는데 에레라 해협의 북쪽 입구에 있는 섬이다. 눈 덮인 쿠버빌 섬에 조디악을 대고 보니 5,000쌍 이상의 젠투펭귄 떼가 작은 섬을 덮고 있었다. 이 펭귄들의 군락지에는 그 녀석들의 배설물에서 생기는 지독한 냄새로 거의 질식할 것만 같았다. 그런데 이 녀석들은 후각이 발달되어 있지 않은지 양계장보다 몇십 배는 더 지독한 악취를 어떻게들 견디는지 몹시 궁금하였다.

여러 개의 펭귄 군락지를 지나갔는데 젠투펭귄들이 조약돌 몇 개를 물고 와 둥지를 틀고 그 위에 부부가 교대로 알을 품고 있는 모습이 보인다. 또 정체가 심한 펭귄 하이웨이 위를 뒤뚱거리며 급히 걷다가 미끄러지고 넘어지는 재미있는 광경도 연출한다.

운동 겸 파블로와 같이 오솔길을 따라 이 섬의 가장 높은 언덕까지 올라가 보았다. 미끄러운 눈길을 걷기는 쉽지 않았으나 언덕 위에서 보니 에레라 해협과 쿠버빌 해협의 아름다운 장관이 한눈에 들어온다. 20시간 이상의 해가 지지 않은 무공해 남극 바다, 빙하 덮인 고산준령, 그리고 해협 사이에 유유히 떠다니는 많은 벽옥의 거대한 빙산들, 이 백색 대륙은 천적이 없는 수많은 펭귄, 남극의 새떼와 물개들 그리고 향유고래들의 천국이다.

해안 자갈밭의 젠투 부부

지구 상 어디에서도 볼 수 없는 눈과 얼음의 세계, 남극의 자연을 보고 있다. 이집트의 신전보다 거대하고 예루살렘의 성곽보다 더 장엄한 조물주의 천연작품을 볼 수 있는 축복에 감사하고 있다. 우리가 배로 돌아와 점심을 먹는 동안 '남극의 꿈' 호는 다음 목적지인 윌헤미나 만으로 항해를 계속한다.

쿠버빌 섬에서 모선으로 돌아오는 길에 센 바람과 파고에 흔들리는 조디악에서 떨어지지 않도록 안전줄을 계속 붙잡고 있느라 평소 사용 않던 근육을 써서인지 팔과 다리에 근육통이 심해졌다. 윌헤미나 만에 정박한 후 8시 상륙을 위해 7시에 저녁을 먹는데 배가 심하게 흔들린다. 잠시 후 파블로가 바람과 풍랑이 더 심해져 조디악을 띄울 수 없다고 한다. 어제부터 감기 기운이 있던 터라 이번 조디악 순항은 포기할까 생각하고 있었는데 마침 크루즈가 취소되었다니 오늘은 일찍 쉴 수 있게 되어서 오히려 다행이다. 저녁으로 스테이크가 나왔는데 영 입맛이 없어 먹는 둥 마는 둥 일찍 선실로 내려와 다시 아문센의 책을 펴들었다.

기만欺瞞의 섬, 안개와 빗속에 드레이크 해협을 지나다

2010년 12월 14일, 맑음. 지금부터 99년 전 오늘 1911년 12월 14일은 아문센의 남극 원정팀이 지리적 남극점에 도착한 역사적인 날이다. 로버트 스콧과의 남극점을 향한 경주에서 스콧보다 33일 먼저 도착한 아문센은 이날 온 세계가 결코 잊을 수 없는 영광스러운 승리의 기록을 남겼다.

밤사이 심한 바람 가운데 브랜스필드 해협을 항해해 온 배는 디셉션

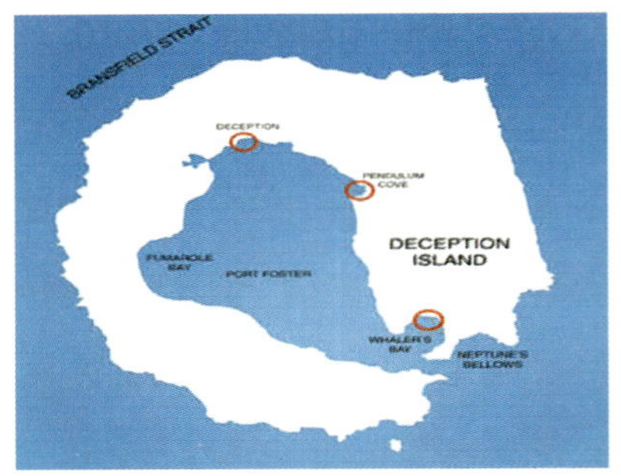

기만의 섬

헥토르 포경기지의 고래기름 탱크

섬에 도착하였다. 우리가 찾아온 이 섬은 비록 지리적으로 남극점은 아니지만, 남극해 탐사 역사의 여러 단계에서 중요한 증언을 하는 의미 있는 곳이다. 제일 먼저 이 섬에 물개잡이 배가 도착했고, 그다음 지리학자들이 찾아왔다. 그리고는 모든 분야의 탐험가, 상업적인 포경회사가 공장을 지었고 마침내 여러 나라의 국립 과학 프로그램이 이 섬을 거쳐 갔다.

사람들은 이 섬을 왜 '기만의 섬Deception island'이라고 불렀을까? 아마도 그 첫 번째 속임수는 남극반도에서 가장 안전한 웨일러스 만이 이 섬 안에 숨어 있다는 사실이 아닐까? 깎아지른 듯한 낭떠러지로 외벽이 둘린 이 섬은 '해왕성의 풀무Neptunes Bellow'라는 비좁고 험한 입구를 통해서만 들어올 수 있다. 또 다른 속임수는 이곳이 섬이 아니라 칼데라 즉, 함몰된 화산 분화구에 바닷물이 채워진 만이라는 것이다. 섬의 외양은 마치 누군가가 한쪽만 살짝만 베어먹고 남겨둔 거대한 도넛 모양이다. 마치 먹음직스럽게 보이지만 먹을 수 없는 거대한 도넛 형상의 속임수처럼….

잠에서 막 깨어나 보니 배가 막 해왕성의 풀무 입구를 조심스럽게 지나는 것을 볼 수 있었다. 230m의 비좁은 입구 양옆에는 악명 높은 까마귀 바위와 가파른 용암 절벽이 마주 보고 있다. 또한 입구의 중간 지점에 암초가 숨어 있고 왼쪽은 수심이 낮아서 큰 배가 지나기에는 아주 위험한 곳이다. 안전하게 통과할 수 있는 오른쪽 수로의 폭은 겨우 100m에 불과하다. 그래서 해왕성의 풀무를 지나 포트 포스터까지 안전하게 진입하려는 선장에게는 대단한 담력과 고도의 항해기술이 있어야 한단다.

디셉션 섬은 아직도 화산활동이 계속되는 섬으로, 1970년 이곳에 있던 영국 남극관측기지에 분출된 화산 용암이 안으로 흘러들어와 기지를 철수한 이래 현재는 무인도가 되어버렸다. 그러나 물개잡이와 포경산업이 성행한 1820년대부터 남극에서의 인간 활동의 중심 무대가 되었다. 이곳을 근거로 1906년부터 본격적인 포경산업기지가 개발되었다.

그중 헥토르 포경회사는 1912년 해안 포경기지를 설립할 수 있는 허가를 받은 후 한때 약 150명의 직원이 근무하며 남극의 여름 동안 14만 배럴의 고래기름을 생산하였다. 그러나 1931년 경유 가격이 폭락하자 헥토르 포경회사는 기지 운영을 포기하고 모든 설비를 방치하였다. 우리가 진입한 웨일러스 만에서는 40년 이상 방치된, 당시의 고래기름 탱크가 아직도 그대로 서 있는 것이 보인다.

상륙한 우리 탐방대원 중 용감한 몇 사람은 남극의 바람과 추위 속에서도 웨일러스 만의 끝자락에 지열로 조성된 온수에 몸을 담그었다. 그러나 영하의 추위라 겨우 몇 분 동안만 물속에 있을 뿐 바로 수건을 몸에 두른 채 튀어나온다. 그래도 그들은 '극지 수영인'이 됐다고 친구에게 자랑할 수 있게 된 것이다.

웨일러스 만은 우리의 마지막 상륙지이다. 이곳을 끝으로 안타티카호는 다시 우수아이아를 향해 드레이크 해협의 거친 바다를 통과하는 이틀 밤낮의 긴 항해를 시작하게 된다. 기상예보가 심상치 않은 것이 드레이크 해협에는 예전보다 풍랑이 심할 것이라고 한다. 나에게는 어젯밤과 오늘이 남극 탐방 중에 가장 힘든 고비인 것 같다. 그동안 몇 번 더 조디악 크루즈에서 찬 바람을 많이 쐐서인지 몸살에 목감기까지 겹쳐 이제는 잠드는 것조차 어렵게 되었다.

그런데 솔직히 말하면 그 문제의 원인은 다른 데 있었다. 이틀 전 갑판 위에서 폴란드 친구 라이젝이 카메라로 웃통을 벗고 있는 자신의 모습을 촬영해달라고 나에게 부탁한 적이 있었다. 마침 화창한 햇볕이 살짝 나를 유혹한다. '야, 극지 수영은 못했을망정 너도 남극에서 웃통을 벗고 찍은 사진 한 장쯤은 있어야지?' 나는 그 유혹에 넘어가 용감하게 파카를 벗어젖히고 라이젝에게 카메라를 건넸다. 그 후에 조디악 항해를 계속하였으니 무쇠가 아닌 내 몸에 무리가 올 수밖에. 어제부터는 식욕도 떨어지고 오한이 오는 것이 아무래도 독감증상이 틀림없다. 석 달 전 킬리만자로 등정 중 마지막 2~3일간 지독한 고산병과 감기를 앓았던 증상과 똑같다.

이제는 강의시간이나 식사 때가 아니면 남는 시간을 아문센의 『남극점을 향한 경주』 읽기에 몰두한다. 나 역시 어떤 의미에서는 두 가지 목표를 향한 경주를 하는 셈이다. 첫 번째는 500페이지가 넘는 이 책을 12월 17일 하선하기 전까지 다 끝내는 것이다. 다른 목표는 18일 아침까지 몸살감기를 떨쳐버리는 것이다. 사흘 안에 칠레의 파타고니

남미대륙의 최극단 케이프 혼

옅은 망토 앨버트로스

아행 장거리 버스를 21시간 이상 타야만 하기 때문이다.

'이까짓 거, 사내대장부의 정신력으로 충분히 이길 수 있다!' 라고 최면을 건다.

12월 15일, 안개와 빗속에 드레이크 해협을 지나고 있다. 드레이크 해협은 대서양과 태평양을 연결하는 대해협인데 약 3천만 년 전 남극대륙과 남미의 티에라 델 푸에고 남부가 분리되어 생겼다고 한다. 이 해협은 1914년 파나마 운하가 개통되기 이전인 20세기 초까지 국제무역의 중요한 항로였다.

특히 폭풍의 바닷길과 어려운 빙산 조건 아래 드레이크 해협을 통과해 케이프 혼을 돌아 대서양으로 또는 태평양으로 항해하는 그 당시 선박과 선원에게는 혹독한 시련의 통행로였다.

드레이크 해협의 풍랑을 헤치고 힘들게 나아가는 배 주변에 바다제비 프라이온과 옅은 망토 앨버트로스를 포함한 여러 마리의 앨버트로스가 따라 날고 있다. 케이프 혼에는 앨버트로스 조각상이 서 있고 그곳에는 '사라 바이달' 의 시가 새겨져 있다.

나는 지구의 끝에서 너를 기다리는 신천옹信天翁!

나는 세상의 바다에서 '케이프 혼'을 지나가는 죽은 선원들의 잊힌 영혼이라네!

그들은 저 맹렬한 파도 속에 죽어간 것이 아니라

오늘도 남극의 마지막 바람 골을 타고 비상하는 나의 날개로 영원 속으로 날고 있다네!

옛사람들은 바닷새 가운데 가장 큰 앨버트로스를 바다에서 실종된 뱃사람들의 넋이라고 믿었다. 그래서 선원들은 앨버트로스를 죽이는 것은 불운을 가져오는 금기라고 여겼다. 이 신비로운 새 앨버트로스는 50~60년 동안 장수하는 조류인데 평생 한 짝을 얻기 위해 춤추는 것을 배우고 마침내 찾아서 맺어진 짝과는 평생을 해로한다고 하니 앨버트로스는 인간보다도 더 의리있는 동물이 아닌가?

드레이크 해협을 지나고 있는 안타티카 드림 호가 남극 바다의 풍랑을 헤치고 11일간의 긴 항해를 마치면 이제 지구의 끝, 모든 것의 시작이라고 부르는 아르헨티나의 우수아이아 항에 도착한다. 그리고 나는 지구의 끝 지점에서 남아메리카 대륙 북쪽을 향해 긴 여행을 시작할 것이다.

어제 오후부터 심상치 않았던 기상 상황이 밤사이에 더 악화하였고 아침이 되자 기압계의 눈금이 더욱더 떨어졌는데 설상가상 드레이크 해협의 풍랑은 점점 더 거칠어진다. 비글 해협과 케이프 혼을 향해 가는 배는 60노트의 풍속을 거슬러 항해하는데 10m 높이의 파고 때문에 배가 전후좌우로 몹시 흔들려 롤러코스터를 타는 기분이다.

남극점을 향한 아문센과 스콧의 치열한 경주

배에서 내리기 전 『남극점을 향한 경주』 읽기를 가까스로 마칠 수 있었다. 이 책은 두 위대한 남극 탐험가 아문센과 스콧의 남극점을 향한 치열한 경주를 통해 극한 상황에서 보여준 지도자의 리더십 차이가 한 팀은 영광스런 승리로 이끌었고, 다른 팀은 패배의 쓴 잔을 마시고 자신과 대원의 생명까지 잃게한 사실을 극명하게 보여준다.

아문센은 1910년 8월, 온 세상이 그가 북극으로 떠난다고 생각하는 동안 정반대 방향 즉, 남극 원정의 모든 준비를 마쳤다. 그는 이미 미국인 로버트 피어리와 프레더릭 쿡에 의해 북극점이 선점되자 북극을 향한 계획을 배제하였다.

아문센의 남극 원정 계획은 노르웨이 정부관리에게도 비밀이었다.

왜냐하면 남극 탐사 경쟁국인 영국 정부에 의존하는 노르웨이 정부관리들이 비밀을 유지할 수 없다는 것을 알고 있었기 때문이다. 아문센은 탐사선 '프람Fram : 前進'이 모로코 해안에 도착할 때까지 그들의 최종 목적지가 북극이 아닌 남극이라는 것을

로알 아문센의 원정대 남극점 도달. 노르웨이 국기 게양

철저히 비밀에 부쳤다.

1910년 8월 9일, 오슬로를 떠난 프람 호가 본격적인 남극 원정을 시작할 때까지 선장을 제외한 다른 대원들 아무도 그들이 남극으로 향하고 있다는 사실을 몰랐다고 아문센은 쓰고 있다.

1910년 9월 9일, 프람이 포르투갈 마데이라 항구에 정박한 후에야 아문센은 경쟁자 스콧에게 '프람이 남극으로 진행함을 알림. 아문센'이라고 간단한 전보를 보냈을 뿐이었다. 아문센이 말한 성공적인 남극원정의 필수적인 요소는 자신의 베이스캠프 위치 선정이었다. 아문센은 광범위한 실사 끝에 바람에 차단된 고래의 만이 자신의 배를 정박할 수 있는 최상의 위치라는 것을 알아냈다. 9명의 원정대원이 월동할 조립식 목조 오두막을 짓고 탐사선의 이름을 따서 프람하임이라고 불렀다.

남극점으로 향하기 전까지 전 대원은 수개월 동안 지루한 원정 준비를 해야 했다. 그중에서 가장 중요한 작업은 남극점으로 출발하는 길목에 세 곳의 보급품 저장소를 만드는 것이었다. 그것은 원정 기간에 필요한 모든 보급품을 한꺼번에 휴대하지 않도록 하기 위함이었다. 그리고 그들은 남극의 긴 겨울 4월부터 9월까지 5달 동안을 베이스캠프에서 기다려야 했다.

1911년 10월 20일, 마침내 52마리의 개와 5명의 대원은 남극점에 첫발에 딛기 위한 대장정을 시작하였다. 그들은 남극점을 향해 직선거리로 진행하기 위해 앞길을 가로막는 어떤 장벽도 넘어갈 준비가 되어 있었다.

1911년 11월 5일, 그들의 마지막 보급품 저장소가 있는 위도 82도

지점에 도착하였는데 그곳은 남극점에서 480마일 떨어진 남극 원정의 마지막 노정이 시작되는 지점이고, 위도 82도 17분을 지나고부터는 미지의 영역이 될 것이었다.

1911년 11월 9일, 위도 83도 선에 도착하자 그들은 귀환길에 필요하게 될 새로운 저장소를 준비하였다.

1911년 12월 8일, 원정대는 위도 88도 23분을 통과하는 것으로 당시까지의 세계 신기록을 경신했다.

1911년 12월 14일 금요일, 아문센 원정대는 마침내 그들의 최종 목적지 남극점에 도달하였다. 아문센 원정팀과 그의 조국 노르웨이에게 있어 이날은 영광스러운 감격의 날이었다. 아문센은 17마리의 개와 3개의 썰매로 남극점에 도착한 후 사흘 동안 그 지점에 캠프를 세우고 그들이 정확한 남극점에 도착하였는지 확인하기 위한 측량을 했다. 그리고 지름 10마일 내의 지역을 스키를 타고 탐사한 후 마침내 그들이 남극에 최초로 도달한 것을 보여주기 위해 남극점에 노르웨이 국기를 꽂았다.

1912년 1월 26일, 그들은 베이스캠프가 있는 고래의 만으로 귀환한다. 베이스캠프를 떠나 귀환길에 오른 프람 호는 40일간의 항해를 마치고 1912년 3월 7일, 태즈메니아 호바르트 항에 도착하여 전 세계에 '최초의 남극점 원정 성공'이란 놀라운 소식을 알렸다.

아문센의 원정 성공의 열쇠는 모든 발생 가능한 난관을 사전에 예측하여 위기를 사려 깊게 대비한 것이었다. 좋은 장비, 적절한 복장, 북극지방에서 데려온 에스키모인 개의 특성을 잘 이해해 다룰 줄 알았으며, 개썰매와 스키를 효율적으로 사용하여 스콧 팀의 불운과는 대조적으로 남극점 원정의 대장정을 순조롭게 마칠 수 있었다. 잔인한 일 같지만 아문센 팀은 긴 남극 원정 기간 동료이자 친구였던 에스키모 개들까지도 '최종 목적지 도달과 대원들의 생존을 위해' 양식으로 희생할 것을 이미 계산하고 있었다.

한편, 스콧은 1910년 6월 15일 남극 탐사를 위해 급히 준비한 후 '테라노바Terra Nova'에 3개의 모터 썰매, 19마리의 나귀와 33마리의 개 그리고 24명의 대원을 싣고 영국을 떠났다. 11월 29일 뉴질랜드를 떠난 테라노바는 1911년 1월 로스 섬에 도착하였으나 그의 디스커버리 오두막이 얼음에 막혀 접근할 수 없자 케이프 이반스에 월동 캠프를 세웠다. 스콧은 1주일 동안 서둘러서 보급품 저장소 설치를 하였다. 아문센이 저장소 준비에 거의 1년을 보낸 것에 비하면 스콧의 저장소 설치는 조급하게 서둘렀던 즉흥적인 것이었다.

스콧 원정대의 첫 번째 전술적 착오는 아문센이 개썰매를 이용했던 반면 그들은 보급품의 수송방법으로 만주에서 들여온 조랑말을 사용하기로 한 것이다. 조랑말들이 굶주려 쉽게 지치고 동상에 걸려 쓸모없어지자 조랑말들을 사살해버리고 남극점을 향해 인력으로 썰매를

로버트 스콧

남극 원정선 테라노바

끄는 마지막 분투를 하게 되었다.

두 번째 전술적 오류는 4명의 팀을 위해 계획된 식량, 천막과 스키 장비에 추가로 바워스Bowers를 합류시켜 5명의 팀이 떠난 것이다.

1912년 1월 17일, 마침내 스콧 팀 5명이 남극점에 도달하였으나 아문센이 33일 전에 그들에게 패배감을 안겨주고 이미 떠난 후였다. 스콧 팀에게 남은 유일한 희망은 베이스캠프에 귀환할 때까지 기아와 추위와 피로 속에서 살아남는 것이었다.

불행하게도 그들은 다음 보급품 저장소를 18km 남겨놓은 귀환길에 8일간 계속된 눈보라 속에 갇히게 된다. 스콧이 그의 마지막 일기에 남긴 1912년 3월 29일까지 이 불운한 원정대원들은 용감한 투쟁을 끝까지 계속하였다.

스콧은 그의 마지막 일기에 다음과 같이 적고 있다.

1월 20일에는 두 잔의 차와 간단한 음식을 만들 이틀분의 연료만 남았다. 1월 21일부터 서남서 방향과 남서향의 강풍이 계속되고 있다. 날마다 우리는 11마일 떨어진 다음 보급품 저장소로 이동할 준비가 되어 있으나 천막 밖에는 회오리의 강풍만이 연속되고 있다.

이제는 상황이 더 좋아지리라는 희망이 없다. 물론 끝까지 버텨 볼 테지만 우리는 점점 쇠약해지고 우리의 끝이 멀지 않다는 것이 보인다. 유감스럽지만 나는 더는 적을 수 없을 것 같다.

- R. 스콧

마지막 항목: 제발 우리 대원을 돌봐주시오.

『남극점을 향한 경주』에서 아문센은 성공과 실패를 다음과 같이 정의하고 있다.

나는 사전에 모든 난관을 예측했었고, 그것을 극복하거나 피해 갈 원정 장비를 철저하게 준비한 것이 성공의 최대 요인이라고 감히 말할 수 있다. 승리는 모든 것을 준비한 사람을 기다리고 있다. 사람들은 그것을 '행운'이라고 부른다. 패배는 제때에 필요한 사전 준비를 무시한 사람에게 주어지는 것인데 사람들은 그것을 '불운'이라고 부른다.

나는 두 남극 탐험가의 대조적인 접근방식을 통한 성공과 실패의 원인을 반추하며 인간들이 극한 상황과 생사의 갈림길에 처하게 될 때 사람들이 말하는 행운과 불운의 차이란 다만 예측된 난관에 대한 준비 여부라는 것을 배우게 된다.

비글 해협을 지나 다시 우수아이아로

12월 16일 목요일, 흐리고 강풍 심함. 밤새 계속되는 심한 풍랑으로 배가 몹시 흔들려 선실 안에는 물건들이 떨어져 엉망이 되었다. 어제 저녁을 굶은 터라 아침을 먹기 위해 억지로 다이닝룸에 나와 보니 유리창 밖에는 쏟아내리는 남극의 비바람과 무섭게 오르내리는 높고 큰 파도가 쉬지 않고 유리창에 부딪힌다. 앞뒤 좌우로 요동치며 항해하는 선박 위에서 아침을 먹는 것 자체가 완전히 곡예비행을 하는 것 같다.

대부분 처음 당하는 남극의 매서운 파도가 가져오는 뱃멀미와 혹시라도 우리 배에 무슨 일이 생기지 않을까? 하는 두려움에 승객들의 표정이 어둡다. 무사히 비글 해협까지 갈 수 있을까? 그런데 사실 나에게는 감기와 뱃멀미를 이겨내는 것이 더 급한 상황이었다.

대부분의 탐사대원은 뱃멀미 때문인지 보이지 않고 몇몇 용감한 사람만이 고정해 놓은 테이블에 매달리듯 앉아 있는 것이 눈에 뜨인다. 비글 해협에 들어갈 때까지 큰 파도와 굽이치는 긴 물결 위에서 롤러코스터를 타고 가야 할 것 같다. 우리가 탄 배는 길이 81m, 폭 12m의 철선이지만 창밖에 보이는 무섭게 오르내리는 파도와 요동치는 배의 흔들림이 마치 모비 딕과 싸우는 포경선 피쿼드 호를 연상하게 하였다. 에이허브 선장을 따라나서 폭풍 속에 사투하는 선원들의 기분이 이러했을까?

지금부터 반세기 전 중학생이었을 때 허먼 멜빌의 유명한 원작 소설을 스크린에 옮긴 '모비 딕Moby Dick, 白鯨'이라는 영화를 본 적이 있다.

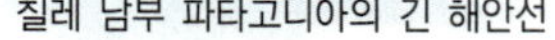
칠레 남부 파타고니아의 긴 해안선

포경선 피쿼드 호의 선장 에이허브가 대양을 헤매다 마침내 모비 딕을 만나 풍랑 속에서 비극적인 사투를 벌이는 장면을 지금도 잊을 수 없다. 영화와 소설 속에서 유일한 생존자는 퀴케크의 관을 타고 극적으로 살아난 이스마엘뿐이었으나 심한 풍랑 속에서도 안타티카 드림 호의 전 대원은 무사히 비글 해협으로 들어설 수 있었다.

오후가 되자 바다는 잠잠해지고 날씨도 맑아져 탐사 대원은 마지막으로 작별 칵테일파티를 위해 모두 모였다. 지난 열흘간 함께 지냈던 탐사 대원과 지원팀 그리고 항해 승무원들에게 감사의 작별을 하기 위해서이다.

2010년 12월 17일 금요일, 맑음. 배에서 마지막 밤을 보내고 우수아이아에 도착하니 한여름 날씨다. 우리 일행은 아침 식사 후 하선하여 그날 부에노스아이레스를 거쳐 네덜란드로 떠나는 테오와 윌마를 제외하고 남극으로 떠나기 전에 묵었던 안타티카 호스텔에 테이블 메이트 5명이 함께 합숙하게 되었다.

라이젝은 두 친구와 같이 폴란드에서 우수아이아에 왔었는데 그가 남극에 다녀오는 동안 두 친구가 이틀 전의 심한 풍랑으로 비글 해협에서 요트가 전복되는 사고로 죽었다는 소식을 전해 들었다. 유가족들에게 슬픈 소식을 자기가 전하게 됐다고 한다.

나도 인터넷을 접속한 후에야 남극해역에서 조업 중이던 우리나라 원양어선 한 척이 침몰하여 선원 4명이 숨지고 18명이 실종되었다는 소식을 접하게 되었다. 우리가 드레이크 해협의 풍랑 속에 어렵게 항해하던 그 시간에 일어났던 사고였다.

지난 이틀간 나를 무척이나 괴롭혔던 몸살 기운이 말끔히 사라졌다.

파타고니아를 지나는 북행 나그넷길에 오르기 전날 밤, 내가 보냈던 열흘간의 '꿈의 백색 대륙'을 벌써 그리워하고 있는 것 같다.

아름다운 빙하에 덮인 산과 계곡, 영롱한 백야를 색칠한 붉은 하늘, 그리고 남극해를 수놓는 청록색 빙산의 거대한 조각품들, 그들만의 영토에서 모여 사는 수많은 펭귄 떼와 물개 무리, 그리고 유유히 헤엄치는 바다의 거인 향유고래 떼, 우리 주변을 날던 바닷새 사이에서 웅대한 자태를 뽐내던 앨버트로스!

이 거대한 백색 대륙에서 발현되는 조물주의 솜씨를 잊을 수 없게 되었다.

아, 그것은 한여름 밤 남극의 꿈이었던가?

나는 내일 새벽 우수아이아를 떠나 아마존까지 가는 '반항하는 60대 장년의 다섯 번째 배낭 길'을 시작할 것이다.

세상에서 가장 긴 나라

칠레 종단

토레스 델 파이네, 아타카마 사막, 비야리카 활화산 그리고 라파 누이

혼자 걸었던 행로가 때로는 외로웠고 고통스러웠지만 그래도 건강한 몸으로 미지의 땅과 지구촌의 구석구석을 누빌 수 있어서 행복하였고 또 내가 누리는 축복을 감사하고 있다.

초등학교 교과서에 칠레는 '세계에서 가장 가늘고 긴 나라'라고 나와 있다. 지난 열흘간 남극대륙을 다녀온 나는 15개 구역으로 분리되고 동서 폭이 평균 175km, 남북 길이 4,300km의 긴 나라 칠레의 서부 해안을 따라 북쪽으로 올라가기로 하였다. 칠레를 종주하면서 꼭 찾아가 보고 싶은 네 곳이 있다.

첫 번째가 서부 파타고니아의 웅장한 화강암 산맥과 거대한 세 쌍둥이 바위탑으로 유명한 토레스 델 파이네 국립공원이다. 다음 칠레의 최북단 페루와 볼리비아의 국경지대에 있는 산페드로 아타가마 사막, 지상에서 가장 건조한 땅을 찾아간다. 세 번째, 버스로 3일 이상 가는 길목에 활화산이 용암과 연기를 발하고 있는 비야리카 국립공원이 있다. 마지막으로 신비로운 전설의 섬 라파 누이에 갈 것이다. 이것이 안데스 산맥을 넘어 아르헨티나로 가기 전 계획한 총 3주간의 칠레 여정

이다.

먼저 칠레의 유명한 파타고니아의 토레스 델 파이네 국립공원에 가기 위해서는 아르헨티나와 칠레 두 나라가 공존하는 거대한 섬 티에라 델 푸에고를 지나서 버스와 트럭을 실은 대형 페리로 마젤란 해협을 건너간다. 그리고 푼타 아레나스를 거쳐서 국립공원과 가까운 푸에르토 나탈레스에서 하룻밤을 묵고 공원까지 가는 지역 버스를 타고 토레스 델 파이네로 가야 한다.

2010년 12월 일요일. 눈과 비가 조금씩 섞여서 내리는 우수아이아를 오전 8시에 출발한 버스는 칠레와의 접경지역인 산 세바스티안에 12시 반에 도착했다. 303km를 달려오는 동안 우수아이아부터 시작된 남파타고니아의 경치는 놀라움과 경탄의 연속이었다. 화강암 봉우리로 이어진 우람찬 산맥은 안데스 끝자락답게 하얀 눈을 이고 있는 모습이 신선하고 아름답다. 불의 땅이라는 티에라 델 푸에고는 우거진 수림 사이에 간간이 하얀 수염을 늘어뜨린 이름 모를 나무들이 즐비하게 서 있고 죽은 나목들과 상록의 수림이 삶과 죽음의 경계를 나누듯 자연의 비단 폭에 수를 놓는다.

나무가 듬성듬성한 산등성이에는 이 지역의 토박이 과나코라마의 사촌(?)가 무리지어 풀을 뜯는 모습이 참으로 평화롭다. 북반구에는 볼 수

남파타고니아
안데스 계곡

과나코, 라마의 사촌(?)

없는 선한 눈을 가진 순한 동물 과나코와 수많은 라마 떼의 움직임이 새삼 경이롭다. 눈 덮인 산야 저편에는 비를 머금은 구름의 바다가 계속되고 안데스 계곡 사이로 흐르는 짙푸른 강물이 멈추는 곳에는 넓은 호수가 기다린다.

아, 파타고니아의 아름다움은 그냥 지나가려는 길손을 붙잡고 조금만 쉬어가라고 자꾸만 유혹하는구나!

산 세바스티안 아르헨티나 출입국 사무소를 지나서 칠레 쪽으로 들어오니 넓은 초원에 소 떼와 양 떼들이 남국의 여름 초원에서 풀을 뜯는 모습이 신기해 보인다. 칠레 출입국 관리사무소 앞에 아르헨티나 입국을 기다리는 차량으로 약 2km 정도 장사진을 치고 있었다. 기다리는 차량 대부분이 자가용을 이용하여 국경을 통과하려는 여행자로 벌써 두어 시간째 기다리고 있다고 한다. 오늘 안으로 버스가 푸에르토 나탈레스에 도착하게 될지 걱정이 되었다.

버스를 탄 대부분 승객이 남미 사람이라 혹시 따로 칠레 비자를 받아야 하지 않나 하고 사무실로 가는데 나를 본 버스 운전사가 그냥 버스에 들어가 기다리라고 한다. 다행히 버스의 모든 승객은 잠시 후 단체로 통과하고 일사천리로 비자를 받았다. 대중교통을 이용하면 오늘처럼 덕을 볼 때가 있다. 여권에 비자 스탬프를 받은 후 버스에 돌아오니 세관원이 모든 사람의 배낭과 짐을 검사한다. 과일이나 야채류를 소지하고 있는지 점검하는 것이다. 칠레는 주로 농산물을 수출하는 나라라 타국에서 들여온 농산물이 가져올 질병예방에 신경을 곤두세우는 것은 당연한 일이다. 버스는 우수아이아를 떠난 지 10시간 후 저녁 6시가 되어서야 마젤란 해협을 건넜다. 마젤란 해협은 북으로 남아메리카 본토와 남쪽으로 티에라 델 푸에고를 나누며 태평양과 대서양을 연결하는 중요한 자연 해로이다.

포르투갈의 페르디난드 마젤란은 스페인 왕 찰스 1세의 명으로 세계일주 항해를 하던 중 1520년 이 해협을 탐사한 최초의 유럽인이다. 마젤란은 새롭게 발견된 신대륙 지사의 임무를 받고 몰루카의 함대라 불린 5척의 함대를 대동하고 이 해역을 탐사하였다. 우리가 탄 버스는 푼타 델가다 마젤란 해협을 건넌 후 300km를 더 가야 목적지에 도착하게 되는데 그전에 먼저 푼토 아레나스에 들른다. 우수아이아를 떠난

마젤란 해협을 건너 푼타 델가다로

칠레의 장거리 버스

지 16시간이 지난 자정에나 푸에르토 나탈레스에 도착할 것 같다. 우수아이아를 떠나기 전에 나탈레스에 있는 야간 호스텔을 미리 예약해 두었기에 큰 걱정은 없다.

토레스 델 파이네 파타고니아 피오르드

푸에르토 나탈레스로 가는 길목에 휘영청 달이 떠있는 백야의 차창 밖으로 기가 막힌 야경이 흘러간다. 서남 파타고니아 지역의 나뭇가지들이 심한 강풍에 한쪽으로만 쏠려 흩날리는 괴기스러운 광경이 '월하에 소복 입고 머리를 풀어헤친 여인처럼' 으스스하다.

자정이 다 되어 호스텔에 도착하여 보니 온종일 두 끼를 거르고 난 지라 무척 배가 고팠다. 호스텔 주인에게 물어서 24시간 여는 피자집을 찾아가 겨우 요기하고 새벽 2시에 잠이 들었다. 호스텔이 깨끗하고 정갈해서 마음에 든다. 이곳에서 국립공원으로 가는 버스는 아침 7시 반과 오후 2시 반 차로 하루에 두 번만 있다고 한다.

12월 19일 토요일, 맑음. 파타고니아는 바람이 아주 심하다. 남국의 밤이 짧아서인지 이곳은 10시가 지나야 가게 문을 연다. 우선 슈퍼마켓에 가서 토레스 델 파이네 국립공원에서 며칠간 야영 시 필요한 식품을 샀다. 필요없는 짐을 작은 가방에 넣어 호스텔에 맡겨두고 식품을 큰 배낭에 전부 넣었다. 국립공원 안에는 포터가 없어 모든 짐을 혼자 지고 트레킹해야 하기 때문이다. 전체 넓이가 2,400km²인 토레스 델 파이네로 가기 위해 호스텔 앞에서 버스를 탔다.

공원 안에는 한두 군데 고급 호텔이 있으나 나 같은 배낭 여행자는 보통 레프히오라는 대피소에서 합숙하거나 개인용 천막에서 야영한

거대한 화강암 기둥의
토레스 델 파이네 봉우리

야간 호스텔 창문에서 본 파이네 산맥

다. 몇 달씩 먼 나라를 다니는 배낭 여행객이 언감생심 호텔에 투숙한다는 것은 상상할 수 없는 일이다.

오늘 하룻밤 예약한 대피소로 가기 위해 공원 입구에서 몇 곳만을 정차하는 셔틀버스를 탔다.

셔틀버스에서 내린 후 라고 페호에서 하루에 두 번 다니는 페리를 탔는데 고산지대인지라 호수 위로 부는 강풍이 내 몸을 배 밖으로 날려보낼 것 같다. 그러나 배 위에서 본 토레스 델 파이네의 웅장한 봉우리들은 말로 표현하기 어려운 기막힌 절경 중의 절경이었다.

아, 자연이 이렇게 아름다울 수가 있다니! 파란 하늘과 초록의 호수가 눈 덮인 산봉우리와 어울려 대자연의 아름다운 장관을 이루고 있다. 파도를 가르고 달리는 페리 위에서 바람과 싸우며 카메라의 셔터를 계속 눌러댔다.

간혹 대자연의 위대한 아름다움과 그 규모의 어마어마함에 접할 때면 그 경이로움에 경외심을 금할 수 없게 된다. 지난 1년간 꽤 많은 곳을 다녀보았는데, 우리가 사는 지구에 아직도 이토록 오염되지 않은 태고의 아름다움을 간직한 자연유산이 있다는 것이 후손들에게 얼마나 다행스러운 일인지 모른다.

파이네 산맥의 지질학적 구성은 백악기의 퇴적암으로 마이오세 기에 화성암이 지각판에 끼어든 형태이다. 이 거대한 기형암들은 지난 수만 년에 걸친 빙하의 부식과 조산운동으로 형성된 작품이라고 한다. 지질학적 정의야 어떻든 나는 이곳에서 다시 한 번 위대한 대자연의 조각품 속에 깃든 조물주의 손길을 느낄 수 있었다.

이곳 대피소는 일반 호스텔과는 달리 한국의 산악 대피소처럼 본인이 취사도구를 꼭 지참해야 한다. 지금까지 주로 호스텔을 이용해 짐을 줄이느라 코펠을 가져오지 않아 별수 없이 카페테리아에서 저녁을 사 먹어야 할 것 같다. 그래도 배낭 속에 침낭을 넣어 다니기 때문에

라고 페호 호수에서 본 파이네 산맥

왼쪽에 클레오파트라의 바늘이 보인다

오늘 밤은 대피소에서 침대만 빌리면 된다.

내일은 아침 일찍 시작하여 글레시어 그레이를 볼 수 있는 지점까지 트레킹한 후 12시 반 배를 탈 생각이다. 저녁 식사 후 샤워하고 막 자리에 들었는데 네덜란드에서 왔다는 귀여운 두 아가씨가 오늘 밤 나와 같은 방을 쓰는 룸메이트라고 자기소개를 한다. 여자 둘이 다니면 좀 더 안전하기도 하고 수다를 떨 수 있어서 재미있을 것 같다. 그러나 남자 배낭족들 가운데는 솔로들이 더 많이 눈에 띈다. 나는 네덜란드 처녀들과 이틀 후에 미라도르 라스 토레스에서 다시 조우하게 된다.

2010년 12월 20일 일요일. 아침 5시에 잠에서 깨자마자 회색 빙하 쪽으로 트레킹을 시작하였다. 바람이 몹시 불고 비까지 뿌려 서 있기조차 어려울 정도다. 3시간 정도 오르다 보니 라고 페호 호수 위에 파란색 빙산 조각이 눈에 들어온다. 10시까지는 숙소에서 퇴실해야 하므로 글레시어 그레이 빙하 덮인 산 아래서 발길을 돌렸다. 내려가는 길은 바람은 아직 심하나 비는 그쳐서 속도를 낼 수 있었다. 숙소로 돌아오는 길에 글레시어 그레이로 가기 위해 몇 명씩 무리지어 올라오는 등산객과 마주쳤다.

레프히오로 돌아와 보니 어젯밤 같은 방을 썼던 네덜란드 처녀들은 이미 퇴실했고 내 배낭만 덩그러니 남아 있다. 창밖을 보니 마침 첫 번째 페리가 들어오기에 서둘러 퇴실 절차를 마치고 페리를 타고 페호 호수를 다시 건너갔다. 그런데 그곳에서 라스 토레스 쪽으로 직접 가는 셔틀버스는 없다고 한다. 마침 그때 그레이 호수 쪽으로 가는 셔틀버스가 눈에 띄어 무조건 버스에 올라탔다.

이 버스를 타고 일단 종점인 라고 그레이 정류장까지 가서 1시간 반 정도 더 기다려야 한다. 그리고 다시 공원 입구까지 가는데 입구에서 라스 토레스 쪽으로 가는 버스 편과 연결이 된다고 한다. 라고 그레이 종점에 도착하자 빈 버스 안에서 약 2시간가량 기다리며 샌드위치도 만들어 먹고 노트북 컴퓨터에 여행일지를 쓰며 차가 다시 출발할 때까지 기다렸다. 차창 밖에는 계속 비가 내리고 있었다.

라스 토레스로 가는 길을 잃고 캠프 세론까지 헛걸음

토레스 델 파이네 국립공원의 하이라이트는 바로 2,850m의 거대한 세 쌍둥이 화강암 타워이다. 그것들을 보기 위해서는 라스 토레스 대피소에서 8시간 정도 가파른 산길을 올라야 한다. 라스 토레스 대피소를 가려면 포사다 리오 세라 노 국립공원 입구에서 셔틀버스를 타고 노르덴셸드 호수 길을 따라가 라구나 아마르가에서 내리면 된다. 그다음 라스 토레스 대피소까지 2시간 동안 걸어가야 하는데 운이 좋아 합승택시를 얻어타면 20분 정도 걸린다.

예약도 없이 라스 토레스 대피소에 도착하였는데 다행히 빈 침대가 있다고 한다. 오늘 저녁은 비바람 속에서 야영하지 않아도 되니 운 좋은 날이다. 훈훈한 대피소 안에 들어가니 활활 타는 나무 난로가 빗속을 걸어온 나를 따뜻하게 환영하는 것 같다. 젖은 옷과 신발을 말리기에 나무 난로는 아주 그만이다. 조금 지나자 비를 맞고 산길을 걸어온 등반객들과 내일 타워에 오르기 위해 나처럼 막 도착한 배낭 여행객들로 대피소 안은 북적대기 시작했다. 이곳을 찾은 여행객 대부분이 유럽과 남미에서 온 것 같은데 동양사람은 물론 나 같은 솔로 여행자는 별로 눈에 띄지 않는다.

건너편 침대에 나보다 먼저 도착한 스코틀랜드에서 온 리처드와 통성명을 했다. 30대 후반의 이 친구도 혼자 하는 여행을 좋아해서 동병상련(?)의 우리는 쉽게 친해질 수 있었다. 리처드는 오늘 비를 맞고 라스 토레스 타워에 다녀왔다고 한다. 그리고 며칠 더 이곳에서 W서킷 트레킹을 해볼 생각이라고 한다. W서킷은 토레스 델 파이네 국립공원 내 가장 유명한 9박 10일의 트레킹 둘레길이다. 라스 토레스의 베이스에서 프랜시스 계곡과 라고 그레이 계곡을 순회하는 환상적인 등반로이다. 나 역시 무척 구미가 당기는 코스이지만 비야리카에서 친구들과

캠프 세론 말을 빌려 타고 왔더라면…

캠프 세론에서 본 토레스 델 파이네

만나기로 한 약속 때문에 아쉽게도 시간을 연장하는 것은 불가능하다.

12월 21일 월요일. 비와 진눈깨비가 뿌리던 어제와 달리 화창한 봄날 같다. 파타고니아 날씨는 영국만큼이나 변덕이 심한 것 같다. 어젯밤 리처드에게 라스 토레스로 가는 길을 물어보았는데 그 친구 말로는 호텔을 지나서 오른쪽 길을 따라가면 등반로가 나온다고 했다.

호스텔을 나오자마자 바로 우측으로 방향을 잡은 후 언덕 사이로 난 오솔길을 따라 한두 시간 정도 걸었다. 그런데 이상한 것은 타워로 가는 이정표는 나오지 않고 얼마 후에는 캠프 세론이라는 표시판이 나오지 않는가? 좀 의아하게 생각하였으나 이 길로 가더라도 3개의 화강암 봉우리 아래로 가는 길이 나오겠거니 하고 계속 걷다가 결국 12km를 걸어서 점심때쯤 캠프 세론 사무실에 도착하였다. 그리고 실망스럽게도 이곳에서는 라스 토레스로 직접 가는 길이 없다는 것을 알았다. 몇 시간 동안 헛걸음을 한 바보 같은 자신에게 화도 나고 실망스러웠다. 그러나 이왕에 잘못 들어선 길 점심이나 먹고 가려고 닭고기 샌드위치를 시켜먹고 다시 12km 떨어진 라스 토레스 대피소까지 빠른 걸음으로 강행군을 시작했다.

길을 잘못 들어 캠프 타워 대신 세론으로 가다

눈 덮인 산맥을 끼고 초원을 걷는 트레킹

아름다운 주변의 풍치를 감상하며 한참을 걷고 있는데 저 앞편에 어딘가 눈에 익은 사람이 무거운 배낭을 메고 걸어오는 것이 보인다. 가까이서 보니 어젯밤 룸메이트 리처드가 아닌가? 한편 반가우면서도 너무 창피한 생각이 들었다. 리처드는 분명히 나에게 호텔에서 오른쪽으로 가라고 했는데 나는 호텔을 호스텔로 잘못 듣고 미리 우측으로 꺾어 들어와 장장 24km의 엉뚱한 길에서 헛걸음하고 있는 것이다.

트레킹을 시작할 때부터 뭔가 좀 이상하다는 생각이 들었으나 왼쪽에 구름에 가려진 웅장한 세 개의 타워 뒷모습을 볼 수 있어서 이 코스도 결국 라스 토레스로 가는 길과 연결되리라 추측하고 발길을 되돌리지 않았던 것이다. 리처드는 타워 쪽으로 가고 있어야 할 내가 캠프 세론 쪽에서 오는 것을 보고는 꽤 놀라는 표정이었다. 부끄러운 얘기지만 말을 잘못 듣고 이 고생을 하고 있다고 웃으며 실토했다. 리처드에게 W트레킹의 행운을 빌어준 후 다시 라스 토레스 대피소를 향해 걷기 시작했다.

돌이켜보면 예순여섯 해의 인생길에서 이와 같은 실수를 부지기수로 해왔다. 또 앞으로도 계속하게 되리라. 내가 가진 선입관 때문에 상대편의 말을 듣기는 들어도 의도를 정확하게 인지하지 못한 채 내 멋대로 단정해버리는 경우가 얼마나 많았던가? 그러나 더 큰 문제는 틀린 줄 알면서도 하잖은 자존심 때문에 실수를 인정치 않고 계속 고집을 부렸던 적이 수없이 많았다. 나이가 들면 어리석음이 좀 개선도 되련만 아직도 멀었나 보다.

자신에게 화가 났으나 한편으로 오랜만에 파타고니아의 화창한 여름날에 눈 덮인 토레스 델 파이네 산맥을 끼고 넓은 초원을 가로질러

가는 트레킹을 즐길 수 있어서 화난 기분을 쉽게 가라앉힐 수 있었다. 왕복 10시간을 걸어 마침내 아침 출발지점이었던 라스 토레스 레프히오 입구까지 왔다. 그리고 잠시 앉아 쉬며 지금부터 어떻게 할 것인가를 고민하기 시작했다. 딜레마는 '라스 토레스 등반을 포기하고 내일 아침 푸에르토 나탈레스로 바로 돌아갈 것인가? 아니면 서너 시간 정도 걸리는 산길을 더 올라가서 칠레노 대피소에서 오늘 밤을 지낼 것인가?' 였다.

오후 5시가 지났지만 이곳까지 와서 라스 토레스의 세 봉우리를 보지 못하고 이대로 돌아간다면 두고두고 후회할 것만 같았다. 일단 오늘 저녁 올라갈 수 있는 데까지 가보기로 결정했다. '그래, 여기까지 와서 결코 포기할 수는 없지! 내가 누군가? 한 고집한다는 최씨의 피가 내 몸에 흐르고 있지 않은가? 킬리만자로도 올라갔는데 이것쯤이야 식은 죽 먹기지!' 하고 용기를 냈다.

드디어 라스 토레스의 거대한 삼형제 화강암 석탑 앞에 서다

캠프 칠레노 레프히오까지 가파른 5km의 오르막길을 이를 악물고 계속 걸었다. 이 시간쯤이면 대부분의 사람은 산에서 내려오는 중인데 나는 거꾸로 올라가고 있었다. 칠레노로 올라가는 길에는 중년의 영국인 부부가 나와 같은 방향으로 걷고 있었다. 우리 셋은 캠프가 나올 때까지 자갈로 미끄러운 나머지 산길을 함께 걸었다. 이렇게 늦은 시간에 칠레노에 가도 되냐고 물었더니 자기들은 이 대피소에 이미 침대를 예약해 두었기에 좀 늦어도 걱정이 없다고 한다. 저녁 7시가 넘어 칠레노 캠프에 도착해 보니 합숙소는 예약손님으로 가득 차서 남아 있는

칠레노에서 새벽 4시 반에 미라도로 가는 길

빨간머리 딱따구리가 도토리 나무를 찍고 있다

빈 침대가 없다고 한다. 할 수 없이 1인용 천막과 침낭을 빌려서 몇 명의 젊은이들과 칠레노 계곡 가의 야영장에서 하룻밤을 보내기로 하였다. 설마 이곳에서 얼어 죽기야 하겠나?

지난 여름 킬리만자로 등정 마지막 날 18시간을 계속 걸었던 이후 오늘 처음으로 14시간 동안 총 30km를 강행군했다. 바람 부는 영하 날씨에 비록 야영장에서 천막 잠을 자더라도 내일 산행을 위해 이곳 칠레노 캠프까지 온 것은 아주 잘한 것 같다. 기온이 점점 내려가고 매트리스는 얇아서 냉기가 스며든다. 겉옷을 제외한 모든 옷을 껴입은 채 침낭에 들어가 잠을 청한다.

계곡을 흐르는 물소리는 천둥소리처럼 시끄러워도 오늘 밤은 비가 쏟아지지 않으니 얼마나 다행인가? '너의 축복을 세어보라!' 라는 영어 속담의 의미를 생각하며 오늘 밤도 긴 하루의 축복을 감사드린다.

2010년 12월 22일, 맑음. 아침 5시 반 잠이 깨자마자 천막과 침낭을 정리한 후 오늘의 최종 목적지 미라도르 라스 토레스를 향해 등반을 시작했다. 칠레노 캠프에서 토레스 타워 트레일로 가려면 계곡 위에 놓인 나무다리를 건너야 한다. 이른 아침인데도 빨간머리 딱따구리가 도토리나무를 찍고 서너 마리 다람쥐는 내가 걷는 오솔길 위를 수시로 들락거린다. 자연의 무대 위에 울려퍼지는 계곡의 물소리, 산새들의 노래가 합주하는 오케스트라 전원교향곡을 들으며 숲길을 걷는다. 아, 얼마나 축복받은 아름다운 아침인가?

칠레노에서 미라도르까지 4,700m의 산길은 점점 가팔라지고 흘러내리는 자갈 때문에 자꾸 미끄러진다. 이른 아침 안개는 자욱하고 거대한 세 쌍둥이 석탑으로 가는 등반로에는 아직 아무도 보이지 않는다. 목적지에 도착할 즈음에는 햇빛이 안개를 벗겨주기만을 바랄 뿐이다. 잠시 후 골짜기 아래 토레스 대피소에서 어디선가 많이 본 듯한 젊은 아가씨 둘이 올라오고 있었다. 이틀 전 파이네그란데 대피소에서 같은 방을 썼던 두 네덜란드 처녀들이다. 마지막 남은 1,500m의 산길을 함께 걸으며 웅장한 삼형제 타워를 우리 셋이서만 독점해서 볼 수 있게 된 행운을 축하하였다.

토레스 델 파이네 국립공원 탐방의 하이라이트는 정상에 서 있는 '클레오파트라의 바늘'이라고 부르는 거대한 화강암 석탑을 촬영하는 것이다. 영국의 페미니스트 작가 레이디 플로렌스 딕시는 그녀의 책

트레일의 마지막 전망대

빙산이 남긴 조각품

『파타고니아를 지나며』에서 눈 덮인 파이네 산의 거대한 화강암 삼형제 타워를 '클레오파트라의 바늘'이라고 불렀다. 그 타워 바로 아래 등반로는 끝나고 안개가 서린 벽옥색 호수가 정적 가운데 우리를 기다리고 있었다.

아직 아침 햇살이 어스름을 벗기 전이라 안개 덮인 토레스 타워의 웅장한 모습은 오히려 신비스러웠다. 파타고니아 산지는 예측 불허의 기후라 미라도르의 장관을 제대로 볼 수 있을까 은근히 걱정하였는데 어제 14시간, 오늘 새벽 4시간을 걸어온 내가 기특했는지 행운의 여신이 미소를 짓나 보다. 절경에 홀린 감탄과 목적을 달성했다는 감격의 순간도 지나고 큰 배낭을 맡겨두었던 라스 토레스 레프히오를 향해 10km의 내리막길을 내려가기 시작하였다. 사진 촬영 품앗이를 한 네덜란드 아가씨들과는 어젯밤 그들이 묵었던 토레스 대피소 앞에서 헤어졌다.

칠레를 찾아온 목적 가운데 첫 번째 목표를 달성하였다는 가슴 뿌듯함과 인적 없는 아침 산행을 혼자 즐길 수 있었기에 내려가는 내내 발걸음이 한결 가벼웠다. 1시간쯤 내려가니 어제 캠프 칠레노까지 동행했던 영국인 부부가 미라도르를 향해 올라오고 있다. 그리고 아래로 내려갈수록 타워를 보러 올라오는 트레커들의 수가 점점 늘어나 등반로는 붐비기 시작한다. 역시 새벽에 오기를 잘했다는 생각이 든다.

활화산 비야리카 그리고 우인카카라 대회

토레스 델 파이네 국립공원을 뒤로하고 다음 목적지 비야리카로 향했다. 비야리카 화산은 근처 오소르노주의 2,652m의 오소르노 화산과

환상적인 저녁노을이 비야리카의 만년설과 어울려 한 폭의 그림을 만든다. 분화구의 연기가 보인다

더불어 칠레 비야리카 국립공원 안에 있는 가장 활발한 활화산 가운데 하나이다.

인근에 비야리카라는 이름의 아름다운 호수를 두르고 있는 작은 리조트 타운의 이름 역시 비야리카이다. 비야리카 화산은 용암호수가 분화구 안에 있는 전 세계에 5개뿐인 활화산 가운데 하나이다.

높이 2,847m의 비야리카 화산은 사철 내내 만년설과 빙하에 덮여 있다. 일본의 후지 산과 같은 성층화산으로 가장 최근에 있었던 화산 폭발은 1971년 12월 29일 발생하였는데 최소 15명이 사망했다고 한다. 화창한 여름날 저녁 황혼을 배경으로 비야리카의 연기 뿜는 모습을 보는 것은 가히 환상적이다. 그러나 이곳에 온 이유는 유명한 활화산만을 보기 위해서는 아니었다.

다섯 번째 배낭여행을 떠나기 전에 칠레와 우루과이에 있는 '집에서 모이는 교회'의 연례 콘퍼런스에 참석할 수 있도록 초대받았었다. 토레스 델 파이네 국립공원에서 산티아고로 가는 길목에 있는 비야리카 부근 우인카카라의 친구 농장에서 이 대회가 개최되었다. 비야리카로 가기 위해 먼저 푼타 아레나스에서 항공기를 타고 푸에르토 몬트에 내린 후 친구집에 잠시 들렀다. 그리고는 장거리 버스를 타고 5시간 후에 비야리카에 도착할 수 있었다.

아침 7시에 푸에르토 몬트 공항에 내리니 조지 오멘테시아라는 한 칠레 교수가 대학에 다니는 딸과 나를 마중하러 공항에 나와 있었다. 조지는 내가 탈 버스 승차권을 사올 테니 우선 자기 집에 들러 아침 식사를 하고 있으라고 한다. 나는 오멘테시아 부인이 정성껏 준비해 준 아침을 먹으며 이 가족들과 이야기를 나누었다. 칠레에서는 스페인어만 사용하는지라 내가 아는 몇 마디 스페인어와 대학생 딸의 몇 마디 영어를 총동원해서 그런대로 재미있는 시간을 보냈다. 오멘테시아 가족 네 사람은 다음 날 새벽 비야리카까지 승용차를 운전하여 올 계획이라고 하며 나를 버스 정류장까지 데려다 주었다.

칠레와 아르헨티나의 장거리 버스 시스템은 아주 훌륭하다. 보통 항공기의 비즈니스석 정도의 안락한 의자와 장거리 주행 중에는 차내 식사와 음료까지 제공하여 준다. 물론 화장실도 버스 안에 있으니 도중에 정차할 필요가 없다. 몇 달 전의 아프리카 여행 중 콩나물시루 같은 미니와 택시 부르스에 익숙했던 터라 이곳의 초호화판 장거리 버스에 깊은 인상을 받았다. 버스 차창 밖으로 스쳐 가는 칠레 남부 파타고니아의 수림과 피오르드가 겹쳐지는 풍광을 보고 있노라면 칠레의 아름다움에 매료되지 않을 수 없다. 이 지역의 수림을 이루는 버드나무들이 칠레 국토처럼 길고 가느다란 것이 인상적이었다.

우인카카라의 콘퍼런스는 금요일부터 일요일까지 사흘 동안 모이는데 칠레 남부지방의 교우들이 참석하고 가족끼리 천막을 치고 야영을 하거나 일부는 농장의 헛간을 개조한 강의장 위층 숙소에서 합숙한

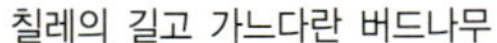

칠레의 길고 가느다란 버드나무

우인카카라 농장에서 열린 컨벤션에 참석하다

다. 교우들은 교회 건물 없이 매주 일요일 아침 몇 가족씩 한 집에 모여서 예배 회를 갖는다. 그리고 1년에 한 차례씩 전 교우들이 함께 모이는 대회 동안에는 그들이 사용할 자신의 침낭, 식기와 식사 도구 일체를 가져온다.

이들은 교대로 식사 준비도 하고 직접 설거지를 하는데 식사 도구는 식사가 끝나면 각자가 사용한 것들을 씻은 후 자신의 이름이 적힌 식기 주머니에 넣어 보관한다. 나 같은 외국인는 그곳에 비치된 여벌의 식기 주머니를 빌려서 사용하게 된다.

대회 참석자들은 대부분 칠레 교우들인데 인근 브라질이나 아르헨티나에서 방문하는 교우도 가끔 있다고 한다. 먼 동양의 코레아에서 이곳을 찾아온 나는 동양인의 희소가치 때문인지 여러 교우로부터 따뜻한 환영을 받았다. 콘퍼런스 기간에는 하루 세 번씩 집회를 여는데 외국에서 초빙한 강사나 칠레에서 선교사로 일하고 있는 일꾼들의 설교를 주로 듣는다. 외국인 방문자는 영어로 설교하고 스페인어로 통역을 해주지만 본국인들은 스페인어만 사용한다.

남아메리카 배낭여행을 떠나기 1달 전부터 스페인어 벼락공부를 하

헛간을 개조한 강의장

헛간 2층에는 남자들의 숙소가 있다

였는데 겨우 인사나 몇 마디 하는 수준이다. 그러나 영어와 스페인어는 유사점이 많고 한국 사람이 스페인어 발음하는 것이 영어권 사람들보다 훨씬 쉬워서 조금만 노력하면 쉽게 배울 수 있을 것 같다. 워낙 공부하기 싫어하는 게으른 성격이지만 앞으로 2달 이상 스페인어를 사용하는 나라를 여행하려면 생존 전략상 좀 더 노력해야 할 것 같다.

오늘 저녁은 자메이카와 브라질에서 일하는 로사 타팔론의 이야기가 재미있었다. 아마존 인디언들은 원숭이를 잡을 때 코코넛에 조그만 구멍을 내고 그 안에 원숭이가 좋아하는 열대과일을 넣는다고 한다. 원숭이가 코코넛 구멍 속에 손을 넣어 과일을 붙잡으면 손을 뺄 수 없게 된다. 원숭이는 손에 쥔 과일을 포기하기 싫어서 손을 펴지 않기 때문에 무거운 코코넛을 든 채 도망가다 결국 붙잡힌다고 한다. 2달 후에 아마존 정글을 찾아갔을 때 나는 아마존 인디언들이 똑같은 방법으로 잡은 원숭이를 바비큐해서 소년들의 성년의식 잔칫날에 즐기는 것을 실제로 보게 되었다.

우리의 인생살이에도 얼마나 많은 사람이 아마존의 원숭이처럼 죽음의 덫에 치이게 되는 걸까? 먹지도 못할 작은 열매 때문에 자신의 가장 귀한 것을 잃어버리는 것은 비단 어리석은 원숭이뿐만은 아닐 것이다. 수많은 인간은 순간의 유혹 그리고 집착이라는 작은 열매를 놓지 못해 영원의 덫에 치이게 되는 것이 아닐까? 불 속으로 날아드는 나방처럼 사람들은 가치 없는 작은 것을 위해 그보다 몇천 배, 아니 몇만 배 더 귀중한 영원을 잃게 되는 것은 아닐까?

인간이 가장 놓기 어려워하는 탐욕의 열대과일은 무엇일까? 돈, 명예, 권력, 아니면 자존심? 그리고 내가 가장 집착하는 작은 과일은 무엇인가? 수시로 자신을 살피는 성찰의 시간을 가져야 할 것 같다.

지구의 정반대 쪽 극동에서 이곳을 찾아온 코레아노는 한 번도 만나본 적이 없던 낯선 이들과 한가족처럼 며칠간 좋은 친교의 시간을 가졌다. 그들이 살아왔던 체험을 듣기도 하고 또 내가 걸어온 나그넷길의 이야기를 통해 서로의 삶에 공감하는 진솔한 대화를 나눌 수 있어서 행복했다. 소박한 칠레 사람들과 이곳에서 보낸 사흘간의 꿈같은 시간은 나그넷길에서 만났던 오아시스처럼 오랫동안 기억 속에 자리 잡을 것이다.

지구 상에서 가장 건조한 땅 아타카마 사막

아타카마 사막은 안데스 산맥의 서쪽 남아메리카의 태평양 연안에 있는 길이 1,000km의 남미 고원에 있다. NASA와 내셔널 지오그래픽 잡지에 의하면 이곳은 지구 상에서 가장 건조한 사막이다. 총면적 10만 5천km²의 사막은 소금 분지와 모래와 안데스 쪽으로 흐르는 규장석 용암재로 덮여 있다.

보통 고도가 4,400~5,600m정도 되는 지구 표면은 동토 지역이지만 이곳은 얼마나 건조한지 6,900m나 되는 고산에도 빙하가 전혀 없다.

지난 수백 년 동안 한 번도 비가 내린 적이 없다는 이 사막의 지형은 화성의 표면 토양과 흡사하여 화성 착륙선 바이킹 1호와 바이킹 2호가 화성탐사 시 했던 실험들이 이곳 아타카마에서 재연되었다고 한다. 또 NASA는 아타카마 사막에서 미래 화성탐사를 위한 과학기기 실험을 하고 있다. 이곳은 외계와 같은 지형 때문에 공상과학영화 제작 시 화성 촬영을 위한 로케이션으로 인기 있는 곳이기도 하다.

비야리카에서 12시 20분에 출발한 버스는 자정이 되어 산티아고에 도착했다. 산티아고 버스터미널 안에 있는 투르 버스 회사가 운영하는 투르-엑스 프레스 호텔에서 하룻밤을 자고 다음 날 정오에 아타카마 사막으로 가는 장거리 버스에 올랐다. 누구나 24시간 이상 걸리는 버스를 타보면 칠레가 세계에서 가장 긴 나라인 것을 실감하게 된다. 칠레의 남과 북 거리는 서울과 부산 거리 13배가 넘는다.

북쪽으로 올라올수록 산티아고 근처에서 보았던 푸른 벌판과 즐비한 포도원의 아름다운 풍경은 건조한 사막지역과 황무지로 바뀐다. 해안 쪽에는 간간이 작은 항구가 소도시를 이루고 있긴 하나 산티아고 남쪽과는 완전히 다른 메마르고 거친 풍광의 연속이다. 간혹 한국의 동해안 같은 바위 해변도 보이지만 나무들이 없는 해안선은 아름다운 남쪽의 파타고니아와는 너무나 대조적이다.

달의 계곡에 있는 세 처녀 석상

2010년 12월 28일 정오, 산티아고를 떠난 버스가 24시간 후인 다음 날

낮 12시경에 산 페드로 데 아타카마에 도착했다. 비야리카에서 산티아고까지 12시간이 걸렸고 잠시 산티아고에서 쉰 것을 빼면 버스만 36시간을 타고 온 셈이다. 건조한 아타카마 퓨나 사막 고원에 있는 산 페드로 데 아타카마는 오아시스 타운이다. 이곳의 원주민은 아타카메노스인데 타운 중심지에는 콜럼버스 이전 시대의 유물을 보관한 구스타보르 페이지 고고학 박물관이 있다. 또 300년 된 종탑과 하얗게 색칠한 작은 어도비 성당도 인상 깊은 역사 유적이다.

현지에서 숙소를 찾을 생각으로 예약도 없이 도착하였으므로 배낭을 멘 채 호스텔의 간판이 걸려 있는 곳마다 차례로 들렀다. 처음 두 곳은 모두 빈방이 없고 세 번째 들른 곳에 독방이 있는데 하루에 3,500페소한국 돈 8천 원를 달라고 한다. 더 돌아보아도 헛걸음만 할 것 같아 이곳에서 그냥 이틀 밤을 지내기로 하였다.

숙소에 짐을 내려놓고 구경도 하고 점심도 먹을 겸 타운 센터로 갔다. 여행사 유리창에 붙어 있는 한 프로그램이 그럴듯하여 오후 일정부터 참여하기로 했다. 먼저 오늘 오후 4시에 시작하는 달의 계곡 트레킹이 있고, 내일은 온종일 살라 데 아타카마와 라구나 미스칸티를 보는 일정이며, 마지막으로 금요일 산티아고로 돌아가기 전 지상 4,000m 고지에 있는 엘 타티오 간헐천을 다녀오는 것이다.

오후 4시에 같은 탐방을 신청한 일행 10명은 달의 계곡으로 향했다. 산 페드로 서쪽으로 20km 떨어진 아타카마 사막 안에 있는 달의 계곡은 달 표면에 보이는 골짜기 같다고 하여 그렇게 부른다. 긴 세월의 풍화로 조성된 바위 석상과 기묘한 모래언덕의 형상들이 마치 인간의 손으로 조각된 입상처럼 신비롭게 서 있다. 또 신대륙이 발견되기 이전에 아타카마 원주민이 일했다는 소금 광산도 남아 있다.

달의 계곡 위에서 해가 지기를 기다리는데 저 멀리 고도 5,900m의 활화산 리칸카브르가 연기를 분출하고 있는 것이 보인다. 또 이곳에는 5,104m 높이의 야노 데 차한토르 천문대가 있는데 이곳에서는 미국을 비롯한 여러 나라의 천문학자들이 세계에서 가장 비싼 1억 달러짜리 천체망원경을 사용하여 프로젝트를 진행하고 있다.

외계에서 보내오는 라디오 신호를 분석하고 또 지구에서 외계 생명체에게 인간의 존재를 알리는 라디오 신호를 보낸다고 한다. 꼭 공상과학영화에서나 나올 법한 우주통신 프로젝트를 진행하고 있는 것이다. 극도로 예민한 마이크론 단파 라디오 천문학 연구에는 이곳처럼 건조한 고지가 이상적이라고 한다. 나는 그 의미를 이곳에서 촬영한 사진 속에 나타난 맑고 파란 하늘을 보고

달의 계곡에서 본 활화산 리칸카브르

아타카마 사막에 있는 달의 계곡

아타카메노스의 원주민 동굴

양치는 아타카메노스 영감님

깨닫게 되었다.

2010년 12월 30일 오전 8시, 일행은 미니버스를 타고 아타카메노스 원주민 동굴이 있는 오아시스 마을로 갔다. 고도 3,000m의 아타카마 사막지대에 신기하게도 시냇물이 흐르고 샛강 양편에 수림이 우거져 오아시스를 이루고 있다. 옛 동네 안 돌담길 건너에는 무성한 무화과 나무에 열매가 한창이다. 지금은 사람이 살지 않은 돌과 흙으로 지은 어도비 옛집들이 남아 있다. 연초록 물풀 위로 맑은 물이 흐르는 내를 건너 양 떼를 몰고 가는 나이 많은 인디언 목자를 만났다. 이 영감님은 수천 년 동안 이 지역에 살아온 아타카메노스 원주민의 후예이다.

우리를 안내한 가이드가 그 목자에게 스페인어로 인사를 하니 무슨 뜻인지 알아들을 수 없는 원주민 말로 대꾸한다. 아타카메노스 원주민은 현재 총 2,000명 정도 남아 있다는데 그들의 언어는 거의 사라져 버린 쿤자어라고 한다. 아마도 이 영감님은 쿤자어로 인사하는 것 같다. 지구 상에는 지금까지 얼마나 많은 언어들이 소멸했을까?

오아시스 마을을 떠나 우리가 향한 다음 목적지는 고도 2,300m의 살라 데 아타카마라는, 칠레에서 가장 넓은 소금 평야다. 산 페드로 아

라구나 착샤스 위를 비상하는 안데스 플라밍고

안데스 보세와 칠레 플라밍고

타카마에서 남쪽으로 60km 떨어진 곳에 있는 이 소금 벌판은 안데스 산맥과 코르딜레라 산맥으로 둘러싸여 있고 중앙에는 배수로가 없는 소금 호수인 라구나 착샤스가 있다. 이곳은 제임스 플라밍고, 칠레 플라밍고와 안데스 플라밍고의 군락지이다. 세 종류의 플라밍고와 안데스 보세라는 긴 부리 물새는 소금 호수에 서식하는 미세한 플랑크톤류를 먹기 위해 하루 16시간 이상 물속에 고개를 담근다.

라구나 미스칸티와 엘 타티오 간헐천

그다음 찾은 곳은 고도 4,120m 고원 위에 있는 넓이의 라구나 미스칸티와 라구나 미니퀘스라는 쌍둥이 호수이다. 이 호수의 물이 자연이 만든 지하수로를 통해 산 페트로 아타카마까지 흘러들어 수천 년 동안 오아시스를 이루고 있는 것이다. 이렇게 높고 건조한 땅에 어떻게 깊고 넓은 호수가 생겼을까? 이 호수들은 주변의 화산 활동으로 조성된 약간 짠맛이 있는 담수 호수들이다.

우리 중 몇몇은 이 아름다운 녹청색 호수변을 따라 얼마 동안 트레킹을 하였다. 미스칸티 호 변에는 우리 외에도 찾아오는 방문객이 많았다. 사막여우, 과나코, 또 수많은 안데스의 산새들이 이 호수에 물을 마시러 모여드는 것이 보인다. 그런데 차를 타고 있을 때는 잘 몰랐으나 500m도 걷지 않아 숨이 가쁘고 두통이 생기는 것이 고산병의 징후라는 것을 알았다. 고도 4,100m 상에 있는 호숫가에서 느끼는 고산병은 지난봄 티베트 쪽 에베레스트 베이스캠프에서 겪었던 것과 똑같다.

우리 10명은 라구나 미스칸티에서 내려오는 길에 있는 작은 원주민 동네에 들려 점심을 먹었다. 스페인 정복자의 영향 때문인지 원주민의 시골 마을에도 흙벽돌로 지은 어도비 성당이 보인다. 이곳 원주민 식당에서 나온 점심요리는 닭볶음에 매콤한 고추소스와 쌀밥이었다. 얼마 전 마다가스카르에서 먹었던 라요카 생각이 났다. 지구 상 어디를 가나 무난하게 닭고기를 먹을 수 있어서 다행이다.

2010년 12월 31일 금요일. 2010년의 마지막 날 새벽을 지상에서 가장 건조한 땅 아타카마 사막에서 맞았다. 4,200m 고원지대에 있는 간헐천 엘 타티오을 다녀오면 아타카마 탐방의 모든 일정이 끝난다. 새벽 4시 반에 출발한 미니버스가 2시간 이상 툴툴거리며 꼬불꼬불한 비포장도로의 고갯길을 올라갔다. 지난밤 3시간밖에 자지 못해서 가는 도중 버스에서 부족한 잠을 보충할 생각이었는데 완전한 계산착오였다. 잠을 자기는커녕 요동치는 버스 좌석에서 떨어지지 않도록 두 손

4,000m 고지에 있는 라구나 미스칸티와 라구나 미니퀘스

으로 팔걸이를 붙잡고 있는 것만으로도 힘든 고통이었다. 이제껏 받아본 어떤 아프리카 마사지보다 지독한 아타카마 스타일 마사지로 기억될 것 같다.

엘 타티오는 남반구에서 가장 큰 간헐천 벌판이다. 미국의 옐로스톤 국립공원과 러시아의 돌리나 기즈로브 다음으로 큰 이곳은 80개 이상의 간헐천이 솟고 있다. 두 해 전에 다녀온 와이오밍의 옐로스톤의 간헐천과 비교하면 분출수위는 훨씬 낮은데 분출구에 가까이 접근하여 손으로 직접 만져 볼 수 있는 것이 아주 색다른 경험이었다. 여름 복장이어서 추워 죽을 지경인데 간헐 온천에는 꽤 많은 사람이 물속에 들어가 용감(?)하게 온천욕을 즐기고 있었다.

엘 타티오에 오기 전 이집트의 시내 산에서처럼 똑같은 실수를 했다. 산 페드로 아타카마는 여름 날씨인데다 더구나 우리가 가는 곳이 온천욕을 하는 곳이라 생각 없이 가벼운 여름 옷차림으로 차를 탄 것이다. 우리는 동이 트기 전에 엘 타티오에 도착하였는데 김이 무럭무럭 나는 간헐천과 온천수 옆에는 빙판으로 덮여 있었다. 4,200m 고원지대의 새벽바람은 고산병 증세가 있는 나에게 이중의 고통이었다. 여벌로 가져온 얇은 스웨터와 짧은 바지를 껴입고 해가 뜰 때까지 차 속에서 덜덜 떨며 기다렸다.

엘 타티오에서 산 페드로 아타카마로 돌아가는 길에 마지막 인디언 마을에 들렀다. 이곳에도 200년이 넘은 작은 교회당이 서 있는데 이 마을을 찾아온 여행자 몇 사람이 토담 안의 교회당을 구경하고 있었다. 나는 교회당 아래 마을로 내려가는 길가에 사이 좋게 앉아 있는 아타카메노스 원주민 노부부를 보고 다가가 말을 건넸다.

원주민 노부부가 사이좋게 앉아 있다

영감님은 사진 찍는 것을 허락하였다

코레아에서 왔다고 말한 후 카메라를 가리키며 두 분의 사진을 찍어도 좋은지 영어반 스페인어 반으로 물어보았다. 할머니는 손사래를 치며 싫다고 자리를 뜨고 할아버지는 괜찮다며 사진을 찍어도 좋다고 한다. 어떤 인디언 부족들은 사진이 찍히면 자신들의 영혼이 빠져나간다고 믿는다고 한다. 이 아타카메노스 할머니도 그렇게 믿고 있는 것은 아닐까?

인디언 공예품을 파는 가게가 있는 마을로 내려가 보니 몇 사람이 라마 한 마리를 도살하는 중이다. 남미의 원주민들은 라마를 방목하여 기르는데 소나 말보다 특히 라마 고기를 좋아하는 것 같다. 아타카마에 있는 동안 점심으로 라마 고기 스튜를 먹어보았는데 양고기 맛과 비슷했다. 그러나 좀 질긴 것이 아무래도 사육의 방법에 따라 고기 맛의 차이가 나는 것이 아닐까? 하는 생각이 든다.

이 마을 건너편에 여러 마리의 과나코와 라마들이 풀을 뜯는 벌판을 지나가면 멀리 선인장의 수림이 보인다. 그런데 이 사막 가운데 놀랍게도 작은 시냇물이 흐르는 골짜기에는 갈대숲이 있고 그 바로 뒤쪽에 메마른 바위 산등성이에 사람 키 몇 배가 넘는 선인장들이 즐비하게

서 있다. 우리 일행은 골짜기를 지나 선인장 수림이 있는 산등성이까지 트레킹을 하였다.

놀라운 것은 이곳 역시 티베트 고원처럼 4,000m가 넘은 고원 위에 간헐천과 시냇물이 흐르는 작은 오아시스가 있고 아타카메노스 인디언이 사는 작은 마을이 있다는 것이다.

밝고 따뜻한 아침 햇살이 안데스 고원 위로 쏟아내리고 사막의 하늘은 한국의 가을 하늘처럼 푸르다. 이제 나는 외계와도 같은 아타카마 사막에 안녕을 고하고 다시 산티아고를 향해 남쪽으로 가야 한다.

산 페드로 아타카마에서 4시 반에 직행버스를 타고 칼라마 공항에 도착하였다. 며칠 전 산 페드로까지 24시간 동안 버스를 타고 왔었기에 같은 버스를 타고 똑같은 길로 돌아갈 생각은 없었다. 또한 내일 2011년 새해 아침 라파 누이로 가는 항공기를 타기 위해서라도 시간을 절약해야 했다.

2010년의 마지막 날 밤 아타카마로 떠나기 전에 묵었던 산티아고의 투르-엑스 프레스 호텔에 밤 11시가 다 되어 도착하였다. 섣달 그믐이라 시내의 모든 식당과 가게가 일찍 문을 닫아서 끼니를 해결할 수 없었다. 막 문을 닫으려는 편의점을 겨우 찾아 콜라와 크래커를 사서 저녁 요기를 하였다.

선인장 수림

오랜만에 집에 있는 아내에게 전화로 새해 인사를 하고 1

월 말까지 집에 돌아가겠다고 했더니, '언제 다시 갈지 모르는 나라니 집 걱정은 말고 실컷 자유롭게 즐기다 오라' 고 한다. 타국 땅에서 가족이 그리워 빨리 돌아가고 싶은 외로운 맘을 아는지 모르는지, 조금은 서운하다.

2010년 제야의 종소리가 그치고 2011년의 새벽이 시작된다. 2010년은 나에게 예순다섯 해의 전환점이었고 후반생의 새로운 장이 열린 해였다. 아프리카의 희망봉을 돌아서 인도양으로, 또 남아메리카의 케이프 혼을 지나서 대서양으로 항해하듯 미지의 대양을 향해 돛을 올려 인생 후반전에 도전하고 있다.

지난 1월 초 배낭을 메고 처음으로 페루의 마추픽추를 오르던 그때부터 시작하여 6대륙과 30여 개국을 다녀올 수 있었던 것은 커다란 행운이요 축복이었다. 그리고 지난해 내가 밟았던 땅과 그곳에서 만났던 사람들의 얼굴이 영화 필름처럼 뇌리를 스쳐 간다. 혼자서 걸었던 행로가 때로는 외로웠고 고통스러웠지만 건강하게 지구촌 구석을 누빌 수 있어서 행복하였고 또 누렸던 축복을 감사하고 있다.

나의 새해 소망은 혹 이 글을 접하는 60대의 노장들이 이 같은 여정을 통해 새로운 자기 발견을 할 수 있기를 기원하는 것이다. 배낭을 메고 비상하는 나비처럼 일탈하는 희망의 해가 되기를 기원한다. 꼭 세계일주가 아니라도 좋다. 무엇인가에 몰입할 수 있다면 새로운 자신을 찾아가는 여행의 방식은 많을 것이다. 아직껏 못해 본 일에 도전하는 것이 바로 후반생의 시발점이 아니겠는가?

35년간 정신과의사였던 61세의 전직 교수 킵 도란이 아내와 함께 아프리카의 보츠와나에서 평화봉사단으로 제2의 인생을 시작한 것을 보았다. 빌과 웬디 번바움 부부는 잘나가던 컨설팅과 법률사무소를 접고 안데스 산중의 작은 마을 알방카이에서 자원봉사로 야학을 열어 아이들을 가르치는 후반생을 산다고 한다.

꼭 농촌으로 돌아가는 것이 아니라도 좋다. 행글라이더 배우기, 고전의 숲을 걷는 것, 시를 쓰는 일, 피아노를 배우는 것, 또 배낭을 메고 한반도의 둘레길을 거니는 것, 이 모든 것들이 60대 장년들에게 새로운 나를 찾아가는 여행이 될 수 있지 않을까?

지구의 배꼽

라파 누이

세계의 배꼽 라파 누이를 가다

2010년 12월 17일. 남극대륙을 떠나 남미의 파타고니아를 거슬러 북쪽 아타카마 사막을 거쳐 2011년 1월 1일 마침내 세계의 배꼽이라는 라파 누이에 도착하였다. 라파 누이는 영어로 부활절 섬이란 뜻인데, 스페인어로는 '이슬라 데 파스쿠아Isla de Pascua'라고 부른다. 유월절의 섬이라는 의미이다. 태평양의 남동부 폴리네시안 섬으로 1888년 칠레에 의해 합병된 특수지역이다.

아후 통가리카의 15개 모아이 석상, 누구를 기다리나?

제주도 넓이의 10분의 1 정도인 작은 섬에는 모아이라고 부르는 887개의 돌 석상이 있는데, 제주도에 돌하르방이 있는 것처럼 라파 누이는 옛 탐라국과 비슷한 점이 많은 흥미로운 섬이다. 모아이들이 서 있는 석단石壇을 '아후Ahu'라고 부른다.

1722년 네덜란드 탐험가 야곱 게벤이 부활절에 이 섬에 왔다고 하여 이스터 섬이라고 불렀으나 원래 섬의 원주민인 폴리네시아 사람들은 이곳을 'Te pito o te henua'라고 한다. '세계의 배꼽' 또는 '사람 사는 땅의 끝'이라는 뜻이다. 이 섬은 남미 대륙에서 3,510km 떨어져 있는 외딴 섬이다.

최초로 섬에 이주민이 도착한 시점은 폴리네시아 사람들이 하와이에 이주한 시기인 300년~1200년 사이로 추측하고 있다. 아마도 이들은 3,200km 떨어진 마퀘사스 제도에서 카누를 타고 이동하였을 것이다. 제임스 쿡 선장은 섬을 방문했을 때 선원 중 보라보라 섬에서 온 폴리네시아 뱃사람이 이곳 섬사람들과 유사한 언어로 소통할 수 있었다고 기록하였다.

라파 누이의 슬픈 전설을 지닌 이 매혹의 섬이 왜 기근과 전염병, 내전과 노예무역, 그리고 산림벌채 등 수많은 불행을 겪으며 주민 멸종과 사회 몰락 직전까지 가게 되었는지 아직도 미스터리에 싸여 있다.

당시 선교사들이 기록한 그들의 구전된 역사에 의하면, 섬의 전설적인 창시자 호투마투와 그의 후손들은 아홉 부족의 추장들이 지배하였다고 한다. 그들은 신격화된 조상을 상징하는 모아이라는 거대한 석상을 조각하였다. 그들의 독특한 종교관은 '죽은 조상이 산 자들에게 복을 가져다 주고 산 자들은 죽은 자들이 영혼의 세계에서 좀 더 안락한

자리를 얻도록 숭배하는' 상징적 관계를 유지하는 것이었다.

한때 다른 후대에 의하여 모아이의 파괴행위가 있기 전까지 대부분의 모아이는 해안선에서 영혼의 세계인 바다를 등지고 그들의 자손이 사는 주거지를 바라보며 서 있었다고 한다.

폴리네시안 인류학자 다이아몬드는 이스터 섬의 식인 풍습은 과도한 모아이의 건립 때문에 파생된 산림의 남벌, 이에 따른 생태계 파괴 때문이었다고 주장한다. 1722년 유럽인이 도착하기 1세기 전에 살고 있던 1만5천 명의 주민들이 겨우 이삼천 명으로 감소하였던 것은 분명히 섬의 생태계 변화에 기인한 것이었으리라.

섬 안의 자원이 고갈되자 '모아이 시대'로 대표되는 세습에 의한 지도층의 후계 시스템은 소멸하게 되고 전사들의 신체적 경쟁에 의한 새로운 지도자를 결정하는 버드 맨Bird man, 鳥人 시스템으로 세대교체되었다고 한다.

세습적 지도자에게 주어졌던 권력은 모아이 제작 시대가 끝난 1540년 이후에는 버드 맨에게 이양되었다. 그리고 이 과정에서 마케마케인간을 창조한 라파 누이의 신는 중요한 역할을 하게 된다. 지도층의 권력 이동

새로운 지도층이 된 버드 맨은 모아이 석상들을 파괴하였다

과 함께 모아이 석상들은 수난을 당하기 시작하였다.

빵 문제를 해결해 주지 못하는 조상 숭배는 배격되고 그때부터 새로운 지도층이 모아이 석상들을 파괴하기 시작하여 1838년에는 오롱고에 있는 라노 라라쿠와 호아 하카나나야, 그리고 아후 테 피토 쿠라의 아리카 파로 등 몇 개만이 남아 있었다고 한다.

전설의 섬 라파 누이에서 보낸 꿈같은 나흘

2011년 1월 1일 토요일 맑음. 새해 첫날인데도 라파 누이로 가는 여행객들이 많다. 라파 누이는 로빈슨 크루소 섬과 같이 칠레의 특별구역이라 마치 다른 나라로 출국하는 것처럼 국제선 터미널에서 체크인한다. 엄밀히 말하면 라파 누이는 칠레와는 완전히 다른 세상이다.

산티아고에서부터 내 옆자리에 앉아가는 라파 누이에 사는 우고 아저씨는 나이가 지긋한 분인데 생소한 동양사람이 어느 나라에서 왔는지 궁금해했다. 이 아저씨는 이스터 섬의 원주민으로 자기 집에서도 호스텔을 운영한다고 한다. 한국에서 왔다고 하니 섬의 중심지 항가로아에 있는 자기 집에 얼마 전 한국 여행객 다섯이 묵었다고 한다. 딱히 예약해 놓은 숙소도 없었거니와 론리 플라넷 여행 안내서에 나와 있는 호스텔 가격과 비교해 보니 거의 3분의 1이라 그의 집에 묵기로 하였다. 우고의 집에 인터넷은 없지만 10분 거리에 인터넷 카페가 있고 독방에 화장실까지 있으니 횡재한 셈이다.

사람 좋아 보이는 원주민 아저씨를 따라 공항 출구로 나오니 마침 우고의 아들이 마중 나와서 자기 아버지와 내 목에 환영하는 꽃목걸이를 걸어준다. 하와이에 온 기분이다. 도착 전 우고가 내가 함께 자기 집으로 온다고 전화로 알려준 모양이다. 2011년 첫 나흘간을 이스터 섬 원주민 집에서 숙박하게 되었으니 새해에는 억세게 운이 좋으려나 보다.

우고 덕분에 환영 꽃목걸이를 받다

절벽 위의 낚시꾼

오늘은 토요일이고 정월 초하루라 모든 가게는 문을 닫았고 편의점도 몇 곳만 문을 열었다. 우고의 아들이 항가 로아 중심가를 보여준다기에 따라나섰는데 중심가라 해야 몇 개 안 되는 교차로 거리가 전부이다. 편의점에서 몇 가지 재료를 사서 간단히 점심을 만들어 먹은 후 해변 길을 걸으며 주변을 돌아보기로 했다.

쉴 새 없이 몰려오는 파란 파도와 하얀 거품을 뿜어대는 해안에는 젊은이들의 파도타기가 한참이다. 햇볕이 따사한 정월 초하루 타하이 광장에서 아후 테페우까지 해안을 몇 시간 동안 걸었다. 아, 드디어 라파 누이에 왔구나! 전설 속의 이스터 섬에 서 있다는 것이 아직 실감이 나지 않는다.

타하이의 모아이들은 바다를 등지고 석양 아래 서 있는데 그들의 표정에는 긴 세월 동안 무슨 말 못한 비밀스러운 이야기가 숨겨져 있는 것 같다. 비취옥 색깔의 파란 보석 같은 파도가 바위투성이의 해안에 부딪혀 물안개를 뿜는다. 절벽 위에는 늦은 오후의 바다낚시에 심취된

한 낚시꾼의 모습이 평화롭기 그지없다.

타하이 제전 터에는 아후 바이우리와 아후 타하이 그리고 아후 코테리쿠 등 3개의 아후가 모여 있다. 이것들은 1968년~1972년 사이에 인류학자요 폴리네시아 선사기 전문가 윌리엄 물로이에 의해 복원된 것이다. 그중 아후 바이우리의 모아이 5개가 해안선을 뒤로하고 서 있는데 그 건너편에 항가 로아 시내와 오롱고 언덕이 보인다.

바이우리의 5개 모아이는 각각의 크기와 형상이 매우 다르다. 이것들이 씨족 지도자들의 석상인지 아니면 가운데 남편과 오른쪽의 두 아들 그리고 왼편에는 부인과 어린아이를 포함한 어느 추장 가족의 석상인지 다만 상상할 뿐이다. 아후 코테리쿠는 푸카오 붉은색 모자를 쓰고 있는 모아이인데 아마도 폴리네시아 추장의 머리 관을 상징한 것 같다.

2011년 1월 2일 일요일, 맑음. 우고의 집에서 보낸 첫 날밤은 아타카마 사막을 강행군 속에 다녀온 이후 처음으로 편하게 잠을 잤던 밤이

아후 바이우리 항가 키오에

었다. 숙소에서 멀지 않은 해안에 부딪히는 새벽 파도소리에 일찍 잠이 깨자 어제 늦은 오후에 다녀왔던 타하이, 항가 키아에 쪽으로 거닐며 해가 뜨기를 기다렸다.

붉은 아침 해가 오랜 세월 동안 후손들을 바라보고 서 있는 모아이의 얼굴에 비치기 시작한다. 라파 누이의 옛 조상을 상징하는 이 모아이들은 불운했던 후손들의 고통에 찬 과거를 아는지 모르는지? 그들의 표정을 읽을 수 없다.

고물차로 하는 라파 누이 모험(?)

점심 후 차를 빌려 이스터 섬의 반대편으로 가서 그쪽 모아이도 살펴볼 참이다. 항가 로아의 렌터카 사무실에서 스즈키 사무라이를 60불에 사흘간 쓰기로 하고 빌렸다. 20년은 족히 넘어 보이는 고물 사륜구동 차인데 가다가 바로 서버릴 것 같다. 자전거로 가기에는 거리가 멀고, 오토바이를 타기에는 길이 너무 험하다. 조금은 불안하였지만 다른 선택의 여지가 없어 그냥 이 사무라이와 모험하기로 했다.

오후 2시에 차를 인수받아 시동을 걸었더니 차가 움직인다. 먼저 항

20년 넘은 고물 스즈키 사무라이

바위 해안에서 잠시 쉬며 샌드위치를 먹다

가 로아에서 북쪽 끝의 아나케나까지 가는 섬의 유일한 포장도로를 신나게 달렸다. 아나케나는 섬에 유일하게 산호모래 해변이 있는 곳이고 방문객을 위한 먹거리를 파는 간이식당도 있다.

해변에는 1955년에 처음으로 주민들이 고전적 방식을 사용하여 복원한 원래의 모아이들이 서 있는 아후 나우나우가 있다. 전설에 의하면 야자 숲이 우거진 아나케나는 폴리네시안 추장 호투마투아가 카누 2척을 이끌고 맨 처음 상륙한 지점이다. 그리고 또 이곳은 유일한 폴리네시안 문자 롱고롱고 판을 읽는 의식을 행한 중심지였다고 한다.

이곳에서 아후 나우나우의 모아이들을 보고 사무라이를 주차했던 곳에 와서 시동을 걸었다. 열쇠고리에는 2개의 키가 꽂혀 있었다. 까만 색깔의 작은 키를 꽂은 후 시동을 거는데 열쇠가 돌아가지 않는다. 이번에는 두 번째 좀 긴 열쇠를 넣고 돌려보지만, 결과는 마찬가지다. 2개의 키로 몇 번 시도해 보았으나 키는 들어가긴 하는데 돌려지지가 않는다. 참으로 황당한 일이다. 고물차라 그런가?

간이식당에 가서 전화를 좀 빌려달라고 했더니 유선전화도 없거니와 휴대전화도 터지지 않는 지역이라고 한다. 렌터카 사무실까지 어떻게 가지? 난감한 마음으로 걸어가는데 신형 사무라이를 몰고 가던 한 아주머니가 걸어가는 나를 보고 차에 태워주었다. 이 아주머니는 한참을 가다 배낭을 멘 채 히치하이크를 하는 처녀도 한 사람 더 태우고는 30분 후 항가 로아에 도착했다. 친절한 아주머니에게 고맙다는 인사를 하고 렌터카 사무실에 내렸다.

사무실은 일요일이라서인지 문이 잠겨 있었다. 옆집 카페에서 전화를 빌려 어렵사리 통화하였더니 반 시간 만에 영어를 전혀 못하는 남자직원이 나타났다. 손짓 발짓으로 상황을 설명하고 차를 세워두었던 곳으로 함께 갔다. 그 친구가 긴 자동차 열쇠를 넣고 핸들을 왼쪽으로 돌리며 키를 회전시키니 시동이 바로 걸린다. 나는 어리석게도 원래 시동키가 아닌 스즈키라고 찍힌 짧은 키만 넣고 계속 돌려댔고 긴 시동 키를 넣었을 때는 핸들을 고정시킨 채 시도하였으니 시동이 걸릴 리가 없었다. 어디를 가든지 한 번씩은 사고를 치거나 실수를 하는 것 같다.

바보 같은 실수가 너무나 창피해서 쥐구멍에라도 들어가고 싶은 심정이었다. 하여튼 휴일에 귀찮게 한 그 친구에게 고맙다고 인사한 후 지도를 펴놓고 해안길을 따라 서서히 주행을 시작했다.

다음 목적지는 통가리키이다. 통가리키는 섬 가운데 가장 큰 아후가 있는 곳이다. 이곳의 모아이들은 이스터 섬 부족 간의 내전 중에 모두 전복되었고 12세기의 커다란 해일에 의해 해안선에 세워졌던 아후는 섬 내륙으로 쓸려갔다. 지금은 원상태로 복원되었는데 이스터 섬에서 가장 큰 86톤 규모의 모아이가 이곳에 있다.

아후 통가리키는 라파 누이 국립공원 안에 있는 라노 라라쿠 분화구와 포이케 분화구 사이의 해변에 있다. 15개의 석상들이 나란히 서 있는 아후 통가리키를 뒤로하고 섬에서 모아이를 제조하기 위해 바위를 캐고 조각을 했던 채석장 라노 라라쿠로 향했다.

라노 라라쿠는 복합 화산재와 응회암으로 형성된 분화구인데 이곳에서 500년 동안 모아이를 만들기 위한 석재의 대부분을 조달했다. 어떻게 보면 모아이 석상의 제조공장인 셈이다. 라파 누이 국립공원의 일부인 라노 라라쿠 안에는 아직도 400개의 석상들이 그대로 남아 있

라노 라라쿠로 가는 길의 모아이

는데 섬에서 어떻게 모아이 석상들이 설계되고 시간에 따라 기술 혁신이 이루어졌는지 보여주는 역사와 시각적 기록들이다.

또 놀라운 것은 이곳에 수많은 미완성의 석상들이 있을 뿐 아니라 키가 21m가 넘고 무게는 270톤이나 되는 미완성 대형 석상도 남아 있다는 것이다. 이 신비로운 섬의 풀리지 않는 수수께끼는, '라파 누이의 원주민들은 무엇 때문에 이 수많은 석상을 만들기 시작하였을까? 또 무엇이 그 석상들을 완성하지 않고 중도에 포기하게 하였을까?' 하는 것이다.

라노 라라쿠를 나와 화산암의 해안선을 따라 푸나파우 쪽으로 가다 보면 아카항가와 바이후 그리고 항가테어, 이름 모를 작은 물굽이들이 계속되는데 하늘과 바다와 바위의 매혹적인 풍경화가 지나는 길손의 걸음을 멈추게 한다. 세차게 밀려오는 짙푸른 파도가 바위 해안에 부딪히며 쏘아 올리는 새하얀 분무의 물꽃들이 파란 하늘과 어우러져 역동적인 아름다운 그림이 된다.

푸나파우는 항가 로아 근처에 있는 스코리아라는 붉은색 화산암을 캐는 유일한 채석장이 있는 곳인데 이 적색 암은 주로 모아이의 푸카오라는 붉은색 모자를 만드는 데 사용했다고 한다. 그러나 모아이의 머리장식 이외에도 작은 석상이나 다른 조각품을 만드는 데도 쓰였다. 라놀라쿠에 있는 투쿠투리는 턱수염이 있고 무릎을 꿇고 있는 이상한 모양의 모아이인데 스코리아로 만든 것이다.

1월 3일 월요일 맑음. 오늘의 하이라이트는 라노카우와 오롱고 그리고 아나카이 탕가타를 찾아가 보는 것이다. 라노카우는 이스터 섬의 남서부에 위치한 높이 324m의 사화산인데 분화구는 현무암 용암으로 생긴 막대바위로 둘러 있고 천연 담수 호수를 이루고 있다. 라노카우의 주요 고고학적 유적지는 오롱고 돌집들이 있는 버드 맨 의식 마을이 있는 곳이다. 이곳이 바로 '탕가타 마누버드 맨' 풍속의 중심지였다.

1860년대 중반부터 섬에 창궐한 전염병으로 대부분의 주민이 죽었거나 나머지 사람은 기독교로 개종하여 탕가타 마누 전통은 사라지고 마을 역시 잊혀지게 되었다.

바다와 하늘이 어우러진 한 폭의 역동적인 그림

버드 맨 신화

라노카우에서 내려오는 길에 있는 화산의 용암 바닷가에 카이 탕가타 동굴이라는 아나카이 탕가타 안에는 버드 맨 전설을 그린 석화를 볼 수 있다.

이스터 섬의 신화에 의하면 마케마케는 인류를 창조한 출산의 신이고 탕가타 마누는 원래 마케마케가 새 모양을 하고 인간 세상에 보내진 반신반수의 메신저라고 한다. 모아이 숭배세대가 쇠락하자 이를 대체하는 지도층을 결정하는 탕가타 마누 의식으로 버드 맨 문화가 시작되었다고 한다.

탕가타 마누 의식이란 예언자의 꿈속에서 경기에 참여하게 될 가문이 계시로 선정되고, 그 가문은 대표선수 호푸를 선택하여 모투누이 섬까지 헤엄쳐 가서 가장 먼저 회색 갈매기 알을 찾아 안전하게 가져오는 시합이다.

호푸들이 모투누이까지 헤엄쳐 가는 동안 참가자 가문은 오롱고에서 선수들의 귀환을 기다린다. 버드 맨 경주는 경기 중에 호푸들이 상어에 물려 죽기도 하고, 물에 빠져 죽거나 절벽에서 떨어져 목숨을 잃게 되는 위험한 경기였다. 그러나 가장 먼저 갈매기 알을 찾아 안전하게 가져오는 호푸가 승리자 버드 맨이 되는데, 그는 탕가타 마누와 마케마케의 축복을 받고 1년 동안 섬사람들의 영웅이 된다. 이 버드 맨은 탕가타 마누 타이틀과 새 이름을 받게 되고 선두에서 축하행렬을 이끌고 라노카우 언덕을 내려간다.

또한 버드 맨은 5달 동안 손톱을 깎지 않고 머리털로 짠 두건을 쓰는 타푸가 되어 1년 동안 은둔생활을 해야 한다. 그러나 버드 맨 일족

탕가타 마누 버드 맨 동굴 석화

은 1년 동안 많은 혜택을 부여받는데 그중에는 모토누이 섬에서 야생 조류의 알을 수집할 권한이 주어지는 것이다.

1994년 상영한 영화 '라파 누이'는 전설에 근거한 두 부족 간의 내전과 전설적 버드 맨의 풍속을 융합시켜 이스터 섬의 몰락을 그린 슬픈 이야기이다. 지배계급인 긴 귀 부족과 노동계급의 짧은 귀 부족 사이에 일어나는 갈등과 내분 그리고 환경파괴가 결국 이스터 섬의 몰락을 가져오게 된다.

그 가운데 지배계급인 긴 귀 부족의 전사 노로가 하류층 노동계급인 짧은 귀 부족 여자 라마나와 사랑에 빠진다. 긴 귀 부족은 짧은 귀 부족에게 점점 더 큰 모아이 석상의 건축을 강요하고 그로 인한 산림 벌채로 섬의 생태계와 주민 생존 자체가 위협을 받는다. 짧은 귀 노동계급은 무리하게 부과된 의무에 반발하고 공정한 식량 분배와 그들의 부족도 버드 맨 경주에 참여할 권리를 요구한다.

긴 귀 부족 추장 아리키 마우는 버드 맨 경주 전에 가장 큰 마오이 석상을 완성한다는 조건으로 노로의 친구였으나 연적이 된 마케가 경주에 참가하도록 허락한다. 두 계급 간의 내전상황에서 노로는 누구의 편에 서야 할지 자신의 태도를 결정해야 하는 딜레마에 빠진다. 사악한 제사장은 라마나의 피부가 검다는 이유로 버드 맨 경기 때까지 그녀를 바위 굴에 가둔다.

노로는 라마나와 결혼하기 위해 위험을 무릅쓰고 연적 마케를 포함한 다른 9명의 경쟁자와 버드 맨 경주에 참가한다. 라마나 부친의 도움으로 훈련을 받은 노로는 마침내 버드 맨 경주의 승리자가 된다.

한편 마케는 자기를 죽이러 온 제사장을 살해하고 짧은 귀 부족은 반란을 일으켜 긴 귀 부족을 학살하고 심지어 그들이 죽인 자의 인육을 먹는 대혼란에 빠진다. 옛 친구 마케 덕분에 긴 귀 부족 가운데 유일하게 살아남은 노로는 라마나의 부친이 만들어준 카누를 타고 사랑하는 아내와 새로운 세계로 탈출한다는 내용의 작품이다.

영화가 섬의 실제 역사에 얼마나 충실하였는지는 알 수 없으나 유럽인의 이스터 섬 상륙 이전에 있었던 종족 간의 내전과 버드 맨 문화의 시작으로 마오이 석상들의 훼파가 시작된 것은 확실하다.

버드 맨 숭배문화는 19세기부터 기독교 선교사들에 의해 이교도 의식으로 억제되었다. 라파 누이 원주민의 역사적 기록이 소멸된 현재로는 탕가타 마누 숭배 문화가 섬의 기존 종교를 대체했는지 아니면 영화의 줄거리처럼 라파 누이의 기존 모아이 숭배신앙과 공존했는지는 불분명하다.

어떤 학자는 86명의 버드 맨 이름을 수집할 수 있었다고 주장한다. 또 지리생리학자 다이아몬드는 『사회의 몰락』이라는 저서에서 이스

오롱고의 미라도 라노카우

터 섬의 붕괴는 인구과잉과 자연환경의 파괴에서 기인한 것이라고 주장했다.

그러나 다른 학자들은 그것 외에도 유럽 식민주의자와 노예무역 당시에 도입된 질병이 1800년대 극심한 인구 감소의 원인이 되었고 최근 1930~1960년 외부에서 유입된 외지 동물, 즉 쥐와 양들이 섬의 초목과 산림 황폐화의 원인이라고 주장하고 있다.

폭군 장 바티스트와 알렉산더 살몬

라파 누이의 전설과 역사를 알게 될수록 이 섬의 선조가 남기고 간 신비로운 유산에 놀라면서도 그들의 슬프고 애처로운 과거 속에 숨겨진 풀리지 않는 수수께끼들은 궁금증을 자아낸다.

나는 라파 누이에 현저한 영향을 끼친 두 사람의 상반된 행적에 대해 배우게 되었다. 두 사람은 모든 인간 내부에 존재하는 선과 악이 어떻게 다르게 발로될 수 있는가의 전형적인 본보기이다.

모아이 숭배와 버드 맨 컬트 시기 이래 극도로 인구가 감소한 이스터 섬은 1800년대부터 계속되는 외부 침략자들에 의해 주민 대부분이 죽거나 강제이주당하게 된다. 특히 페루 노예 해적단의 수차에 걸친 노략질로 주민의 절반인 1,500명 이상의 남녀들이 노예로 끌려가게 되었다. 납치된 사람 중에는 폴리네시아의 유일한 문자인 롱고롱고를 해독할 수 있는 대추장과 그의 후계자도 포함되었다. 때문에 당시까지 전해 내려온 이스터 섬의 문화적 지식은 영영 손실되었다고 한다.

또한 외부에서 도입된 질병으로 극심한 인구 감소를 가져왔다고 한다. 페루의 노예 해적단이 정부의 압력으로 라파 누이 노예들을 송환시켰을 때 고의로 천연두 보균자들까지 포함시켜 이스터 섬과 마퀘사스 제도에 치명적인 전염병을 창궐시켰다. 또 19세기 중반 섬을 찾아온 포경선원이 전염시킨 결핵 때문에 섬의 선교사 유진 유로를 포함한 전체 인구 75%가 병사하는 끔찍한 재앙이 발생했다. 그 결과 불과 10년 사이에 섬 주민의 97%가 죽거나 사라지고 라파 누이에는 겨우 200명 미만이 생존하였다고 한다.

당시 이스터 섬은 메이손 브랜더의 양모수출을 위한 목장지였고 살인 죄수였던 장 바티스트를 낙농회사의 관리자로 고용하였었다. 그러나 장 바티스트는 이스터 섬으로 이주한 후 마치 섬의 총독처럼 행세하며 라파 누이 원주민 코레토와 결혼하고 그녀를 섬의 여왕으로 옹립하였다.

또한 장 바티스트는 항가 로아의 선교부지를 제외한 섬의 모든 주민을 축출하고 섬 전체를 양모 산업을 위한 목장지역으로 전환하였다.

1876년 장 바티스트가 라파 누이의 한 소녀 납치 사건에 연루되어 암살당했을 당시 섬에는 총 111명만 생존해 있었다고 한다. 그나마 겨우 36명만 자녀가 있는 젊은이들이고 나머지는 노인들이어서 라파 누이는 거의 멸종위기에 처한 최악의 상황이었다.

칠레 정부가 공식적으로 이 섬을 칠레 영토로 합병할 때까지 섬의 사실상 지배자는 알렉산더 살몬 주니어였다. 알렉산더는 타히티 여왕 포메어 4세의 고문이었던 영국계 유대인 아버지와 타히티 공주 오하우 사이에 태어난 유대인으로 메이손 브랜더 농장회사의 공동소유주였다.

알렉산더 살몬은 자신의 타히티 마히나 코코넛 농장에서 계약이 끝난 라파 누이 노예들을 선별해서 20명의 타히티 일꾼과 함께 1878년 10월 양 떼 목장을 운영하기 위해 이스터 섬으로 이주해 온다. 또한 살몬은 무차별 남벌로 산림이 황폐화된 지 200년 만에 처음으로 섬에 코코넛나무와 몇 종류의 과일나무를 들여왔다. 그리고 종국에는 항가 로아의 선교부를 제외한 섬의 토지 전체를 사들여 자신의 타히티 농장에서 일하던 모든 라파 누이 출신 노동자들을 섬으로 이주시킨 후 섬 주민을 자신의 농장회사에 고용하였다.

살몬은 종교적인 사람은 아니었으나 양심적이고 정직한 사람이었다. 그는 진정으로 섬 주민의 권익에 깊은 관심을 보였고 그들을 도우려고 라파 누이에서 공예품을 생산하여 외부에 팔도록 주선하였다. 또 외부인이 섬을 찾아오도록 섬의 관광자원을 개발하였다. 살몬은 영국과 독일의 고고학자를 위하여 섬의 주요 고고학적 정보를 제공하기도 하였다. 그때부터 라파 누이의 인구는 회복되기 시작하였고 그들의 언어와 문화도 점차 복구되었다.

알렉산더 살몬은 1888년 1월 2일 칠레 정부에 이스터 섬 지분을 처분하고 12월 타히티로 돌아갈 때까지 라파 누이 주민의 심판관, 조정자 그리고 분쟁의 해결사 역할을 하며 섬 주민의 존경과 사랑을 한몸에 받은 섬의 실제적인 지배자였다. 장 바티스트가 라파 누이를 패망시킨 폭군이었다면 알렉산더 살몬은 라파 누이 주민을 부활시킨 구세주였다고 해도 과언이 아닐 것이다.

신비스럽고 아름다운 춤과 노래, 라파 누이여 안녕!

우고는 자기 집에서 300m 떨어진 해안도로 옆에 라파 누이의 전통무용을 공연하는 카리카리 공연장이 있다며 섬을 떠나기 전에 꼭 민속 공연을 보고 가라고 권했다. 물론 그런 기회를 놓칠 수야 없지!

나는 배낭을 메고 찾아간 그 고장의 춤과 노래로 상징되는 전통문화에 항상 갈증을 느낀다. 노래와 춤은 그들의 삶과 철학 그리고 역사와 문화를 엿볼 수 있는 가장 좋은 창문이기 때문이다.

온종일 꿈을 꾸듯 전설이 깃든 라파 누이의 유적들을 돌아보고 저녁

카리카리 라파 누이 민속 공연을 보았다

그들의 춤과 노래의 뿌리는 폴리네시아이다

때가 다 되어 숙소에 돌아오니 우고가 호스텔에 한 숙박객과 길 건너 바닷가에서 잡아온 물고기로 바비큐를 하고 있다가 먹어보라고 권한다. 청정해역에서 낚시로 잡은 생선은 꼭 조기처럼 생겼다. 서둘러 저녁을 먹고 카리카리 공연장으로 향했다.

밤 9시부터 2시간 동안 공연하는 라파 누이의 민속춤과 전통 음악을 감상하고 있으면 내가 지금 하와이나 사모아 섬에 와 있나? 하는 착각에 빠지게 된다. 라파 누이 전통예술의 뿌리가 폴리네시아에서 왔다는 것을 나 같은 문외한도 바로 알 수 있을 만큼 그들의 춤과 음악은 유사하다.

그토록 신비롭고 슬픈 과거를 간직한 이스터 섬 사람들이 춤을 추고 노래할 때는 한없이 행복하고 아름다워 보인다. 지금부터 150년 전 거의 잃어버릴 뻔한 땅과 중지된 시간 속에 사는 라파 누이 사람들은 거의 멸종될 뻔한 비극적 운명에서 다행히 현재 5,000명가량 증가하였다. 그리고 우아하고 신비로운 고유의 예술을 아름답게 간직하고 있는 것을 보니 깊은 감동이 밀려들었다.

2011년 1월 4일 화요일 아침. 정이 든 이스터 섬을 떠나기 전에 낡은 사무라이로 섬을 한 바퀴 더 돌아보았다. 파란 하늘과 푸른 바다 그리고 기형의 바위 해안을 끝없이 때리는 하얀 파도를 하염없이 바라보며 명상에 잠긴다. 불과 몇 세기 전에 이 땅에 살다간 옛사람들이 세웠던 모아이들, 아침 햇살을 받으며 서 있는 석상의 표정 가운데 숨겨져 있는 죽은 자와 산 자의 세계 사이에 교신되었을 메시지는 무엇이었을까?

폴리네시안 가운데 유일하게 롱고롱고 문자를 가졌으면서도 끝내

문화의 꽃을 피우지 못한 것은 무슨 연유였을까? 이 수수께끼를 풀어 줄 유일한 열쇠가 사라지고 말았다. 안타까운 것은 250년 전 외지인과 해적의 노략질로 문자 해독이 가능한 유일한 사제들과 엘리트 가족이 전멸되었을 때 섬의 귀중한 지식도 소멸하고 만 것이다.

타하이의 모아이에 작별을 고하다

지난 사흘간 함께 섬의 구석구석을 찾았던 사무라이 지프를 돌려주고 호스텔에 돌아오니 우고가 손자와 함께 공항까지 데려다 주겠다고 한다.

모든 좋은 것에는 항상 끝이 있는 법, 라파 누이와도 작별을 고해야 할 시간이 되었다. 마타베리 국제공항을 2시에 출발하여 3,760m 떨어진 산티아고 공항에 도착하니 저녁 9시가 넘었다.

금수강산의 나라

아르헨티나 종단

부에노스아이레스, 이구아수, 바릴로체, 우수아이아

인생살이 예순 고개에 도달하고 보니 앞으로 걸어갈 길은 지금껏 걸어온 길보다 짧다는 것이 느껴진다. 그 길이 오르막이든 내리막이든 뒤에 남긴 발자국을 부끄러워하지 않으려면 한 걸음 한 걸음 조심스럽게 걸어야 한다.

아르헨티나 공화국은 남미에서 브라질 다음으로 큰 나라이다. 아르헨티나의 내륙지역은 서쪽에 있는 안데스 산맥과 동쪽의 대서양 사이에 있다. 북서쪽은 파라과이와 볼리비아 그리고 북동쪽의 브라질과 우루과이와 접하고 있으며, 서쪽으로 긴 안데스 산맥을 경계로 칠레와 국경을 마주하고 있다.

또 자국 영토라고 주장하는 남극 일부는 칠레와 영국 역시 영토 주장이 중복된 구역이었다. 그러나 1961년의 남극 조약에 의해 각 나라의 영토 주장은 파기되었다. 또한 아르헨티나는 영국의 국외 영토인 포클랜드 제도말비나스 군도와 사우스 조지아 및 사우스 샌드위치 제도까지 자국 영토라고 주장하여 한때는 영국과 무력충돌까지 이어져 포클랜드 전쟁이 발발한 적이 있다. 인구 4천만 명 중 90%가 유럽계 백인들이고 인디언 원주민은 2% 미만이다.

2011년 1월 6일 목요일, 맑음. 벌써 아르헨티나에 세 번째 입국하는 셈이다. 남극 가는 길에 또 남극에서 오는 길에 아르헨티나의 우수아이아에 두 번 들렀지만, 남태평양의 외딴 섬 라파 누이에서 도착한 후 산티아고에서 이틀을 보내고 다시 육로로 아르헨티나로 입국하였다. 산티아고에서 부에노스아이레스까지 20시간 동안 버스를 타고 가다 보면 눈 덮인 안데스 산맥의 장관을 즐길 수 있다.

산티아고를 떠난 버스는 먼저 아르헨티나 와인 컨트리 멘도사에 가기 전 로스 안데스라는 칠레 타운을 거쳐 우스파야타 패스를 넘어가게 된다. 고도 3,810m의 우스파야타 패스에서 북쪽 해발 6,962m의 눈 덮인 아콩카과 산이 보인다. 이 우스파타야 패스는 스페인 식민지 시대부터 칠레의 태평양 변의 항구도시 발파라이소에서 대서양 항구 부에노스아이레스를 연결하는 육로인데, 1817년 아르헨티나의 호세 데 산 마틴 장군이 스페인 제국으로부터 칠레를 해방하기 위해 '안데스 부대'를 이끌고 안데스 산맥을 넘었던 곳이다.

우리가 탄 버스는 칠레와 아르헨티나의 주요 교통 연결도로인 판 아

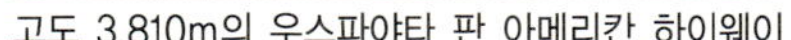
고도 3,810m의 우스파야타 판 아메리칸 하이웨이

해발 6,962m의 눈 덮인 아콩카과 산

메리칸 하이웨이를 지그재그로 올라가는데 차가 지나는 산 언덕에는 오래된 기차선로와 간이역 같은 시골역이 간혹 보인다. 이 철도는 1910년도에 건설한 칠레의 발파라이소에서 아르헨티나의 멘도사 그리고 부에노스아이레스를 연결했던 트랜스 안디노 철도이다. 그러나 현재는 열차가 운행되지 않고 또 언제 복원될지 모른다.

우스파야타 패스 위의 크리스토 리덴토 터널을 지나면 아르헨티나의 입국 사무소에 도착한다. 눈 덮인 안데스 산맥의 서쪽 황량한 사막의 풍광을 몇 시간 지나면 아르헨티나의 초록의 바다 아름다운 쿠요 지방으로 내려가는데 이곳이 바로 멘도사를 비롯한 아르헨티나의 중서부 주요 와인 생산지대이다.

아침 9시에 산티아고에서 출발한 TACA 버스는 다음 날 새벽 5시 조금 넘어서 부에노스아이레스에 도착하였다. 버스 터미널에서 택시를 타고 찾아간 호스텔 수이트 플로이다는 수많은 좌판들이 거리를 덮고 있는 시내 중심가인 플로리다 거리에 있었다. 플로리다 거리를 걷다 보면 서울의 이태원이나 남대문 시장을 지나는 것 같은 느낌이다. 한쪽에는 모자를 벗어놓고 모금을 하는 거리의 악사들이 신 나게 연주하며 관객들을 즐겁게 한다. 또 짝퉁 티셔츠와 싸구려 시계 등 좌판을 펴놓고 호객하는 풍경이 흥미롭다.

호스텔에는 12시 전에는 체크인할 수 없어 배낭을 프런트에 맡겨놓고 한인타운으로 향하였다. 한국음식을 먹은 지 1달 반이 더 지난 지라 이곳의 한식 맛도 궁금하고 아르헨티나에 사는 한국인의 모습도 살필 겸 용감하게(?) 지하철을 타고 카라보보 역에 내려 한인타운을 향해 걷기 시작하였는데 생각보다 메트로 역에서 먼 거리에 있었다.

부에노스아이레스 한인타운은 미국 내 코리아타운과 달리 규모는 작지만 여러 개의 한국 식품점과 식당들이 있고 한국어로 쓰인 부동산 간판도 눈에 뜨인다. 좀 특이한 것은 중국 연변 지방에서 온 조선족 중국동포들이 이 한인타운에서 식당을 하거나 이발소 등을 운영하고 있다는 것이다. 이들 역시 아메리칸 드림을 꿈꾸며 남미로 이주해 온 사람들이다. 점심때까지는 시간이 있어 중국동포가 하는 이발소와 목욕탕에 들러 목욕을 하였는데 목욕탕의 내부가 마치 70년대의 한국 목욕탕 같다.

식품점에 들어가 라면 몇 봉지와 고추장을 샀다. 식품점 주인에게 물어서 찾아간 한식당 한국관은 불고기 1인분은 주문받지 않는다고 한다. 그냥 나올까 머뭇거리는데 주인아주머니가 그냥 앉으라 하더니 2인분이 넘는 바비큐용 소고기와 갈비를 가져다주었다. 아르헨티나에는 육용 소를 많이 길러서인지 혼자 먹기에는 꽤 많은 양의 고기가 푸짐하게 나왔다.

배가 터질 정도로 실컷 먹고 남은 불고기를 포장해 달라고 하여 배낭에 넣었다. 호스텔로 돌아오는 지하철 안에서 배낭에서 스며 나오는 불고기 냄새로 누가 쳐다보지 않나 내내 신경이 쓰였다. 그날 저녁 포장해 온 불고기를 오븐에 데워 저녁을 먹는데 호스텔의 숙박객 몇이 어디서 이런 맛있는 냄새가 나는지 두리번거린다. 가여운 친구들아, 누가 뭐라 해도 바비큐는 역시 한국 불고기가 최고인 것을 어쩌랴?

순풍의 도시에서 티그레로 가는 자전거와 카누 여행

아르헨티나의 수도 부에노스아이레스는 인구 3백만으로 남미에서 두 번째로 큰 도시이다. 1536년 페드로 데 맨도사가 이끄는 스페인 원정대에 의해 시작된 이 도시의 원래 이름은 '레이디 성 마리아 순풍의 도시'라는 순한 바람의 도시이다. 내가 묵는 호스텔은 시내중심가에 있는 꽤 편리한 위치에 있다. 그래서인지 세계 각국에서 온 수많은 젊은 배낭 여행객들과 가족단위의 저 경비 여행자들이 붐비는 곳이다.

주말에 이 근처에서 할 만한 프로그램을 찾고 있는데 자전거 여행바이크-이트 안내 광고가 벽에 붙어 있었다. 우루과이와 아르헨티나 사이 델타 지역에 있는 티그레까지 부에노스아이레스에서 8시간 동안 기차와 자전거 그리고 카누로 가는 3종 모험 프로그램인데 주말을 보내기에 딱 알맞을 것 같아 등록했다.

아침을 서둘러 먹고 플로리다 거리가 끝나는 만남의 광장에 오전 9시에 도착하였다. 프로그램 가이드 훌리안, 미국에서 온 신혼의 변호사 부부와 독일에서 온 젊은 커플 그리고 여섯 대의 노란색 자전거가 나를 기다리고 있었다. 9시에 시작하는 자전거 투어는 부에노스아이레스 기차역에서 30분간 자전거를 기차에 싣고 복잡한 시내를 벗어나서 28km 떨어진 티그레까지 서너 시간을 자전거로 주행하는 프로그램이다.

자전거와 카누로 부에노스아이레스에서 티그레까지

마추픽추의 잉카 트레일처럼 65세의 코리안 노틀이 30대 초반의 젊은이들 사이에 깍두기처럼 끼어서 부에노스아이레스의 아름다운 교외 마이푸부터 티그레 강변을 따라 기분

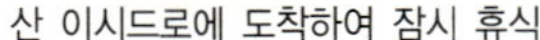
산 이시드로에 도착하여 잠시 휴식

산 이시드로 플라자에서 본 대성당의 종탑

좋게 달리는 모습을 상상하여 보라. 1시간 정도 달린 후 티그레 강이 대서양에 합류하는 거대한 하류의 자연보호구역에 잠시 쉬며 주변의 경관을 즐겼다. 티그레 강 저편은 우루과이이다. 잠시 후 자전거 페달을 계속해서 밟은 우리는 얼마 후 산 이시드로의 미트리 플라자에 도착하였다.

코블스톤이 깔린 아기자기한 골목과 하얀 단층집들이 수림 속에 보이는 이곳에는 1898년에 세워진 샌 이시드로 네오 고딕양식의 성당이 서 있다. 훌리안이 스낵을 준비하는 동안 우리에게 아르헨티나 마테 Mate를 마셔보라고 한다. 한국의 녹차가루 비슷해 보이는 에르바 마테 잎을 말려 만든 가루를 뜨거운 물에 타서 빨대로 마시거나 오렌지 주스에 섞어 마시기도 하는데 이곳의 풍속은 큰 찻잔 안에 여러 개의 빨대를 넣고 친구들과 나누어 마시는 것이 중동의 후카와 비슷하다. 마테를 함께 마시는 것은 아르헨티나와 브라질에서는 흔히 보는 이 지방의 관습이라고 한다.

샌 이시도르를 지나 유럽풍의 고색창연한 주택가의 골목을 지나는데 지금껏 맑았던 하늘이 갑자기 어두워지더니 여름 소나기를 퍼붓기 시작한다. 우리는 자전거를 탄 채 빗속을 계속 달리다가 폭우가 너무 심해 잠시 피하려고 맥도널드에 들어가 비가 그치기를 기다렸다. 비가 멈추자 목적지 티그레를 향해 계속 달렸다.

티그레호랑이는 강과 작은 하천으로 조성된 델타지역으로 1820년에 유럽 이주민들이 세운 정착지이다. 이곳에서 재규어를 사냥했다고 하여 스페인어로 티그레라고 부르는데 파라네 델타지역으로 들어가는 시발점이다. 최근에는 델타지역이 상류층을 위한 고급 별장 지역으로 개발되었고 부에노스아이레스 지역에서 이곳으로 이주한 유명인사 가운데는 팝 스타 마돈나도 있다고 한다.

우리는 티그레의 중심가에 있는 먹거리 장터에서 점심을 먹은 후 유명한 장인이 손으로 만들었다는 카누를 타고 델타의 샛강 사이를 노를 저어가며 탐방하는 색다른 경험을 하게 되었다. 샛강에는 수많은 야생화와 이름 모를 새들의 노래가 우리를 즐겁게 한다.

티그레 아트 박물관에서 잠시 쉰 후에 자전거로 티게르 역까지 주행하였다. 티그레 역에서 부에노스아이레스의 레티 역까지 가는 트렌 데 라 코스타 선 기차를 타기 위해서이다. 열차 선로는 원래 1891년~1896

티그레 박물관 앞, 마지막 촬영. 자전거 탐방팀

부에노스아이레스 레티 역

년에 건설된 1,676mm의 광폭선로였으나 1992년 현재의 1,435mm의 선폭으로 개조된 관광열차이다.

돌아가는 길은 자전거를 싣고 티그레에서 부에노스아이레스까지 바로 오는데 기관차의 고장으로 두어 번 화물칸에 실었던 자전거를 다른 열차에 옮겨야 했다.

저녁 7시에 부에노스아이레스에 도착한 후 오늘 하루 자전거와 카누 그리고 기차여행을 함께했던 5명의 젊은 친구들과 아침에 만났던 광장에서 아쉬운 작별을 하고 헤어졌다.

이 5명의 젊은 친구들은 내가 몇 살인지 물어보지도 않고 그들 중 하나로 대해 주었다. 건전한 젊은이들과 자전거와 카누를 타며 하루를 즐기느라 나이마저 까마득히 잊어버렸다. 누군가는 '나이란 숫자일 뿐이다'라고 했다는데 뭐 올림픽에 나갈 생각만 아니라면 오늘 같은 자전거 탐방은 누구나 즐길 수 있지 않을까?

전날 체크인한 호스텔 수이트 플로이다 방에는 5개의 벙커 베드가 있는데 브라질 청년 둘이 먼저 들어와 있었다. 그리고 그날 밤늦게 브라질에서 온 아가씨 2명이 우리 방에 합류하였다. 그런데 티그레 자전거 탐방에서 돌아와 보니 내 침대 위에 웬 여자 속옷이 놓여 있는 것이 아닌가? 이게 뭔가? 얼핏 보아 적어도 D컵은 되어 보였다. 남자들이 방을 비운 사이 한 아가씨가 샤워하느라 브래지어를 벗어 내 침대 위에 두고는 잊어버린 것 같았다.

마침 방을 같이 쓰는 네 사람이 모두 방 안에 있기에 침대 위에 놓인 브래지어를 가리키며 "이 물건은 아무리 봐도 내 것이 아닌 것 같은데 혹시 이 물건 임자가 누군지 아느냐?"라고 물었다. 한 아가씨가 얼굴이 빨개지며 급히 브래지어를 집는다.

우리 네 사람은 배꼽이 빠질 정도로 웃을 수밖에 없었다. 이 아가씨도 나만큼이나 건망증이 심한가 보다. 배낭여행 중에 호스텔 기숙사 한 방에 남녀가 혼숙하다 보면 이런 웃기는 상황이 가끔 발생한다.

부에노스아이레스에서 탱고의 밤

특별난 취미는 아니지만 여러 나라를 여행하는 동안 가능하면 그 나라의 전통예술이나 춤을 보려고 한다. 춤과 노래야말로 그 나라의 문화를 배울 기회의 창이기 때문이다. 그런 만큼 탱고의 본 고장 아르헨티나의 부에노스아이레스에서 참새가 방앗간을 지나칠 수 없는 것처럼 아르헨티나의 탱고를 보지 않고 지나칠 수는 없는 일이었다.

은퇴한 직장 동료 가운데 독일 출신의 요하네스라는 이름의 탱고 마니아가 있다. 그는 한국뿐 아니라 어느 나라에 출장을 가든지 그 나라의 탱고 바를 용케도 찾아가 적어도 하룻밤은 탱고를 즐겨야 직성이 풀린다는 친구이다.

내가 아르헨티나에 있다는 소식을 듣고는 탱고의 본고장에서 부에노스아이레스의 탱고를 꼭 보라고 한다. 심지어는 자기가 추천하는 탱고 공연장의 주소와 웹 사이트를 이메일로 보내왔다.

탱고 양식은 쿠바의 하바네라와 아르헨티나 밀롱가에서 유래된 것으로, 음악적 요소는 부에노스아이레스에 사는 아프리카 사람들이 즐기는 고대 아프리카 리듬과 유럽 음악이 융합된 것이라고 한다. 1902년부터는 극장에서 길거리로, 시내 외곽에서 빈민층까지 확산하였는데 수만 명의 유럽 이민자 사이에 인기를 얻은 탱고는 그들의 문화적 융합을 통해 발전된 것이다. 그래서 흔히 탱고를 이민자들의 음악이라고 부른다.

음악방송에서 즐겨 들었던 귀에 익은 탱고 음악이 들려오는데 탱고를 좋아하는 사람치고 카를로스 가르델의 '포르 우나 카베사경주말의 머리'를 모르는 사람은 없을 것이다. 수년 전 출장 가는 길 항공기에서 보았던 1992년의 영화 '여인의 향기'에서 이 포르 우나 카베사의 연주에 맞추어 맹인 역의 알 파치노가 미모의 가브리엘 안와르와 탱고를 추던 장면은 오랫동안 잊히지 않은 멋진 장면이었다.

카를로스 가르텔은 탱고의 왕이라 불렸을 만큼 재능있는 아르헨티나의 전설적인 가수 겸 작곡가 그리고 배우였다. 그는 바로 강 건너 우루과이에서 태어나 이 도시에서 자라났다. 불행히도 가르텔은 그의 친구이자 작사자 알프레도 레 페라와 항공기 추락사고로 1935년 함께 사망했다.

일요일 저녁 탱고의 본고장에서 원조 탱고를 감상하기 위해 숙소에서 30분 떨어진 엘 비에요 알마센 탱고 레스토랑으로 갔다. 엘 비에요 알마센은 탱고 가수 에드문도 리베로가 공연무대가 부족한 그 당시의 탱고 댄서와 연주자들을 위해 1969년에 설립한 곳이라고 한다. 이곳에서는 여행자뿐만 아니라 일반 시민도 저녁 식사를 하면서 아르헨티나 탱고의 진수를 감상할 수 있다.

홀 안을 둘러보니 대부분 가족이나 친구들과 같이 왔고 용감(?)하게 혼자 찾아온 사람은 나뿐인 것 같다. 이럴 때 마누라가 옆에 있었다면 쑥스럽지 않고 얼마나 좋으련만. 그러나 그것도 잠시, 공연이 시작되자마자 경쾌하고도 때로는 슬픈 음악에 완전히 매료당하였다. 흠, 역시 혼자라도 오길 잘했어!

탱고 댄서는 대부분 나이가 든 5~60대 정장 차림의 남자들이고 5개의 아코디언과 2대의 바이올린 그리고 첼로, 피아노 등으로 구성된 오케스트라의 연주는 말 그대로 완벽하였다. 공연은 아르헨티나의 전 대통령 후안 페론의 부인 에바 페론의 생애를 그린 뮤지컬 에비타의 유명한 아리아 '날 위해 울지 마오, 아르헨티나!'를 부르며 막을 내렸다.

부에노스아이레스 탱고 댄스

'Don't Cry for me Argentina'

인간은 춤과 노래를 할 때 진정한 자신을 발산하는 것이 아닐까? 순풍의 도시 부에노스아이레스에서 멋진 아르헨티나 탱고의 진수를 볼 수 있었던 것은 코리아에서 찾아온 나그네에게 외로움을 잊게 하는 또 하나의 행운이었다.

낙원 속의 폭포 이구아수를 찾아서

아르헨티나의 미시오네스 지방과 브라질 파라나 주의 경계에 있는 이구아수 폭포는 브라질의 이구아수 강과 파라나 강이 합류하는 지점으로 아르헨티나와 브라질의 경계를 이룬다. 이 지역의 원주민 투피와

과라니 말로 이구아수는 '큰물'이라는 뜻이란다.

브라질 원주민 투피의 전설에 의하면 아름다운 여인 나이피가 자기와 결혼하려는 신을 피해 그녀의 연인 타로바와 카누를 타고 도망을 하였다. 진노한 신은 큰물을 가르고 폭포를 만들어 도망한 두 연인이 영원히 폭포 속으로 떨어지도록 저주하였다는 것이다. 이토록 아름다운 이구아수 폭포 역시 슬픈 전설의 고향인 셈인가? 바이칼의 딸 앙가라가 아비의 명을 어기고 정인과 함께 도망쳤다는 시베리아 바이칼 호수의 전설이 생각났다.

부에노스아이레스에서 잊지 못할 탱고의 밤을 보낸 다음 날 아르헨티나 북쪽 브라질의 접경지역 이구아수를 찾았다.

2011년 1월 10일 월요일. 항공기에 올라 잠시 잠든 사이 항공기는 푸에르토 이구아수 공항에 도착하였다. 셔틀버스를 미리 예약하지 못해 멕시코에서 온 부부와 택시로 이구아수 타운으로 들어갔다.

다층 폭포 아래 보이는 수많은 사람

아마존으로 가려면 브라질 입국비자를 받아야 한다. 그러나 입국

이구아수는 큰물이란 뜻이다

아르헨티나 쪽의 이구아수 산 마틴 폭포의 장관

비자를 받으려면 비자를 신청해 놓고 부에노스아이레스에서 며칠을 기다려야 하는 데 시간이 나지 않아 지금껏 미루고 있었다. 마침 우리를 태운 택시기사가 이구아수에 있는 브라질 영사관에 아침 일찍 신청서를 접수하면 다음 날 출발 전에는 비자를 받을 수 있다는 정보를 귀띔해 준다.

호스텔에 도착하자마자 일단 브라질 정부의 웹 사이트에 들어가서 어렵사리 비자 신청서를 작성한 후 근처 인터넷 카페에 가서 신청서를 프린트했다. 이제 내일 아침 일찍 이구아수 폭포로 가기 전에 이 비자 신청서를 브라질 영사관에 접수하기만 하면 된다. 아까운 시간을 며칠이나 절약할 수 있도록 귀띔을 해준 택시기사가 한없이 고마웠다.

이곳 아르헨티나의 호스텔에는 나를 괴롭히는 것이 딱 한 가지 있었다. 어디를 가든 로비와 리셉션 데스크에서 항시 시끄러운 음악이 흘러나왔다.

왜 이들은 듣는 사람이 없는데도 볼륨을 크게 높혀 소음 공해를 일으키는 걸까? 나 같은 촌뜨기에게 하드 록이나 헤비메탈 같은 시끄러운 음악은 참을 수 없는 고문이다. 나는 발라드를 좋아하고 재즈, 탱고 그리고 클래식 음악도 즐겨 듣는 편이다. 그러나 이 장르를 이해 못 하는 것은 아마도 구세대의 증상인지도 모르겠다.

다음 날 2011년 1월 11일, 아침 일찍 브라질 대사관에 가서 비자 신청을 한 후 바로 이구아수 국립공원으로 가는 버스에 올랐다. 이미 아프리카에서 인상 깊은 2개의 폭포, 에티오피아의 블루 나일과 짐바브웨와 잠비아의 접경지역에 있는 빅토리아 폭포를 다녀온 다음이라 이구아수 폭포를 두 폭포와 비교해 볼 참이었다.

이구아수는 분포 면적에서는 빅토리아보다 넓고 훨씬 큰 275개의 지류와 큰 섬으로 나뉘어 있다. 그러나 1,600m의 폭과 고도가 100m 이상인 빅토리아 폭포가 단일 폭포로서는 이구아수보다 더 크다고 말할 수 있다.

시간대와 태양의 위치에 따라 여기서도 무지개를 볼 수 있으련만 온종일 이곳에 있는 동안 아쉽게도 무지개를 보지 못했다. 그러나 위 강과 아래 강으로 나뉘어 있는 이구아수는 아름다운 섬들과 수많은 다층 폭포가 환상적인 아름다움을 뽐내는 것이 장관이다. 이곳을 찾아온 미국 대통령의 부인 엘레노아 루스벨트 여사가 이 폭포를 보고서 했던 탄식의 한 마디가 "오, 불쌍한 나이아가라 폭포여!" 했을 만큼 폭포는 장엄한 대자연의 아름다움을 발산하고 있다.

이구아수 위 강까지 기차를 타고 가서 카누를 타고 돌아와 이구아수 아래 강에서 폭포 속에 급류타기를 하는 정글 모험 프로그램에 참가했다. 이 프로그램은 이구아수 폭포의 공원 입구에서 그린 트레일을 따라 카타라타스 역까지 10여 분 동안 걸어가면서 몽구스나 다람쥐 같은 작은 야생동물을 볼 수 있다. 카타라타스 역에서 관람열차를 타고 위쪽 이구아수 강을 따라가면 '악마의 목구멍Devil's Throat' 역에 도착한다. 한국의 한여름 같은 날씨지만 그래도 폭포수 근처에서 뿌려지는 물보라가 여름 소나기처럼 시원하게 열기를 식혀준다.

이구아수 악마의 목구멍 폭포

기차역에서 위쪽 이구아수 강 위에 놓인 나무다리를 건너 산책로를 따라가면 브라질과 아르헨티나를 가르는 '악마의 목구멍'이라는 이구아수에서 제일 큰 폭포가 나온다. 삼면에서 물이 쏟아지는 이 폭포의 물보라 높이는 약 150m 정도 된다. 폭포가 만들어내는 물보라의 높이가 300m인 아프리카의 빅토리아 폭포보다 작지만, 이곳에 설치된 전망대의 위치 때문에 이구아수 폭포의 장엄한 파노라마를 좀 더 즐길

카타라타스에서 악마의 목구멍 역까지 관람열차

생태 투어에서 본 원숭이

수 있는 장점이 있다.

악마의 목구멍 전망대에는 세계 각국에서 폭포를 보기 위해 찾아온 여행객으로 무척이나 붐빈다. 순환 목교를 되돌아 악마의 목구멍 역 부근부터 생태 탐방 고무보트를 저어서 이구아수 위 강의 지류를 따라 트레스 마리아스 부두까지 갔다. 강 양변에 조성된 이구아수 생태계의 울창한 수림 속에는 야생조류 그리고 줄 타는 원숭이를 카누에서 관찰할 수 있었다.

트레스 마리아스 부두에서 내린 후 상층 이구아수 둘레길을 따라 보세티 폭포에서 아담과 이브 폭포를 지나 미구아 폭포수까지 오솔길을 걸으며 눈 아래 쏟아져 내리는 환상적인 여러 개의 하얀 폭포의 아름다움에 완전히 매료당하였다.

이구아수 둘레길 탐방 후 무개 트럭을 타고 8km의 정글 트레일을 따라 마쿠코 포구까지 갔다. 쾌속정을 타고 급류를 헤쳐가는 리버 애드벤처를 하기 위해서이다. 담당 직원이 임산부와 노약자 그리고 심장이 약한 사람은 승선할 수 없다고 경고한다. 롤러코스터를 타는 것 같은 스피드 보트의 급류 속의 운행을 경험하고야 그 이유를 알 수 있었다.

스피드 보트의 모험

배에 오르기 전

우리 일행은 모두 비옷을 껴입고 구명대를 부착했다. 카메라 장비는 방수 가방에 넣어야 했다. 먼저 우리가 탄 배는 약 6km의 폭이 좁은 강의 급류를 지나서 악마의 목구멍 계곡까지 접근하였다. 이구아수 최대 폭포수가 천둥 치듯 삼면에서 쏟아지는 악마의 목구멍 폭포를 아래쪽에서 올려다볼 수 있는 3차원의 절경을 감상하게 되었다. 이것은 전망대에서 내려다보는 것과 완전히 다른 차원의 체험으로 조망의 위치에 따라 우리가 보는 풍경이 다를 수 있다는 것을 깨닫게 한다.

그다음 리버 애드벤처의 하이라이트는 우리가 탄 스피드 보트가 두 번째로 큰 산 마틴 폭포수 밑으로 들어가 80m 위에서 떨어지는 폭포의 물벼락을 몇 분 동안 맞는 것이다. 불과 몇 분의 짧은 순간이지만 이 배에 탄 모든 사람 남녀노소 할 것 없이 어린애같이 계속 탄성을 질러댔다. 그것은 나이와 상관없이 모든 인간 속에는 놀이

이구아수 정글에 핀 기생화를 만나다

아래쪽 이구아수 강에서 상층 순환로 가는 길

를 즐기는 어린아이의 특성이 내재해 있기 때문이 아닐까?

눈부신 햇살, 파란 하늘, 부서지는 폭포수 가운데 떠 있는 초록의 섬, 시원한 물보라 그리고 정글 안에 피어 있는 예쁜 꽃과 작은 동물들이 사는 오솔길을 따라 올라가며 생각해 본다. 아직도 이 지구 상에 이구아수 폭포와 같은 아름다운 자연이 남아 있다는 것이 얼마나 다행한 일인가?

나의 짧은 어휘로는 다 표현할 수 없이 아름답고 경이로운 자연 속에서 우리는 조물주의 손길을 느낄 수 있다. 그리고 우렛소리 같은 폭포수의 물소리에서 신의 음성을 들을 수 있다면 그것은 무슨 메시지일까? 아마도 '오, 미약한 인간들이여 이 거대하고 장엄한 대자연 앞에 겸허함을 배우라! 이 오묘한 선물은 인간이 남용하고 파괴해도 좋은 전유물이 아니다. 만물의 유산으로 후세에 남겨지도록 온 생태계가 살아 숨 쉬는 이 낙원을 아끼고 경외하여 보존하라!'는 신의 음성이 아닐까?

호수의 낙원 산 카를로스 데 바릴로체

이구아수의 잊지 못할 감동을 뒤로한 채 2011년 1월 12일 수요일 이구아수 공항을 떠나 다시 부에노스아이레스에 도착하였다. 오후 4시에 출발하는 산 카를로스 데 바릴로체로 가는 장거리 야간 버스를 타기 위해서이다.

보통 바릴로체라고 부르는 산 카를로스 데 바릴로체는 아르헨티나 중서부 리오네그로 지방 안데스 산기슭과 나후엘 후아피 호숫가에 있는 소도시이다.

그림 같은 바릴로체 풍경

바릴로체라는 이름의 어원은 칠레 중부와 아르헨티나 서중부의 원주민 파다곤의 부족인 포야족을 가리키는 은어로 안데스 산 뒤에서 온 사람이란 뜻이라고 한다. 이 원주민들이 안데스 산맥을 넘나들었던 비밀 경로는 수 세기 동안 아르헨티나에서 선교하던 유럽 신부들에게 알려지지 않았다고 한다.

또 이 작은 소도시는 나후엘 후아피 국립공원 안에 있는 많은 호수로 둘러싸인 아름다운 호반 도시다. 1895년까지 이곳에 정착한 유럽인은 주로 오스트리아, 독일인, 슬라브인, 이탈리아와 칠레 사람들이었다. 그래서 이곳을 남아메리카의 스위스라고 부르기도 하는데 사실 넓이로 보면 스위스보다 훨씬 크기 때문에 이곳 사람들은 그 표현을 별로 좋아하지 않은 것 같다.

19세기 당시 칠레의 푸에르토 몬트 항구에서 대서양의 동해항 비에드마까지 배로는 1달 이상 걸렸으나 안데스를 넘어서 바릴로체로 오는 육로는 겨우 3일이 걸렸다. 그 때문에 1881년 양국의 국경 협정으로 아르헨티나에 편입될 때까지 이 지역은 아르헨티나의 수도보다는 칠레에 더 가까웠고 문화적인 교류도 그쪽의 영향을 더 받았다. 남위 41도 상에 있는 바릴로체는 열대의 이구아수와는 달리 한국의 겨울처럼 바람이 꽤 매서운 곳이다. 안데스 고산지역인데다 부에노스아이레스보다 훨씬 남쪽에 놓여 있어 칠레 파타고니아와 더 비슷하다.

부에노스아이레스에서 1월 12일 오후 4시에 출발한 장거리 버스는 다음 날 목요일 아침 바릴로체에 도착하였다. 탱고인이라는 호스텔이 버스터미널에서 얼마나 떨어져 있는지 알 수 없어 이구아수 호스텔 직원이 적어준 주소를 택시기사에게 보여주고 호스텔로 가자고 하였다. 초보 택시기사인지 작은 소도시의 거리도 잘 모르고 마냥 헤매었다. 나중에 알게 되었지만, 탱고인은 터미널에서 15분 안에 걸어올 수 있는 거리에 있었다. 이구아수 호스텔에서 직원이 주소를 잘못 적어주는 바람에 걸어서 15분 거리를 30분 동안 자동차로 온 것이다

탱고인의 직원에게 다음 날 빅토리아 섬에 가는 프로그램에 대해 물어보니 배표는 호스텔에서 살 수 있지만 1시간 정도 떨어진 야오야오 타운의 파누엘로 포구까지는 호스텔 앞에서 아침 9시 버스를 타야 한다고 한다. 시장도 보고 시내구경도 할 겸 호스텔에서 30분 거리인 시민센터의 중심가까지 걸었다.

인구 10만 명의 이 호반 도시는 마치 유럽의 한적한 소도시를 찾아온 듯한 느낌이다. 초록의 숲과 푸른 호수가 어우러진 언덕 위 그림 같은 집들은 이상한 나라를 찾아온 앨리스처럼 잠깐 환상 속에 빠져들게 한다.

전설의 섬 빅토리아, 아라야니스 국립공원

1월 14일 금요일, 맑음. 빅토리아 섬과 아라야니스 국립공원을 가기 위해서는 호스텔 앞 정류장에서 아침 9시 버스를 타야 하는데 늑장을 부리다가 2~3분 사이에 그만 버스를 놓쳤다. 9시 반 버스를 타고 푸에르토 파누엘로에 가는 1시간 동안 계속 마음을 졸였다. 마음은 급한데 버스는 일부러 더디 가는 것 같다.

버스가 하도 느리게 가는 바람에 오늘은 빅토리아 섬으로 가는 것은 틀렸다 싶었는데 파누엘로 부두에 도착하여 보니 연락선 모데스타 빅토리아 호가 아직 기다리고 있었다. 죽어라 뛰어 호스텔에서 받은 바우처를 승선권으로 바꾸고 아슬아슬하게 배에 오를 수 있었다. 그 배에 마지막으로 탄 승객이 되어 조금은 창피하였으나 아, 그래도 얼마나 다행인가? 오늘 하루를 벌었으니!

1934년에 아르헨티나의 국립공원으로 지정된 나후엘 후아피 공원은 파타고니아 안데스 기슭에 있는 가장 오래된 국립공원이다. 이곳의 재미있는 전설 중의 하나는 나후엘 후아피 호수에서도 스코틀랜드의 네시와 같은 신비스러운 물짐승을 목격한 사람들이 있다는 것이다. 이

나후엘 후아피 호수 위에는 물새가 날고

빅토리아 섬을 향해 가는 하얀 선박

곳 주민과 방문자들의 증언에 의하면 간혹 물고기의 지느러미와 곱사 등에 백조의 목을 가진 거대한 물뱀이 목격되었다고 한다.

이 괴물을 보았던 자들에 의하면 '나후엘리토'는 4.6m에서 46m까지 크기가 매우 다양했다. 이와 같은 목격담은 1920년 이전부터 전해 내려오고 있는데 그것은 코난 도일의 『잃어버린 세계』와 같은 시대이고 스코틀랜드의 괴물 네시보다 10년이나 더 이른 시기에 시작된 전설이다. 바릴로체의 나후엘리토는 스코틀랜드 네시처럼 간혹 아르헨티나의 미디어 스타가 되곤 하였다.

동서고금을 막론하고 어른이나 아이나 모두 동화와 전설 속의 괴물을 좋아한다. 동양 신화 속의 용과 이무기는 상상의 동물이지만 아마존의 아나콘다와 갈라파고스의 이구아나는 현실 속에 존재한다.

나후엘 후아피 호수에는 작은 섬들이 많이 있다. 호수의 북쪽 쿼트리웨이 반도 끝에 또 다른 국립공원 로스 아라야니스가 있는데 우리가 탄 배는 빅토리아 섬에 정박하기 전 먼저 아라야니스 공원으로 가게 된다. 나후엘 후아피의 거울 같은 호수를 가르고 항해하는 선박 위에서 둘러본 눈 덮인 안데스 고원의 풍광은 가히 환상적이다. 혹 운이 좋으면 전설의 물짐승 나후엘리토를 볼 수 있지 않을까?

오늘은 거의 초여름 같은 포근한 날씨라 호수 위로 부는 시원한 바람이 얼굴을 간지럽히고 눈앞에 펼쳐지는 파노라마에 승객들은 계속 터지는 탄성으로 입을 다물지 못한다. 배에 오른 지 1시간쯤 지나 국립공원 아라야니스에 도착한 후 목책 순환로를 따라 이 지역의 토종나무인 붉은 머틀 숲 속을 1시간가량 걸었다.

오늘의 목적지는 수천 년 전 빙하에 의해 조성된 남북 길이 20km에

머틀 나무 숲의 국립공원

수림 속을 거닐면 동화 속으로 들어온 느낌이 든다

폭 4km의 기다란 빅토리아 섬이다. 1620년 이곳을 맨 처음 찾아온 유럽인은 신비의 성 '시저의 도시'와 금화를 찾아온 탐험가 후안 페르난데스 선장이었다.

전설 속의 엘도라도, 황금의 성을 찾아온 그는 이 섬이야말로 행복의 열쇠를 찾아 나섰던 잃어버린 백인들의 이상향이었을 것으로 생각했다. '시저의 도시'는 남아메리카의 신화 속에 나오는 매혹적인 도시로 '파타고니아 성', '남미의 방황하는 도시' 등으로 불렸는데 칠레와 아르헨티나 사이 안데스 계곡에 숨어 있다는 도시다.

1766년 예수회 신부 호세 가르시아 알수에가 이 지역을 탐사한 이래 스페인 식민통치 기간 중 많은 사람이 시저의 도시를 찾아 탐색의 길을 나섰으나 그 도시의 존재 여부를 증명할 수 없었던 전설 속의 성이다. 전설에 의하면 특정 순간에만 나타나는 이 도시는 황금과 은, 다이아몬드가 가득한 두 산 사이에 세워진 보물이 넘치는 도시이다. 또 다른 전설에 의하면 황금과 재물을 가득 실은 스페인 무역선의 난파한 선원들이 이 도시를 세웠다고도 하고, 또 잉카제국의 후예와 마젤란 해협에서 난파한 유럽 선원들이 성의 주요 거주민이라는 설도 있다.

절벽 위에 서 있는 이슬라 호스테리아 빅토리아 호텔

배가 빅토리아 섬 안코레나 T 선착장에 정박한 후 몇 시간 동안 이 섬을 트레킹하며 섬의 아름다움에 푹 빠져들었다. 안코레나 포구 선착장을 지나면 델 토로 비치가 나오고 그 절벽 위에는 1946년에 세운 국립 이슬라 호스테리아 빅토리아 호텔이 보이는데, 세계적으로 유명한 매혹의 섬을 찾아왔던 외국의 국빈급 방문자 가운데 이란의 샤 모하메드 레자 팔레비와 그의 황후 파라 디바도 있다고 한다.

빅토리아 섬 속에 있는 작은 호수의 둘레길을 따라 수백 년 전에 이곳에 살았던 원주민 푸엘치족과 포야족의 흔적을 찾아가다 보면 그들이 남긴 동굴 속의 바위 예술을 보게 되는데 이 섬의 신비를 한층 더해준다. 소개 팻말에 의하면 동굴 석화에는 과거에 존재했던 그들의 일상과 심령 세계 사이의 밀접한 관계가 표현되어 있다고 한다.

원주민들은 이 섬을 나후엘 후아피라고 불렀는데 '퓨마의 섬'이라는 뜻이었다. 아마도 그 지역 원주민들의 대담성과 용맹을 상징하는 푸엘치 족의 토템과도 관계가 있는 것 같다.

섬의 중앙 수림지역에는 소나무, 전나무, 레드우드, 떡갈나무, 단풍나무, 유칼립투스와 캘리포니아에서 들여온 시고야 수림이 우거져 있고 이름 모를 이국적 화초들이 이곳을 찾는 길손의 발길을 유혹한다. 빅토리아 섬에서 서너 시간 이곳저곳을 돌아본 후 모데스타 빅토리아 호에 올라 파누엘로 포구로 돌아오니 마침 바릴로체로 가는 버스가 오고 있었다.

시민센터에서 버스를 내려 슈퍼마켓에서 저녁과 내일 점심거리를 사서 호스텔에 돌아오니 귀에 익은 한국말 소리가 들린다. 10여 명의 중년층 여행그룹을 인솔하여 이곳을 찾아온 덥수룩하게 턱수염을 기른 김 선생이 마침 부엌에서 나오며 자기가 만든 김치 부침을 먹어보겠느냐고 권한다. 아르헨티나 남쪽 벽촌에서 혼자 떠도는 60대 중반의 한국인 나그네를 만난 것이 꽤 신기한 모양이다.

김 선생은 한국에서부터 사오십 대 중년 남녀 여행자 10명을 인솔하여, 1달 동안 칠레와 아르헨티나의 명소를 도는 중이라고 한다. 그리고 내일 새벽 일찍 이구아수 폭포로 갈 예정이라고 한다. 그런데 이틀 후 김 선생과 한 아주머니를 바릴로체의 슈퍼마켓에서 다시 만나게 되었다. 어떻게 된 일이냐고 물었더니 인솔 일행 중 이 아주머니가 갑자기 몸이 아파 다른 일행과 출발하지 못하게 되어 자기도 함께 남게 되었다고 한다.

이제는 아주머니 건강이 좋아져 내일 아침 일행과 합류할 수 있게 되었다면서 이구아수 폭포를 꼭 보고 싶었는데 못 보게 됐다고 아쉬워한다. 하긴 인솔자가 되면 이런 고충은 비일비재할 것이다.

트로나도르 산과 로스 알레르세스에서 본 금강산

2011년 1월 15일 토요일, 맑은 후 소나기가 퍼부었다. 금요일에 갈려고 했던 트로나도르 산과 로스 알레르세스 폭포 트레킹은 금요일에 빈자리 없다고 해서 어제 빅토리아 섬 탐방을 다녀왔다. 아침 일찍 미니버스가 호스텔에 도착하여 제일 먼저 나를 태우고 시내 3곳을 돌며

트로나도르 산 258번 국도 차유아고

강물 속의 잉어가 보인다

6명을 더 태웠다. 뉴질랜드와 독일에서 온 커플 두 팀과 페루에서 온 남자 2명 그리고 나와 안내인, 운전기사를 포함하여 전부 9명이었다.

클레멘트 오넬리에서 남쪽으로 258번 국도로 가다가 차유아고 강을 따라 비포장도로로 누메야르 대피소까지 가는 코스였다.

먼저 차유아고 강변에 잠시 정차한 후 1시간 동안 근처 수림과 강변을 따라 트레킹을 하였다. 차유아고 강물은 어찌나 맑은지 물속의 잉어가 훤히 보일 정도였다.

잠시 후 자갈길을 가다가 구티에레즈 호수에 잠시 정차하여 호수 뒤편에 보이는 카타드랄 산 언덕의 웅장한 화강암 송곳 바위들을 감상했다. 국도 258번은 남미대륙의 분계점을 지나는데 이 구티에레즈 호수의 물이 서쪽으로는 마스카르디 호수로 빠져들어 태평양으로 흐르고 동쪽의 물줄기는 대서양으로 나뉘는 남미대륙 안데스 대간의 분기점이다.

이 지점부터 지방도 81번을 만나게 되는데 자갈길을 따라 오르막내리막을 차례로 가다 보면 트로나도르 산 언덕으로 오르게 된다. 그곳에서 1시간 정도 죽림 사이로 난 오솔길을 걸어서 마스카르디 호수의 전망대까지 갔다. 마스카르디 호수의 물은 푸른빛이 도는 녹색염료를 풀어놓은 것 같고 2개의 작은 섬이 포개져 하나의 긴 섬처럼 보인다. 계속하여 알레르세스 폭포가 있는 트레일을 따라 올라가다 보면 오래된 파타고니아 노송나무 수림을 지나게 된다.

잠시 후 눈에 익은 한국의 설악산과 북쪽의 금강산 풍광이 나타난다. 바로 알레르세스 폭포가 마손 강을 향하며 다층 폭포수를 이루는 장관이 펼쳐진다. 그곳에 시저의 호수 폭포로 가는 팻말이 서 있다. 혹시 이 길이 잃어버린 황금의 도시로 가는 길은 아닐까?

한참 동안 넋을 잃고 남아메리카의 안데스 산맥에서 한국의 풍치를 보며 내가 지금 한반도에 와 있나 하는 착각에 빠지게 되었다. 나는 설악산과 지리산 등 한국의 아름다운 산을 사랑한다. 그리고 서울의 북한산과 관악산도 자주 찾는 편이다. 등산으로 어느 정도 단련된 체력과 두 다리가 지난 1년 동안 배낭을 메고 세계를 돌 수 있게 한 일등공신이었다고 할 수 있다.

아, 금강산이 따로 없구나! 시저의 폭포의 절경은 꼭 북한의 금강산을 찾아가는 것만 같다

12년 전 대표이사로 있던 회사의 직원들과 함께 올랐던 북녘땅의 금강산 등정은 지금도 잊을 수 없는 산행이었다. 그런데 남미의 파타고니아에서 한반도의 비룡폭포와 구룡폭포에 와 있는 것 같은 착각을 하고 있다.

1999년 11월 시높시스 한국 직원들과 금강산 등정

금강산(?) 폭포의 절경을 뒤로하고 다시 지방도까지 내려온 후 누메야르 대피소까지 차량으로 이동하였다. 이때부터 비가 내리기 시작하더니 누메야르 대피소에 도착할 때에는 폭우로 바뀌었다. 대피소 안에는 수용인력보다 훨씬 많은 방문객이 비를 피하려고 들어와 커피와 샌드위치를 사기 위해 줄 서 있었다. 나도 따끈한 커피 한 잔과 준비해 온 재료로 샌드위치를 만들어 먹은 후 먼저 버스 안에 들어가 비가 그치기를 기다렸다.

여름이라고는 하나 고지대라서 비가 내리자 기온이 갑자기 떨어지고 겨울 날씨로 변한다. 하긴 이곳은 빙하가 있는 곳이다. 트로나도르 산에는 3,400m가 넘는 눈 덮인 3개의 봉우리가 있는데 아르헨티노, 인터네셔날 그리고 칠레노 봉이다. 또 이곳은 칠레와의 접경지역으로 파타고니아 날씨처럼 바람과 비가 교차하는 변덕스러운 기후 지대이기도 하다.

산행하기 전 이곳 날씨를 가늠할 수 없어 무엇을 입고 갈까 고민하다 칠레의 아타카마 사막에서 얼어 죽을 뻔했던 것이 생각나 긴 바지와 스웨터를 챙겨왔다. 옆자리에 앉은 뉴질랜드 젊은 커플은 여름 트레킹이라 생각하고 티셔츠에 반바지 차림으로 왔다. 추위에 덜덜 떠는

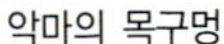
악마의 목구멍

칠레의 화산재로 흑갈색 빙하로 변한다

그들의 모습을 보고 독일에서 온 커플이 자신들의 비옷을 벗어주었으나 별로 도움이 되지 않은 것 같다. 밖에 있던 운전사를 불러와 자동차의 히터를 켜달라고 부탁했다. 차 안이 점차 더워진 다음에야 우리 일행은 모두 동태 신세를 면하게 되었다.

비가 그치자 우리는 트로나도르 산에서 흐르는 흑색 빙하를 보기 위해 악마의 목구멍이라는 산 밑 빙하지역으로 내려갔다. 아르헨티나 사람은 '악마의 목구멍'이라는 표현을 좋아하나 보다. 이구아수 폭포 중 가장 큰 것도 그렇게 부르지 않던가?

그런데 왜 이곳에는 흑갈색 빙하만 있을까? 안내자의 말로는 칠레 쪽의 안데스 산맥은 화산과 지진이 심하여 산사태로 바위와 퇴석 파편들 그리고 화산재와 기타 불순물이 빙하에 섞여 흑갈색으로 변한 것이라고 한다.

악마의 목구멍에 떠 있는 검은 빙하는 반쯤 녹은 초콜릿 아이스크림처럼 보였다. 무지무지하게 큰 사발 속에 들어 있는, 먹을 수 없는 아이스크림!

옥에 티, 나치 전범이 50년 동안 살았던 바릴로체

2011년 1월 16일. 비 내리던 어제의 토요일 오후와는 달리 일요일 아침은 햇빛이 상쾌하다. 오늘은 바릴로체 근교의 모레노 호수 쪽으로 가기 위해 파누엘로 포구까지 버스를 탔다. 파누엘로 포구에는 야오야오 공원이 있고 그림 같은 골프 코스 바로 뒤쪽에 전망 좋은 야오야오 리조트 호텔이 서 있다.

눈 덮인 안데스와 나후엘 후아피 호수 그리고 모레노 호수의 파노라마를 보니 과연 바릴로체가 명불허전이다. 야오야오 언덕으로 가는 길에는 에스칸디도 호 변에 있는 집들이 마치 그림엽서를 보는 것 같다. 산과 호수와 유럽풍의 집들이 옹기종기 보이는 경치에 취해 호수 주변의 야오야오 언덕 위를 거닐다 문득 이 아름다운 바릴로체 고을에도 '옥에 티'가 있다는 것을 알게 되었다.

마치 서유럽의 작은 타운 같은 인구 10만 명의 이 소도시는 주민 대부분이 유럽계 백인들이다. 바릴로체 정착민의 시작은 독일인 이민 카를로스 위더홀드가 칠레에서 안데스 산맥을 넘어 현재의 바릴로체 시내 중심가에 알레마나라는 작은 상점을 세우는 것으로 시작되었다. 그리고 이 작은 상점을 중심으로 주로 독일과 오스트리아 그리고 슬로베니아 사람들이 이주하여 정착촌을 이루었다.

이 아름다운 도시의 옥에 티란 한때 악명 높은 나치 독일의 전범 에리히 프리프케가 살았다고 밝혀진 것인데 그 소식은 한국의 뉴스 미디어에까지 소개된 적이 있다. 나치 독일군 대위로 아르데티네 동굴 학살의 주범이었던 에리히 프리프케는 이곳 독일계 교민의 학교 교장으로 50년 동안 바릴로체에서 살고 있었다. 그뿐 아니라 6년 전 미국의

모레노 호수 변 야오 야오의 집들

골프 코스 리조트 야오야오 호텔

ABC 뉴스와 인터뷰할 때 자신의 범행에 전혀 뉘우침 없는 태도로 당당하게, 당시의 악명 높은 아르데티네 동굴 학살에 대하여 회고하였다. 이 사건으로 아르헨티나는 2차 대전 나치 전범들의 도피처로 인식되는 오명을 쓰게 되었다.

에리히 프리프케는 나치 독일의 와펀 - 에스에스 특수부대의 대위로 동료인 케플러와 함께 1944년 335명의 이탈리아 시민을 무차별 총살하여 매장한 아르데티네 동굴 학살을 지휘한 장본인이다. 아르데티네 동굴 학살이란 이탈리아 시민 레지스탕스가 로마의 비아 라셀라 거리를 행진하던 독일 전투 경찰부대를 TNT 폭탄으로 공격하여 전투경찰 33명이 죽은 사건이 발생하자 히틀러는 그에 대한 보복으로 독일군 1명당 이탈리아인 10명의 비율로 죽이라는 명령을 내려 무고한 양민까지 잔혹하게 총살한 사건이다.

히틀러의 명령에 따라 1:10의 비율을 채우기 위해 이미 감옥에 갇혀 있던 죄수와 유대인뿐 아니라 무고한 이탈리아 양민까지 처형자 명단에 포함했다. 실수로 민간인 5명을 초과해서 총살하였는데 집행할 당시 그들은 실수를 알고 있었으나 잔혹한 학살현장이 외부에 누설될 것을 우려하여 5명의 민간인까지 같이 죽였다. 그리고 와펀-에스에스는 그들의 죄상을 은폐하기 위해 동굴을 폭파하여 붕괴시켰다.

또 프리프케는 무고한 양민을 총살하는 것을 꺼리는 동료 장교의 손을 붙들고 강제로 방아쇠를 당기게 하는 등 학살사건을 주도한 두 사람 가운데 하나였다.

에리히 프리프케는 2차 대전 종전 후 1946년 교황청의 도움으로 위조 여권을 받아 당시 페론 대통령이 집권한 아르헨티나로 도피하였다. 그리고 바릴로체의 독일계 교민의 일원으로 50년간 살아왔다. 그는 지난 1994년 미국 ABC 방송의 리포터 샘 도널드슨과 인터뷰 중 그 사건에 대해 이제는 안심하고 공개할 수 있다는 생각으로 다음과 같은 사실을 인정하였다.

"아르데티네 학살현장 희생자 명부를 내가 직접 만들었고 그 가운데는 75세의 노인과 15세의 소년도 포함되었으며 나는 그들 대부분이 테러리스트였다고 생각하였다."

뉘우침이 없는 그의 태도는 인터뷰를 목격한 이탈리아 사람들과 사건을 기억하던 피해자 가족들을 격분시켰다. 아르헨티나 당국은 프리프케를 바릴로체 그의 집에서 체포하고 가택연금에 처하였다가 1995년 결국 외국범인 인도 협정에 따라 이탈리아로 이송하였다. 그는 이탈리아에서 4년째 재판을 받던 중 자신은 명령에 따랐을 뿐이었다는 이유로 1심에서 무죄 판결을 받았으나 종국에는 무기징역을 받았다.

이토록 아름다운 호수 한구석에도 비극의 원흉이 숨어 있었다니?

빛과 그림자의 불편한 진실이 이곳에도 예외는 아닌가 보다. 인간은 다른 동물보다 더 잔인해질 수 있는 무서운 존재라는 생각을 떨쳐버릴 수 없다.

아르헨티나를 떠나며 이구아수의 폭포가 보여준 거대한 자연의 아름다움에 대한 외경심을 배웠다. 호수의 낙원 바릴로체의 눈 덮인 안데스 산맥의 아름다움, 또 순풍의 도시에서 감상한 탱고의 진수, 우수아이아에서 승선한 '남극의 꿈' 그리고 세상의 끝 그러나 모든 것의 시작 우수아이아에서 파타고니아를 따라 올라온 남아메리카의 종단 기행을 잊을 수 없다.

아마존 속으로

안데스를 4번 넘다

순풍의 도시에서 바다를 건너 우루과이의 아티가스로

우루과이는 남한의 2배가 좀 못 되는 넓이를 가졌으나 인구는 약 350만 명의 작은 나라이다. 인구의 90%가 유럽계 백인들이고 8%가 메스티소인 유럽 백인과 인디오의 혼혈인이다. 우루과이는 정치적으로 투명하고 경제적으로 안정적인 국가이다. 리더스 다이제스트는 우루과이를 남미에서 가장 부유하고 살기 좋은 나라 1위로 꼽았다.

2011년 1월 17일 월요일. 눈 덮인 안데스 산맥과 아름다운 바릴로체에서 꿈같은 며칠을 보내고 브라질 접경도시 우루과이의 아티가스로 가기 위해 다시 순풍의 도시 부에노스아이레스로 돌아왔다. 남극대륙을 갈 때 들렀던 것까지 포함해서 네 번째인 셈이다. 지난번 찾아갔던 카라보보에 있는 한인타운 내 한국관에서 불고기 갈비정식으로 저녁을 먹고 남은 불고기 바비큐는 우루과이로 떠나기 전 점심으로 먹을 셈으로 포장해서 가져왔다. 우루과이에 있는 친구에게 줄 선물로 식품점에서 라면 몇 봉지와 참치 통조림도 샀다.

우루과이 몬테비데오로 가려면 부에노스아이레스 항구에서 콜론니아 엑스프레스 페리를 타고, 라 플라타 강이 대서양으로 합류하는 하구 콜론니아 델 새크라멘토에 내린 후 연결편 셔틀버스를 타고 동남쪽에 있는 수도 몬테비데오에서 내리면 된다. 오후 1시 30분 페리가 매진되는 바람에 저녁 6시 30분에 떠나는 페리를 타게 되었는데 몬테비데오에서 600km 떨어진 아티가스로 가는 새벽 0시 30분 버스가 있다고 한다. 고속 페리로 1시간, 또 연결 버스로 3시간 정도면 몬테비데오에 도착하여 아티가스행 버스를 탈 수 있을 것 같아 인터넷으로 버스표를 예약하였다.

그러나 막상 고속 페리에 오르자마자 우리가 탄 배는 대서양에서 불어오는 강풍을 만나 심한 파도와 싸우며 항해하였고, 나는 요동치는 페리 안에서 심한 뱃멀미로 지독한 고생을 했다. 1시간이면 충분하다던 페리는 2시간이 훨씬 지나서야 우루과이 쪽 콜로니아 페리 터미널에 도착했다. 그동안 남극 탐방 중 드레이크 해협의 심한 풍랑 가운데도 잘 견뎌냈던 나도 이번에는 어쩔 수 없었다. 멀미약을 미리 먹지 않은 탓이기도 했으나 워낙 작은 선박이 높은 파고에 널뛰기를 해대는 바람에 점심으로 먹었던 불고기 바비큐까지 전부 다 토해내야 했다.

2시간 동안 뱃멀미와 풍랑에 시달린 후 3시간 반을 흔들리는 셔틀버스를 타고 몬테비데오 버스터미널에 도착하여 보니 밤 12시 25분이었다. 아티가스로 가는 12시 30분 버스가 막 출발하고 있었다. 떠나는 차를 붙잡고 잠깐 기다려 달라고 사정했으나, 내가 콜로니아에서 온 셔틀버스의 화물칸에서 배낭을 꺼내는 동안 그 버스는 기다리지 않고 떠나 버렸다. 불과 몇 분 사이에 아티가스로 가는 버스를 놓쳐버린 것이다. 세상에 이렇게 인정머리 없는 친구가 다 있나? 다음 버스는 다음 날 정오에 있다고 한다.

예정에 없는 하룻밤을 자기 위해 몬테비데오에서 숙소를 찾아야 했다. 택시를 타고 수이트 플로이다 호스텔에서 받아온 주소로 찾아간 첫 번째 호스텔에는 빈방도, 빈 침대도 없다고 한다. 아, 이런 황당한 일이 있을 수 있나? 시간은 새벽 1시가 넘었고 인적 없는 낯선 거리에서 노숙해야 하지 않을까 은근히 걱정되었다.

사정이 딱해 보였는지 젊은 호스텔 매니저가 이곳저곳에 전화로 빈 침대가 있는 곳이 있는지 알아본 다음 택시까지 불러주어 새벽 2시가 넘어서야 두 번째 호스텔에 도착할 수 있었다.

곧바로 아마존으로 가지 않고 우루과이에 들른 것은 이 나라 제일 북쪽 브라질 접경지역 아티가스에서 '집에서 모이는 교회' 우루과이 교우들의 컨벤션에 참석하기 위해서이다. 이 컨벤션은 어떤 나라에서는 콘퍼런스, 애누아이스라고 하는데, 매년 한 차례 교우들이 함께 모이는 연례 대회이다. 각 지역에 흩어져 사는 친구들이 자기 집을 떠나 이삼백 명을 수용할 수 있는 교우의 농장이나 공공시설을 빌려 3~4일간 모임을 갖는다. 지난 12월 넷째 주에 참석했던 칠레의 우인카카라 대회처럼 이 대회 역시 영적인 수련을 통해 신앙 성장을 도모하는 시간이다.

내가 잘 아는 한국 교우의 따님 안병은 선생과 아티가스에서 만나기로 약속이 돼 있었다. 안 선생은 20년 이상 남브라질과 우루과이 지역에서 선교사로 일하고 있는데 내가 아르헨티나에서 브라질에 간다는 소식을 듣고 아마존으로 가기 전 가능하면 우루과이 아티가스 애누아이스에 꼭 들려 달라고 초청해 주었다.

아티가스에서 발견한 평범한 돌 속에 숨겨진 보석, 자수정

12시에 출발하는 우루과이의 남쪽 끝 몬테비데오에서 북쪽 끝 아티가스까지 종단하는 버스를 타고 버스 정류장에 도착하니 거의 저녁 7시 반이 넘었다. 안 선생과 남아프리카 친구 스티븐이 마침 마중 나와서 우리는 대회장소인 농장에 저녁 전에 올 수 있었다. 안 선생의 주선으로 길 건너에 사는 우루과이 교우 도밍고와 마라 로드리게의 문간방에서 3일간을 지내게 되었다. 물론 모기들과 사이좋게….

대회 바로 전날은 우루과이와 브라질 남부지방 등 각지에서 교우들이 도착하는 날이다. 거의 1년 만에 보는 친구들과 나처럼 먼 극동에서 찾아온 방문객과 즐거운 친교의 시간을 갖는다. 또 농장 한쪽에서는 오랜만에 만나는 벗들과 저녁을 즐기도록 장작불에 양고기, 소고기로 바비큐를 하고 있었다.

이곳을 처음 찾아온 우리 몇 사람은 산책을 하는 동안 농장의 한쪽 구석에 있는 작은 무덤을 보았다. 이 무덤은 풀을 뜯는 두어 마리의 소가 비벼대서인지 낮은 돌담이 초라하게 헐려 있었다. 무덤의 주인공은 아르민다 리마 파울로 양으로 묘비에 다음과 같은 글이 새겨져 있다.

'하느님의 여종 아르민다 리마 파울로, 1917년 11월 출생 1941년 2월에 사망하다.'

파울로 양은 1930년대 이 지방에 최초로 복음을 전하기 위해 찾아온 '집에서 모이는 교회'의 3명의 청년 선교사 중 하나였다. 당시 창궐하던 결핵으로 24세의 꽃다운 나이에 세상을 떠났다.

묘비에 쓰인 두 숫자 N. 1917 – F. 1941 사이에 있는 짧은 간격이 그녀가 지상에 머물었던 삶 전부였다. 겨우 24년이었으나 땅에 떨어져

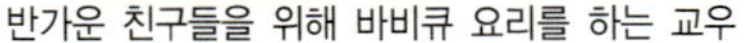
반가운 친구들을 위해 바비큐 요리를 하는 교우

아르민다 파울로 무덤

죽은 한 알의 밀알이 되었던 그녀의 생애, 그리고 80년 전 그녀가 남기고 간 전설이 아직도 이곳 교우들의 가슴속에 뜨겁게 살아있는 것을 보았다.

불과 며칠 전에 알게 된 다른 하나의 대조적인 긴 간격의 생애를 생각하였다. 비슷한 시기에 태어나 1944년 335명의 이탈리아 시민을 잔혹하게 총살하여 매장한 후 바릴로체에서 숨어 살았던 나치 장교 에리히 프리프케는 수백 명을 학살하고도 가책 없는 삶을 영위했던 반면, 무명한 파울로 양의 짧은 생애는 많은 영혼을 구하기 위한 희생의 밀알이 되었다.

아티가스는 우랄지역과 더불어 세계 최대의 자수정 광산이 있는 곳이다. 외지에서 찾아온 방문객 몇 사람은 이 지방에서 일하는 샌드라를 따라 아티가스의 자수정 공장으로 견학을 갔다. 들어가는 공장 입구 앞마당에는 볼품없고 못생긴 돌멩이와 각각 다른 크기의 특색 없는 바위들이 잔뜩 쌓여 있었다. 그런데 막상 공장 안으로 들어가자 좀 전에 보았던 거칠고 허접스러운 원석들 중간이 절단되어 전시된 광경을 볼 수 있었다. 놀랍게도 그 돌덩이 내부에 형언하기 어려운 아름다운 자수정의 진기한 결정체들이 빛나고 있었다. 어쩌면 돌멩이의 안과 밖이 이렇게 다를 수 있을까? 나는 지금껏 이처럼 찬란하고 아름다운 보석들을 본 적이 없었다.

러시아의 우랄지방에 갔을 때 '돌들의 박물관'에 전시된 여러 개의 자수정을 본 적이 있지만 이렇게 수많은 크고 작은 자수정들을 한꺼번에 보는 것은 처음이었다. 어떤 것은 두 사람이 동시에 그 안에 들어가 작업을 하는 거대한 바위 원석도 있었다.

자줏빛, 초록빛, 홍색과 황색 등 다양하게 빛나는 아름다운 자수정의 광채는 말로 형언할 수 없을 정도로 신비로웠다.

평범하고 거친 돌 속에 숨겨진 보석들, 이토록 신비한 자연 현상을 보면서 우리 일상의 평범함 속에서도 숨겨진 진리의 보석을 찾을 수 있지 않을까? 생각해 본다. 조물주는 인간의 외면을 흙으로 빚었으나 내면에는 이같이 아름답고 진귀한 보석을 감추어 둔 것은 아닐까?

이 원석 같은 평범한 인간성 내부에서 '진정한 내면의 아름다운 보석들을 캐낼 수 있도록 우리에게 시간이라는 연장을 빌려주는 것이다. 내 머릿속에는 지독한 장애와 처절한 역경이라는 거친 장벽의 심층 가

자수정이 감추어져 있는 평범한 돌맹이들

자수정의 찬란한 보석들에 눈이 부시다

운데 찬란하게 빛나는 보석을 캐내어 인류사에 남겼던 몇 사람이 떠오른다.

눈멀고 귀머거리로 살아야 했던 운명과 어둡고 적막한 육체의 감옥 속에서 쟁취한 헬렌 켈러의 인간 승리는 보석처럼 빛난다. 그리고 전쟁과 죽음의 공포 가운데 영혼의 빛을 발산하였던 안나 프랭크의 일기를 읽으며 어린 소녀가 남기고 간 인간 정신의 승리 가운데 자수정같이 빛나는 보석을 보았다.

2011년 1월 23일 일요일은 대회의 마지막 날이다. 인근에서 약 200여 명이 참석한 이 대회에는 모든 교우에게 지난 1년 동안 지나온 경험에 대해 짧고 간단하게 증언할 기회를 준다. 아마존으로 가기 전 마지막 날, 나도 용기를 내어 내가 받았던 감동을 증언하기로 했다. 이곳의 교우들은 포르투갈어를 사용하는 일부를 제외하고는 전부 스페인어를 사용한다. 비록 서툴지언정 나의 진심이 전달되도록 영어 대신 그들의 언어 스페인어로 심정을 고백하였다.

"나는 한국에서 왔습니다. 이곳에 올 수 있게 되어 아주 기쁩니다. 하느님의 백성은 브라질, 우루과이와 또 한국에서도 모두 동일합니다. 하느님의 길은 동일하고 그 백성의 심령도 동일하고 또 똑같은 사귐을 나눕니다.

왜냐하면, 우리는 모두 똑같은 씨앗에서 나왔기 때문입니다. 하느님의 진리는 보물과 같습니다. 그러나 이 세상의 눈에는 감추어진 보물입니다. 너무 평범하고 겸손하기 때문입니다. 며칠 전 우리는 우루과이 아티가스 자수정 공장에서 보석들을 보았습니다. 바위의 외부는 못

생겼고 볼품이 없었습니다. 그러나 그 바위 안에는 가장 아름다운 보석이 있습니다. 바로 하느님의 길과 하느님의 백성이 그와 같습니다. 나는 이곳에서 받은 모든 도움과 특권에 감사드립니다."

스페인어 사전이 없어서 구글의 도움을 받아 작성한 이 스페인어 문장들이 얼마나 정확한지 잘 모른다. 그러나 중요한 것은 대회에 참석한 교우들이 서투른 스페인어로 말한 나의 짧은 간증을 다 이해하였다는 것이다. 그들의 언어로 전하고자 하는 진심이 통했는지 꽤 많은 친구가 나에게 감사와 격려의 악수를 청했다.

마지막 모임 후 그동안 정들었던 우루과이와 남브라질의 교우들과 작별을 고하고 북쪽 아마존으로 가기 위해 포트 알레그레로 가는 밤버스를 탔다. 아티가스에서 다리만 하나 건너면 브라질의 땅 쿠아라이다. 그곳에서 포트 알레그레까지는 버스로 약 10시간이 걸린다. 20시간이 넘는 장거리 버스를 타고 남미의 각 곳을 여러 번 누볐던 나에게는 10시간짜리 버스여행은 식은 죽 먹기가 되어버렸다.

드디어 아마존의 우림 속으로 걸어 들어가다

아마존, 초등학교 때 지리부도에 푹 빠져 세계 속의 신기한 나라들을 동경하던 그 시절부터 아마존은 꼭 가보고 싶어 했던 신비의 순례지였다. 50여 년이 훨씬 지난 지금 아마존의 밀림 속으로 모험의 행보를 시작하는 첫 발걸음에 가슴이 떨린다.

브라질, 페루, 콜롬비아 그리고 에콰도르에서 흐르는 6,400km의 아마존 강은 지난 9월에 다녀왔던 6,800km의 나일 강 다음으로 지구 상에서 두 번째로 긴 강이다. 그런데 사실 이 두 강의 길이는 거의 비슷하여 수원의 위치를 어디에 두느냐 따라서 순위가 바뀌는 분쟁 소지도 있다. 그러나 수량의 측면에서 보면 아마존 강이 단연 세계 최대의 강이 틀림없다. 아마존 강에서 대서양으로 흘러가는 강수량은 1초당 20만 큐빅미터로 지구 상의 모든 강물이 바다로 유입되는 전체 수량의 20%에 달한다고 한다.

칠레 우인카카라의 컨벤션에서 들은 미국에서 온 마크 허들의 이야기가 생각났다. 오래전 브라질을 가기 위해 유럽을 떠나 대서양을 항해하던 한 선박에 식수가 다 떨어진 절망적인 상황에 이르렀다. 며칠째 마실 물 없이 항해하던 이 배는 마침 지나가는 선박에 필사적인 구조신호를 보냈고 다가오는 선박의 선원들에게 자신들이 처한 절박한 상황을 설명하며 식수를 나눠주도록 청하였다.

총 6,400km의 아마존 강

그 부탁을 들은 다른 배의 선원은 웃으면서 "물통을 내려 너희가 마실 물을 스스로 퍼 올리라!"라고 말한 후 그냥 떠나버렸다고 한다. 상상해 보라! 갈증으로 거의 죽을 지경인 선원들에게 바닷물을 길러서 마시라

아마존 강의 마나우스

니 얼마나 매정하고 기가 막힌 처사인가? 그러나 사실은 이 선박은 이미 신선한 물이 흐르는 아마존 강의 내포內浦지역을 항해하고 있었고 그 선박의 주변에는 식수가 될 수 있는 담수로 둘러싸여 있었다.

아마존의 하구 폭은 240Km로 본류가 대서양까지 흐르는 80Km 길이의 내포를 때로는 하해河海, River Sea라고 부른다. 아마존 강 하구에서 대서양으로 배출하고 있는 거대한 담수량은 평균 209,000m³/s이다. 그래서 그들이 신선한 식수를 얻기 위해 해야 할 일이란 그 선원의 말대로 배 아래로 두레박을 내려 물을 퍼 올리기만 하면 되는 것이었다. 그토록 엄청난 수량의 강물을 바다에 쏟아붓는 아마존의 위력과 그 가운데 숨어 있는 평범한 진리에 고개를 숙이게 된다.

우리는 아마존 강의 내포 이야기처럼 인생 여로의 긴 항해 가운데 식수가 떨어져 갈증으로 죽을 것 같았던 절박한 순간들을 기억할 것이다. 나 역시 아마존의 내포와 같은 담수의 하해가 바로 발아래 있음에도 눈이 멀어 구원의 방도를 보지 못하고 절망 속에 죽을 것 같은 경험을 한 적이 여러 번 있었다.

그것은 비단 신체적 갈증뿐 아니라 어떤 의미에서는 더 절박한 영혼의 목마름이다. 우리는 구원을 위해 눈을 들어 산을 볼 뿐 아니라 해갈을 위해 무릎 꿇고 아래를 내려다볼 필요도 있다는 평범한 진리를 잊고 살 때가 너무 많은 것 같다.

2011년 1월 23일 밤. 브라질 접경도시 쿠아라이에서 탄 버스는 다음날 아침 7시에 포트 알레그레에 도착하고 공항까지 운행하였다. 포트 알레그레에서 아마조나스 주의 마나우스로 가기 위해서는 상파울루 공항에서 다른 비행기로 바꿔 타야 하는데 8시간 이상 기다려야 한다.

기다리는 동안 상파울루의 한인촌을 찾아볼까 생각해 그곳까지 가는데 택시요금이 얼마인지 알아보니 미화 100불 이상 달라고 한다. 택시는 너무 비싸고 모르는 길을 대중교통을 이용하다가는 길을 잃고 항공기를 놓칠 위험이 있다. 위험을 감수하면서까지 한식을 먹고 싶을 만큼 절박하지 않았기에 상파울루 한인촌에 가보려는 생각을 접었다.

아마도 한국인이 먼 나라 여행을 하는데 겪는 가장 큰 어려움은 음식일 것이다. 김치와 고추장처럼 맵고 짠 음식을 먹어야 직성이 풀리는 한국인의 음식문화가 때로는 장시간 배낭여행을 하는 젊은이들이나 특히 장년들에게는 커다란 걸림돌이 될 수 있다. 비교적 외국생활을 오래 해온 나 역시 예외는 아닌 것 같다.

그러나 나는 세계 음식에 대한 호기심과 토박이 음식문화에 대한 관심으로 어느 정도 한식 의존현상을 극복할 수 있었다.

상파울루의 도심으로 한식을 찾아가는 대신 아마존 밀림에서 낚은 물고기를 고추장에 구워먹자! 한두 개의 고추장 튜브를 비상약품(?)으로 가지고 다니며 긴 여행 중에 한식이 죽도록 그리울 때는 오이나 양파와 같이 먹는 비법을 터득하였다.

아마존 첫 번째 대교의 마지막 강판 공사 중

아마존 시발점 아리아우 이픽수나

8시간 동안의 지루한 기다림 끝에 마침내 마나우스행 항공기 올라 두어 시간 잠이 들었다. 상파울루 시간으로 새벽 1시 반에 마나우스에 도착했다. 출발지 상파울루와 도착지 마나우스의 시차는 2시간이다. '아마존 라이더' 투어 매니저 라파엘이 공항에서 오늘 묵을 호스텔까지 태워다주며 내일 아침 7시부터 1주일 동안 아마존 탐방을 시작한다고 한다. 하루 정도 마나우스에서 쉴 줄 알았는데….

마나우스는 브라질 아마조나스 주의 주도로 전체 주 인구의 절반인 180만 명이 이 도시에 살고 있다. 또 이곳은 대서양으로 흘러가는 네그로 강과 아마존 강이 합류하는 아마존 지역의 중심지점이다. 지금까지 아마존 강을 건너는 교량은 하나도 없었으나 지금 최초의 아마존 대교가 한창 건설 중이다. 마나우스 부두에서 이픽수나의 원주민 지역으로 가기 위해 안내인 조지를 따라 15인승 리버 쾌속정으로 아마존과 네그로 강의 합류지점을 건넌 후 남쪽으로 가는 버스를 타고 아리아우 강의 입구까지 왔다. 이곳이 1주일간의 아마존 탐방이 시작되는 지점이다.

아마존 유역의 모든 탐방은 모터 카누나 리버 크루즈 보트로 아마존 강과 네그로 강을 따라 이루어진다. 아마존 밀림 속에는 자동차가 다니는 길도 항공기의 활주로도 없다. 다만 넓고 울창한 밀림지역의 연속이 바로 아마존이다. 모터 카누로 샛강 사이를 누비며 탐방하는 이 지역은 하루에도 몇 번씩 비가 오기 때문에 계획표에 따라 움직이는 것은 거의 불가능하다.

오늘의 일정표대로라면 아리아우 강을 따라 사우아페 인디언 마을에 가야 하는데 벌써 계획이 변경되어 이곳 원주민 드레덴이 모터 카

아리아우 강을 덮은 수초의 섬

수초의 강을 헤쳐가는 아마존 주민

누를 가지고 아리아우 샛강에서 나를 기다리고 있었다. 아리아우 강을 지나가는데 강 상추, 연꽃, 갈대 등의 수초들이 엉켜서 떠다니는 섬을 이루고 있다. 어떤 지점은 강 표면을 완전히 덮어서 모터 카누가 그대로 지나갈 수가 없다.

강 위에 수초가 완전히 덮인 지역을 지날 때는 노를 저어서 부평초들을 피해 가야 했다. 샛강을 지나 네그로 본 강으로 나오니 바다 같은 아마존의 원모습이 보인다. 그런데 아리아우 샛강에서 출발한 지 1시간쯤 지난 후 네그로 강에서 갑자기 드레덴 카누의 모터가 꺼져버렸다. 아리아우의 수초 사이를 무리하게 운행하는 바람에 고장이 난 것이다.

겨우 근처에 있는 강변의 수상 가옥 겸 편의점까지 노를 저어온 드레덴은 아마존 탐방 안내책임자인 람보에게 수상 플랫폼에서 모터를 수리해야 하니 이곳으로 오라고 전화한다. 영어를 제법 하는 람보는

어둠이 찾아오는 이픽수나 샛강

미국 영화의 주인공 람보처럼 생겼다 하여 모두 람보라고 부른다. 드라덴을 도와주려고 왔던 람보는 카누를 조정하다 그만 물에 첨벙 빠져버렸는데 그 바람에 강물을 들이켰다고 한다. 그 모습을 보고 우리는 배꼽을 잡아야 했다. '원숭이도 나무에서 떨어질 때가 있다'라는 우리의 격언처럼 아마존의 뱃사람이 강물에 빠질 때도 있다는 것을 이곳에서 확실하게 보았다.

수리가 끝난 모터 카누를 타고 30분 후에 아마존의 첫 날밤을 보낼 드레덴의 방갈로에 도착하였다. 이곳에는 드레덴의 아이들까지 여섯 식구가 사는 곳이다.

원래는 하루 전에 떠난 3명과 이곳에서 합류한다고 들었는데 스위스에서 온 친구가 먼저 자기는 벌써 5일간의 정글 여행을 마쳤고 점심을 먹은 후에는 마나우스로 돌아간다고 한다. 그리고 이곳에 있던 아르헨티나와 이탈리아에서 온 두 젊은이도 다른 지역으로 이동하겠다고 람보를 따라 떠나버렸다.

결국, 혼자 떨어져 낙동강 오리알이 된 기분이 든다. 몇 달 전 킬리만자로를 등정할 때와 같이 당분간 혼자서 안내인과 아마존 탐사를 하게 될 것 같다. 혼자 다니는 것에 이력이 난지라 별걱정은 없지만 언제 다른 멤버가 도중에 합류하게 될지는 알 수 없다. 드레덴이 모터를 고쳤던 수상 편의점에서 사온 닭고기로 만든 묽은 닭곰탕에 아마존 고추로 점심을 먹었다. 갓난아이 새끼손가락 크기의 아마존 고추는 보기보다 지독하게 매웠다.

잠시 후 16세인 드레덴의 아들 주니어와 같이 낚싯대를 싣고 네그로 강의 지류를 따라 카누를 저어갔다. 네그로 샛강 양편은 밀림지역이고 강 위에는 아마존에서만 자라는 기묘한 고목들이 이채롭게 서 있다. 1시간도 지나지 않아 10마리 정도, 그것도 큰놈으로만 낚았다. 주로 아마존에 서식하는 민물고기인데 정어리와 피라니아 그리고 무지개송어도 2마리나 잡았다.

그중에는 도미처럼 생긴 갈릴리에서 맛보았던 성 베드로와 같이 생긴 물고기도 몇 마리를 낚았다. 주니어 역시 12마리를 낚아서 오늘의 총 수확은 전부 22마리다. 낚시 초보자가 아마존에서 처음 하는 낚시

드레덴의 집. 배낭족은 방갈로에서 해먹을 치고 잔다

묽은 닭볶음을 매운 고추와 먹으면 맛이 그만

아마존의 낚시꾼(?)

내 생애 최고의 수확

치고는 생애 최고의 수확을 한 셈이다. 오늘 저녁은 우리가 잡은 이 녀석들로 요리해 줄 참이다. 그런데 이곳의 민물고기들은 날로 먹을 수 없는 것이 좀 아쉽다. 그렇지 않다면 기가 막히게 좋은 횟감인데….

아마존의 지류이긴 하나 수중에 서 있는 괴목의 모습은 공상과학 영화 속의 외계의 풍광 같다. 낚싯대를 거두고 노를 저어 수초 사이를 지나 돌아오는 강 양변의 수림 속에는 이름 모를 새들이 지저귀고 파란 하늘 아래 다람쥐원숭이들이 나무 위에 그네를 뛰는 아마존 정글의 첫날은 내가 외계에 와 있는 것 같은 깊은 감동을 준다.

마당 가운데 세워둔 간이 샤워장에서 몸을 씻고 모기장을 치고 있는데 저녁이 다 됐다고 드레덴이 부른다. 아까 우리가 낚시로 잡은 생선으로 매운탕 비슷하게 끓였는데 맛이 좋아 3마리나 먹었다. 한국식 양념만 들어갔더라면 진짜 매운탕이 되었을 텐데 조금 아쉬웠지만 그래도 행복한 저녁이었다.

저녁을 먹은 후 어두워진 캠프 근처를 거닐며 하늘을 올려다보니 곧 쏟아질 것 같은 하늘의 별들이 마치 아티가스의 자수정처럼 아마존의 밤하늘을 장식한다. 귀에 꽂은 아이팟에서 흐르는 음악을 들으며 한참을 걷다가는 앉아 하늘을 보다가 또 걸으며 캠프 주변을 돌았다. 매연에 찌든 도시의 공해가 없는 아마존의 밤하늘은 보석으로 수놓은 별들의 바다를 연상하게 한다.

'아, 지구 상에 아직도 이런 곳이 있다니! 나는 얼마나 행복한 나그네인가?' 문득 가슴속에 감동의 물결이 밀려온다. 60대 중반의 장년 중에 누가 과연 오늘 밤 이 같은 특권을 누리고 있을까? 이것이 찾고 있던 후반생의 여로가 아닌가?

2011년 1월 26일은 우리 부부의 35년째 되는 결혼기념일이다. 아마존으로 들어오기 이틀 전, 아내에게 보내는 다음과 같은 사연을 아내가 평소 즐겨듣던 음악 방송국에 보냈다.

안녕하세요? 지난 가을 배낭을 메고 아프리카를 거닐던 한 나그네가 보낸 사연을 기억하시나요? 그 나그네는 지금 남아메리카의 어느 오솔길을 걷고 있습니다. 작년 12월 6일 남극대륙을 기점으로 아르헨티나, 칠레, 우루과이, 페루와 브라질을 찾아 걷는 남미 종단의 순례길을 가고 있습니다. 1월 26일은 우리 부부의 35주년 결혼기념일입니다. 아쉽게도 이번에도 아내 혼자서 보내게 될 것 같습니다. 그때쯤이면 외부 세계와 단절된 채 아마존의 정글 속을 걷고 있을 것이기 때문입니다. 다음 사연과 함께 신청곡 바브라 스트라이샌드의 '메모리'를 부탁합니다.

사랑하는 나의 아내에게,

우리가 결혼한 지 벌써 35년이라니, 참 세월은 그렇게나 많이 흘렀

네요! 지난번 아프리카 여행 중에는 당신의 쉰다섯 번째 생일까지 빼어 먹더니 이번엔 결혼기념일마저 석 달간의 남미여행을 핑계로 또 당신 혼자 지나게 하고 말았구려. 정말 미안하오. 그러나 당신은 알지요? 저 거대한 남극의 푸른 빙하 가운데서도, 파타고니아의 토레스 델 파이네 바위 봉우리 아래서 나는 당신을 생각하였고, 이스터 섬의 모아이를 보며, 또 아타카마의 사막 길을 거닐 때에도 당신을 많이 그리워하였다는 것을?

이제 이틀 후에는 아마존 정글 속으로 들어가고 문명세계와는 잠깐 연락이 두절될 듯하오. '메모리'의 노랫말처럼 우리가 함께한 지난날의 시간 속에 함께했던 즐거웠던 날의 추억과 힘들었던 날들의 기억들도 밝아오는 새 아침 햇살과 함께 행복의 회상 속으로 띄워 보내기 바라오!

나는 알고 있소. 그대의 한 벗이 당신에게 말했듯이 '참으로 멋진 사람은 지난 1년 동안 세계의 오지를 찾아 떠도는 이 못난 나그네가 아니라 내게 자유의 시간을 주고 마음껏 응원하는 당신이 진짜 멋진 사람'이라는 진실을…. 이제 잠시의 헤어짐 역시 먼 훗날 우리에게는 또 하나의 아름다운 추억이 되겠지요.

사랑하는 남편이 당신을 생각하며 이 사연을 보내오.

우리가 결혼했던 1976년 1월 26일, 그날을 지금도 생생하게 기억한다. 무척이나 추운 겨울날, 당시에는 흔치 않은 저녁 6시 결혼식이 서울 종로예식장에서 있었다. 31세 노총각이 솜털이 보송보송한 어린 신부를 아내로 맞았다고 하여 직장 동료에게서 도적놈(?)이라는 소리도 들었다. 그리고 3개월 후 가방 2개만 들고 미국으로 유학이민 길을 떠났다.

세상에서 가장 예쁜 막내딸을 언제 다시 볼 기약 없이 떠나면 이역만리에 보내야 했던 처가에서는 내가 얼마나 밉고 원망스러웠을까? 그리고 7년 후 세 아이를 데리고 한국에 첫 출장을 나올 때까지 지금은 세상을 뜨신 장인과 장모님께는 항상 죄인과 같은 심정으로 지내야 했다. 보석처럼 빛나는 아마존의 별들을 바라보며 고마운 아내와의 신혼 시절을 회상한다.

아마존 밀림의 토박이들과의 만남

시원한 소슬바람이 아마존 첫 밤을 깨운다. 방갈로의 창밖에 무엇이 움직이는 기척이 나서 살펴보니 갈색 나무늘보가 아침 산책을 나왔는지 천천히 나무를 타고 있다. 아마존에 서식하는 나무늘보는 어찌나 동작이 느린지 녀석이 움직이는 것을 보려면 인내심이 필요하다. 아침을 먹으러 나오니 앞뜰에는 지난번 마다가스카르에서 보았던 닭 머리 모양의 오리도 아침 산책 중이다.

아침에 나를 찾아온 손님 나무늘보

닭처럼 생긴 오리

드레덴과 모터 카누로 40분 정도 떨어진 아카하투바 원주민 마을에 가서 200년이 넘은 원주민 교회를 찾아갔다. 이곳에는 가끔 천주교 신부가 찾아온다는데 페인트가 벗겨진 빨간 지붕의 이 성당은 거의 방치된 채 외롭게 서 있다. 덩치 큰 아카시아에는 아마존의 토박이 벌새들의 둥지가 과일처럼 주렁주렁 매달려 있다. 종 모양의 황갈색 둥지 사이를 벌새들이 분주하게 날고 있다.

람보는 어제 강에 빠졌을 때 강물을 먹어 배탈이 나 의사에게 갔다 오느라 늦게 나타났다. 우리는 아마존의 토박이 핑크 돌고래와 수영하는 아카하투바 호수의 수상 플랫폼에 갔다. 이 핑크 돌고래는 바이칼 호수의 너파 물개처럼 민물에서 사는 포유동물이다. 아마존에서만 서식하는 이 돌고래의 피부는 분홍빛이고 부드러운 피부를 가졌는데 물속에서 이 녀석들과 씨름을 하다 보면 느끼는 스킨쉽이 마치 인간의 감촉 같아 참으로 신기하다.

이 녀석들의 생식기는 사람과 비슷하게 생겼다고 한다. 그래서인지 아마존에

돌고래는 정어리를 좋아한다

핑크 돌고래. 배영하는 돌고래는 마치 사람 같다

는 돌고래의 전설이 많다. 이곳 아마존 강 원주민들의 전설에 의하면 보름달이 뜨는 밤이면 '보토Boto'라고 부르는 핑크 돌고래가 잘생긴 젊은 남자 모습으로 나타나서 인디언 처녀들을 유혹하여 아이를 배게한 후 아침이 되면 강으로 돌아가 다시 분홍 돌고래가 된다고 한다. 그래서 이 분홍 돌고래는 아마존 여인들에게는 사랑을, 남자들에게는 미움을 받는 존재였다고 한다.

람보가 들려준 핑크 돌고래의 또 다른 전설은 보토가 아마존 원주민 마을에 찾아와 마을의 예쁜 처녀를 유혹하여 아들을 낳게 하였는데 아이가 두 살이 되자 핑크 돌고래 무리 속에 있는 아버지를 찾아서 물속으로 들어가버렸다. 그 후 아이는 영영 돌아오지 않았다고 한다.

1987년에 제작된 '엘레, 오 보토'라는 브라질 영화가 바로 이 전설에 근거한 것이다. 분홍 돌고래 보토가 멋진 남자로 변하여 어부의 딸을 유혹하여 아들을 갖게 한다. 그 후 어부의 딸은 마을의 한 총각과 결혼하였는데 그 후에도 계속 찾아와 그녀를 유혹하자 화가 치민 남편은 보토를 죽이려 한다는 것이 영화의 내용이다.

아나필하나수 제도는 아마존 강의 가장 큰 섬이 있는 곳으로 아마존 생태계의 수많은 동식물을 볼 수 있다. 아마존 원주민 자카레가 부인과 함께 운영하는 악어 여인숙에서 하룻밤을 보내기로 하였는데 자카레는 포르투갈어로 악어라는 뜻이다. 오랜만에 따뜻한 물로 샤워도 하고 땀에 젖은 옷도 몇 가지를 빨 수 있었다.

50대 후반의 자카레는 내가 한국에서 왔다고 하니 코리안을 처음 보는지 무척 흥분해서 자기 부인에게 나를 소개하고 친척처럼 나를 반긴다. 잠시 후 자카레는 아마존의 고무나무가 자라는 곳으로 나를 데

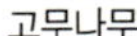
고무나무

원주민 부부 자카레와 그의 부인

리고 가서 고무나무에서 흐르는 원액을 화덕 위에 돌리며 원시적인 방법으로 고무 원료 만드는 방법을 보여주었다.

바로 옆에는 고무 원료로만 만들어진 축구공이 보이는데 자카레가 하는 얘기가 재미있다. 축구의 황제 펠레가 어렸을 적부터 이와 같은 고무 공을 차며 운동을 하여서 나중에 유명한 선수가 되었다고 한다.

이곳부터 본격적인 정글 탐사를 하게 되는데 람보 외에도 원주민 정글 가이드 안토니오가 우리와 합류하였다. 다음 날 자카레 여인숙을 떠날 때는 작별이 아쉬운지 자카레의 부인은 언제 다시 오냐며 한참 동안 내 손을 붙잡고 놓지 않았다. 한국의 시골 사람 인심처럼 아마존 사람의 어진 인정에 가슴이 뭉클하였다. 백인이 아니어서 그럴까? 그 전에 한 번도 만난 적이 없는 생소한 이방인을 반기는 그들의 순박함에 동족 같은 따뜻한 인간애를 느끼게 되었다.

다음 날 네그로 샛강의 정글 속에 사는 람보의 친구 에딜슨의 외딴 집에서 하룻밤 묵을 계획으로 우리 세 사람은 빗속에서 강을 건너 정글 속으로 향했다. 에딜슨은 원주민이지만 람보와 같이 브라질 군대를 다녀온 용감한 친구인데 얼마 전에 사람을 해치는 재규어를 잡아서 표창을 받은 적도 있다고 한다.

에딜슨의 집으로 가는 네그로 강 지류에서 나무늘보를 발견한 안토니오와 람보는 나무늘보가 매달린 커다란 나뭇가지를 정글 칼로 찍기 시작했다. 잠시 후 물에 떨어진 나무늘보를 건져 올린 람보는 나에게 그 녀석을 안고서 사진을 찍으라고 한다. 이 녀석은 긴 발톱 3개짜리 하얀 반점이 있는 검둥이인데 배 안에 있는 것이 불안한지 자꾸 밖으로 나가려고 한다. 나무늘보는 수영을 못하기 때문에 물속에 들어가면 꼼짝 못한다. 우리는 이 녀석을 다시 나뭇가지 위에 올려주었다.

오늘 밤은 처음으로 정글 깊숙한 곳에 있는 에딜슨의 집에서 하룻밤 민박을 하게 되었다. 딸 하나와 어린 아들이 있는 에딜슨은 잠시 인사를 나누고는 바로 뒤곁으로 가서 무엇을 만드는지 계속 뚝딱거린다. 궁금하여 그쪽으로 가보니 간이화장실을 만들고 있었다. 자기 집을 처음 찾아준 한국사람이 용변을 보는데 불편하지 않도록 구덩이 위에 널빤지를 깔고 사각형의 구멍을 낸 후 어디서 구해왔는지 좌변기를 올려놓았다. 아마도 내가 이 집을 찾은 첫 손님인가 보다.

잠시 후 마당 한쪽에 있는 몇 마리의 닭들이 계속 꼬꼬댁거리고 뚝

에딜슨의 집에서 하룻밤

검둥이 늘보를 나무 위에 올려주었다

딱뚝딱 소리가 났다. 에딜슨의 부인이 부엌으로 쓰는 구석에서 모처럼 찾아온 손님을 위해 닭을 잡아 저녁상을 차리고 있었다. 아프리카에서도, 아타카마의 사막에서도 이제 또 아마존의 밀림 속에서도 집에 찾아온 귀한 손님을 대접할 때 닭을 잡는 것을 보았다.

저녁 식사 후 노트북에 있는 몇 달 전 다녀온 아프리카의 마사이 마라와 에티오피아 원시 부족들의 사진을 보여주었더니 온 식구들이 신기한지 람보를 통해 포르투갈어로 계속 질문을 한다. 밤이 어두워지자 에딜슨이 악어사냥을 가자고 한다. 농담인 줄 알았는데 진짜로 우리 셋을 데리고 캄캄한 강기슭으로 카누를 저어 갔다. 에딜슨은 뱃머리에 앉아 손전등을 입에 문 채 순간적으로 작은 악어 한 마리를 낚아 올렸다. 그는 2마리를 더 잡은 후 아마존 강 악어의 특성에 대해 설명을 하고는 다시 놓아주었다.

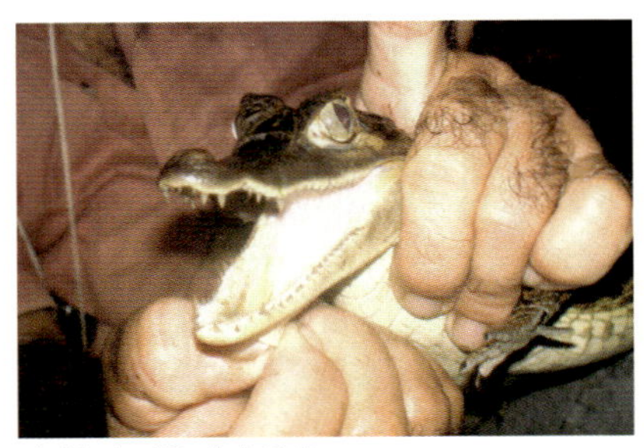

에딜슨이 잡은 새끼 악어

에딜슨 집에는 부엌을 빼고 방이 딱 하나뿐이다. 에딜슨 식구 넷에 우리 세 사람까지 전부 7명이 오늘 밤 어떻게 이 집에서 다 자게 될까 몹시 궁금하였다. 그러나 얼마 후 답을 알았다. 아마존 사람들은 침대가 필요 없고 그물로 된 해먹만 벽에 걸면 바로 잠자리가 된다. 우리도 문간에다 해먹 셋을 치고 잠자리에 들었다.

처음 자보는 뒤뚱거리는 해먹이 익숙지 않아 꼭 떨어질 것만 같았다. 긴 팔 티셔츠를 입고 겨우 잠이 들었는데 아침에 보니 몇 군데 모기 물린 자국이 보인다. 아마존 정글에서 에딜슨 가족과 보낸 하룻밤은 평생 잊을 수 없는 추억이 되었다.

정글 속에서 보낸 예순여섯의 생일 그리고 아마존 원주민 마을

2011년 1월 28일 저녁 무렵 비가 그치자 난생 처음 아마존 정글에서 생존 야영을 하기 위해 괴기스러운 사목의 정글 속으로 들어갔다. 람보와 안토니오는 아는지 모르는지 66세 생일을 맞은 나를 위해 생애 최고의 잠자리를 밀림 속에 준비해 주었다.

둘은 해먹을 칠 긴 나무를 정글 칼로 찍어낸 후, 두 나무 사이에 올려놓고 그 위에 플라스틱 가리개를 씌우니 오성급 호텔이 따로 없다. 람보는 닭고기 가루에 양파를 넣은 수프를 끓이고 비스킷과 함께 먹는 생일상을 준비하였다. 만 65세 생일을 갈라파고스 선상에서 지낸 이래 그동안 지구의 6대륙과 33개 나라를 걸었던 나그넷길의 1년은 내 생애 최고의 해였다.

지금 아마존 정글에서 보내는 예순여섯 번째 생일은 두고두고 기억에 남을 것이다. 그래서 그런지 지금의 내 나이에 세상을 떠나신 할아버지를 회상하게 된다.

밀림 속의 생존 야영을 위해 내 해먹을 걸다

생일상을 위해 닭국 준비

세계 2차 대전이 끝나고 해방되던 1945년 정월 스무여드렛날 일본 동경에서 태어난 나는 어머니의 등에 업혀 현해탄을 건너 한국 땅에 왔다. 자손이 귀한 집에 태어난 어린 막내 손자를 무척이나 사랑하여 겨울이면 등에 업고 연을 날리던 그때를 기억한다. 할아버지는 신간회 회원으로 일제하에서 오랫동안 독립운동을 하시다 서대문 경성형무소에서 여러 해 옥고를 치르셨다.

그 후 조부는 남녘땅을 다시 밟지 못하고 1948년 겨울 평북 강계에서 해수병으로 세상을 뜨셨다. 당시 조부의 연세가 예순여섯이었는데 지금의 내 나이와 같았다. 일제하에서 유학자로 청년운동을 계도한 조부는 우리 식구에게는 하늘과 같은 존재였다. 그러나 조부와 똑같은 나이의 자신은 아직도 철부지 같고 어리석게만 느껴지니 무슨 연유에서일까? 아마도 일제의 식민지 조선의 시대상황은 당시의 선구자를 21세기 현대인보다 더 일찍 선각의 길을 걷게 하였던 것이 아닐까?

나는 만주와 일본 외에는 타국의 땅을 밟아 본 적이 없는 조부께서 가보지 못한 더 넓고 신비로운 지구촌의 구석구석을 밟을 수 있게 된 커다란 행운에 감격하고 있다. 어린 시절 꿈꾸었던 전설 속의 오지를 찾아서 걷고 있는 아마도 세상에서 가장 행복한 60대가 아닐까? 다시 외치고 싶다.

"아직 마음이 젊은 50~60대 친구들아, 세상은 넓고 우리가 가볼 만한 곳은 아직도 많다! 친구여 '나는 늦었어!' 라는 자조의 장벽을 넘어 비상하는 나비처럼 새로운 세계 속으로 함께 전설의 길을 걸어보지 않겠는가?"

이것을 '이유 있는 60대의 반항' 이라고 불러도 좋다. 복잡한 세상사는 잠시 후배들에게 맡기고 후반생의 개척자가 돼보자!

아마존의 밤이 깊어지자 기온이 더 떨어졌다. 새벽 3시 반 추위에 잠이 깨 점퍼를 껴입고 다시 해먹 위의 침낭에 들어갔다. 몇 시간 후 아마존의 아침이 밝아오자 밀림 속의 작은 짐승들도 잠이 깼는지 부스럭대는 소리와 지저귀는 새소리가 이곳은 우리만의 침소가 아니었다고 알려주는 것 같다. 비가 그친 아마존의 하늘이 무척이나 파랗고 깨끗하다.

오늘은 사우아페 아마존 원주민 촌락을 찾아가는 날이다. 자카레 여인숙에서 만났던 이스라엘에서 온 커플 아미트와 노아가 나머지 여정을 우리와 동행하기로 했다. 아리아우 강의 정글 속에 있는 사우아페 원주민 촌락으로 가기 전에 사마우마Samauma라는 아마존에서 제일 큰 나무를 찾아갔다. 이 나무의 높이는 47m이고 수령이 800년이 넘는 거목 중의 거목이다. 아마존 지역에 주로 자라는 사마우마는 뿌리 부분이 삼발이처럼 세 갈래로 나누어져 있는 아마존의 전설을 간직한 나무

아마존에서 제일 큰 나무 사마우마

이다.

아마존 전설에 의하면 사마우마는 쿠루피라Curupira라는 밀림과 그 속에 존재하는 생명을 보호하는 소년 요정의 안식처이다. 또한 아마존 밀림의 세계에서는 사마우마의 뿌리의 울림을 통해 쿠루피라와 모든 생물 그리고 원주민들에게 신호를 보낸다고 믿고 있다. 사마우마가 그들 세계의 통신망인 셈이다.

사우아페의 사테레 마웨 Satere Mawe 부족은 외부세계와 격리되어 사는, 키가 작고 통통한 체형의 아마존 원주민으로 악어와 원숭이 고기를 즐겨 먹는다. 사우아페에 들어가기 전 아마존의 관습대로 마을 입구 사마우마를 몽둥이로 두드려 우리의 방문을 알려야 했다.

마을은 대략 50명 정도가 한 씨족 촌락을 이루고 사는데 전부 한 아버지의 자식들과 손자들이다. 마을로 들어오자 어린 소녀들이 작은 회당 겸 교실에서 노래와 춤으로 우리를 환영해 주었다.

마을 사람은 몸에 토종 염료로 까만색 무늬 문신을 하고 인근 마을 친척들과 모여 성대한 잔치를 한다. 소년의 온 가족이 참여하는 이 의식은 2~3일간 계속된다. 의식에 참여하는 아이들은 두 손을 총알독개

마웨 부족 촌에 들어가기 전 신호를 보낸다

통과의례를 거쳐야 하는 마웨 아이들

소년들의 통과의례. 총알개미 주머니에 손을 넣고

성년의식을 위해 준비한 악어와 원숭이 바비큐

미가 들어 있는 주머니에 양손을 넣고 가족들과 함께 계속하여 주문을 외우며 춤을 추듯 두어 시간 동안 큰 방을 돌게 된다. 이 총알개미는 콩가 개미라고도 하는데 한 번 물리면 그 고통이 24시간 동안 계속된다고 24시간 개미라고도 부른다. 마웨 소년들이 고통스러운 성년의례를 치르는 동안 먼 촌락에서 친척들이 찾아오고 이 기간은 온통 축제 분위기로 보낸다.

성년의례의 특식으로 악어와 원숭이 바비큐가 나온다. 우리에게 먹어보라고 식탁에 내온 악어고기가 질긴 것이 마치 칡뿌리를 씹는 것 같았다. 점심으로 닭고기 볶은 것을 내놓았는데 바로 옆에는 나무 우리 안에 갇힌 원숭이 몇 마리가 자신들의 운명을 기다리고 있는 것 같아 차마 원숭이 고기를 먹을 수 없었다. 이곳 원주민의 외형은 키가 좀 작다는 것 외에는 우리와 별 신체적 차이가 없어 보인다. 어린애는 신기하게도 몽고반점이 있는 것이 이들 역시 먼 옛날에는 우리와 조상이 같았던 것이 아닐까?

사테레 마웨 마을을 떠나 아리아우 강으로 나오는데 갑자기 폭우가 쏟아지기 시작한다. 비를 피하려고 돌고래 연구 수상 플랫폼에 잠시 들렀다. 이곳에는 에딜슨의 집에 가는 길에 만났던 교토대학 박사과정 연구원 아이코와 미키가 아마존의 분홍 돌고래와 회색 돌고래의 행동과 습성을 한 달째 관찰하는 중이었다. 그들은 수상 플랫폼에서 소나 탐지기를 컴퓨터와 연결해 돌고래들의 자료를 수집하고 분석하는 따분한 일을 한다. 비가 멎을 때까지 이들과 이야기를 하던 중 그들 역시 한류 드라마의 열렬한 팬이라는 것을 알게 되었다. 참, 세상은 좁고도 좁다! 이 아마존의 외진 구석에서 한국 드라마 마니아 일본 아가씨들을 만나게 될 줄이야?

비가 그치자 아이코, 미키와 헤어져 리오네그로를 건너 오늘 밤 유숙할 안토니오가 사는 아나빌하나스 부근의 섬으로 향했다. 그러나 모터 카누가 아마존 본 강으로 들어가자마자 강바람이 심하고 파도가 너무 높아 작은 카누로는 강을 건너기가 위험하다고 한다. 우리는 배를 돌려 근처 샛강에 사는 람보의 친구 집에서 하룻밤 신세를 지기로 하고 찾아갔는데 주인이 없다. 근처에 고기 잡으러 갔던 친구는 한참 후에 돌아왔는데 예고도 없이 찾아온 불청객을 맞이하는 표정이 별로 밝

풍랑으로 선상가옥에서 하룻밤 묵다

이스라엘에서 온 아미트와 노아

지 않다.

비를 맞고 땀에 범벅이 된 몸을 두레박으로 강물을 퍼서 대강 씻은 후 람보가 만든 지겨운 닭고기 수프와 비스킷으로 저녁을 때웠다. 우리 다섯 사람은 선상가옥의 대청마루에 해먹을 치고 다시 하룻밤을 보내게 되었는데 제법 이력이 생겨서 불편한 줄 몰랐다. 그러나 오늘 아침 합류한 아미트과 노아는 조금 큰 해먹 안에 둘이서 같이 자야 했고 해먹을 처음 사용해서 그런지 계속 불편해했다.

아마존의 정글모험과 빗속에 보낸 마지막 밤

다음 날 아침 일찍 바람이 잠잠해지자 우리는 수상가옥을 떠나 바로 안토니오의 집으로 향했다. 안토니오가 사는 마을은 카누로 1시간가량 걸리는데 53세의 안토니오는 아들 여섯에 딸이 다섯으로 이곳의 다른 원주민처럼 대가족이다. 풍랑 때문에 어젯밤에 오지 못하고 아침에 도착한 우리를 부인과 딸이 반갑게 맞아주었다.

안토니오가 사는 지역은 외딴 지역이라 전기가 들어오지 않는다. 그래도 발전기가 있어 하루 몇 시간 전등은 켤 수 있다고 한다. 안토니오는 우리가 아침을 먹는 동안 내 노트북 배터리를 충전하도록 발전기를 돌려주었다. 충전을 기다리는 동안 얼마 전 이 지역에 사는 퓨마를 잡은 사진을 보여주었다. 나도 아프리카 마사이마라 사파리 때 촬영했던 빅 파이브사자, 표범, 코끼리, 코뿔소, 버팔로 사진과 동영상을 보여주었더니 온 가족이 아프리카의 야생동물을 보고 무척 신기해한다.

오늘은 마지막 정글 탐방을 하고 야영을 하는 날이다. 집을 떠나 정글 안으로 막 들어가려는데 안토니오는 따라오는 개를 보고 질겁을 하며 큰소리로 쫓아버린다. 왜 그러느냐고 하니 이곳에 사는 퓨마는 개고기를 아주 좋아하기 때문이란다.

아침 9시에 집을 나선 우리는 중간에 한 번 쉬고는 안토니오를 따라 길 없는 정글 속을 헤치고 몇 시간 후 계곡물이 만든 화석 못 야영지에 도착했다. 오는 길에 람보와 안토니오는 이곳에 서식하는 특이 식물과 곤충, 조류, 그리고 퓨마가 남긴 배설물까지 보여주었다.

안토니오의 이야기로는 이 정글은 길을 잃기 쉬워서 안내인 없이 잘못 들어왔다가 길을 찾지 못하고 사흘간을 헤매다가 목숨을 잃거나 퓨마의 밥이 된 사람도 있었다고 한다.

마침내 도착한 화석 계곡의 물은 별로 깨끗해 보이지는 않으나 끓여 마시면 별문제가 없다고 한다. 땀범벅이 되어 6시간 동안 정글 속을 지나온지라 곧바로 첨벙하고 물속으로 들어갔다.

밀림 속에서는 안내자가 절대로 필요하다. 길을 잃으면 헤매다가 죽는 일도 있다

오랜만에 시원한 물에 몸을 잠그니 기분이 상쾌하기 짝이 없다. 이 작은 석화石化 연못은 붉은색 석화바위로 둘러싸여 흐르는 물이 거의 주황색으로 보인다.

어젯밤과 오늘 점심도 똑같은 건더기 없는 닭고기 수프와 비스킷이다. 이제는 람보가 가져온 식품도 거의 동나고 람보의 레시피도 한계에 도달한 것이 문명세계로 돌아갈 때가 된 것 같다.

저녁을 먹은 후 다른 일행은 퓨마를 보겠다고 야간 탐방을 나가는 동안 여행 사진을 정리하느라 그냥 남아 있겠다고 하니 혼자는 위험하니 정글 칼을 두고 가겠다고 한다. 혹시 나 혼자 있다가 퓨마의 밥이 되는 것이 아닌지 은근히 걱정이 됐다.

1시간 후 야행을 나간 그들이 돌아오자마자 날씨가 돌변하여 천둥과 번개가 치고 폭우가 시작되었다. 해먹을 걷어 올리고 비가 그치기를 한참 기다렸으나 그칠 기미가 보이지 않는다. 우리는 해먹을 다시 걸고 비옷을 껴입은 채 잠을 청했다. 놀라운 사실은 몸이 피곤하면 빗발이 들이치는 대피소의 대롱거리는 해먹 위에서도 잠을 잘 수 있다는 것이다.

폭우와 천둥 속에서 어떻게 잠이 들었는지 추위에 떨다가 깨어보니 벌써 5시다. 다른 정글 루트를 통해 안토니오 집에 도착하여 늦은 아침을 먹고 막 떠나려고 하는데 또다시 비가 쏟아지기 시작한다. 아마존에는 매일 따가운 햇빛과 폭우가 자주 교차한다. 그래서 아마존의 수림을 열대우림이라고 부르는가 보다.

우리는 강변을 따라 천천히 카누를 저어서 물 위에 떠 있는 수상정이 있는 곳까지 와서 비가 그치기를 기다렸다. 마침 다른 일행이 민물

수만 년 전에 조성된 화석바위 계곡의 못

밤새도록 퍼붓는 폭우 속에 야영한 대피소

생선, 닭고기와 소시지로 바비큐하는 것을 부러운 눈으로 보고 있는데 람보가 우리도 바비큐로 점심을 먹자고 한다. 몇 끼를 멀건 닭고기 수프와 비스킷만으로 지내온 우리에게 수상정에서 먹은 점심은 오랫동안 잊지 못할 아마존에서의 최후의 만찬이었다.

점심 식사 후 람보가 대절한 스피드 보트로 네그로 강을 건넌 후 트럭을 얻어 타고 마나우스 항으로 가는 페리 선착장까지 갔다. 40분 후 마나우스 항구에서 지난 1주일 동안 고락을 함께한 람보와 정글 가이드 안토니오와 아쉬운 작별을 나눈 다음, 아마존 탐방 비용을 정산하기 위하여 아마존 라이더 사무실에 들렀다.

사무실에는 첫날 함께 이픽수나까지 갔던 조지가 나를 반긴다. 다음에 아마존에 다시 오면 페루 접경의 아마존 밀림에 있는 자기 마을에 데려가겠다며 꼭 다시 오라고 한다. 내가 갔던 곳보다 몇 배 더 흥미로운 모험이 될 것이라고 한다. 아마존은 몇 달 아니 몇 년 동안 탐사를 하여도 끝이 없는 신비의 제국이다.

아마존 정글을 떠나 문명의 세계 마나우스로

마나우스에 도착해 첫날 묵었던 호스텔에 돌아와 오랜만에 샤워하고 인터넷에 접속하여 문명세계와 다시 연결하고 보니 아마존의 원시세계를 찾아간 시간여행에서 21세기로 막 돌아온 느낌이었다.

인구 약 2백만이 사는 이 도시는 1669년 포르투갈의 식민지로 시작된 곳이다. 19세기 후반 아마존 지역의 고무 붐으로 그 중심지였던 마나우스는 고무 재벌의 부와 호화의 극치로 최고의 전성기를 누렸다. 당시 이곳에 세웠던 '테아트로 아마조나스'라는 그랜드 오페라 하우스는 아직도 금빛으로 도금된 화려한 돔 지붕과 발코니 그리고 유럽 각지에서 들여온 대리석, 유리, 크리스털로 치장돼 있다.

그러나 고무나무의 씨가 아마존에서 밀반출되고 난 후 브라질은 세계 고무산업의 전매권을 상실하고 마나우스 역시 쇠락의 길을 걷게 되었다. 최근에 경제 자유 구역으로 지정되어 전자산업의 붐이 조성되고 노키아와 한국의 LG를 비롯한 다국적 첨단산업체가 이곳에 진출해 있다. 시내에는 아마존 원주민의 수공 토산물과 첨단 전자제품을 파는 상점이 즐비해 왠지 격세지감을 느끼게 한다.

마나우스 오페라 하우스

대리석과 크리스털의 내부 장식이 호화롭다

시내를 벗어나 마나우스 부둣가로 걷다 보니 서울 가락시장보다 더 커 보이는 농수산물 도매시장이 있다. 아마조나스 주 각지에서 실려온 수십 종의 바나나, 파인애플 등 열대과일과 수많은 농산물이 산더미처럼 쌓여 있다. 그 옆 수산물 시장에는 수십 종의 아마존 강의 민물고기를 파는 어류 판매대가 있는데 평생 이토록 많은 민물고기가 한자리에 모여 있는 것을 본 적이 없다. 그 가운데는 사람 크기만 한 생선을 토막낸 것, 아직 살아있는 물고기, 소금에 절여 말린 생선과 각종 희한한 어류들이 흥미로운 볼거리를 제공한다.

부두 가장자리에는 장마철에 물이 들고 빠지는 수문과 수로가 있고, 수로 옆에는 꽤 많은 먹거리 장터가 즐비하게 늘어서 있어 지나는 길손을 유혹한다. 아마존 밀림 탐방 시 먹었던 수프와 비스킷에 물린데다 마나우스 시내와 농수산물 시장을 돌아보느라 반나절 이상 걸은 후라 배가 출출하였다. 더구나 이곳 먹거리 장터의 런치 스페셜 유혹을 떨쳐버릴 수 없었다.

포르투갈어를 모르지만 메뉴의 그림을 보면 대강 주문할 만한 요리를 알 수 있다. 다행히 지난 1년 동안 찾아갔던 여러 나라의 고유음식을 잘 먹고 소화하는 만국萬國 위를 가진 덕분에 별 어려움 없이 여행지의 음식을 맛볼 수 있었다.

브라질 돈으로 3리알, 한국 돈으로 3,000원이 채 안 되는 가격의 점심 식사는 쇠꼬리 찜, 양고기 스테이크, 해물볶음, 그 외에 국수와 채소까지 곁들어 나온다. 이 정도면 두 사람도 충분히 먹을 수 있는 양이다. 게다가 매콤한 고추 소스까지 나오니 진수성찬이 따로 없다.

지난 1주일간 아마존 지역을 다녀온 후에 다시 찾은 마나우스는 별

3리알(한국 돈 3,000원)짜리 점심

수산시장에 사람 크기만 한 물고기가 걸려 있다

천지와 다름없다. 이 문명의 도시에서 불과 스피드 보트로 대여섯 시간 떨어진 아마존의 원주민 마을에서는 아직도 원시적인 생활을 하고 있다는 사실이 도저히 믿기지 않는다. 어떻게 같은 시공에 존재하는 동종의 인류가 이토록 다른 문화적 격차 가운데 살 수 있을까? 아무튼 마나우스는 아마존 밀림의 바닷속에 떠 있는 한 현대 문명의 작은 섬이라는 표현이 더 정확할 것 같다.

궁금한 것은 이 도시의 사람들이 수천 년 전 그들의 선조와 같은 원시적인 삶을 지탱해 온 순박한 아마존의 원주민보다 더 행복한가이다. 도시 문명인이 가져오는 생태파괴와 아마존의 오염보다 더 걱정되는 사실은 어쩌면 문명이 순박한 원주민을 정신적으로 오염시키고 그들의 전통적 삶의 질서를 파괴하는 것이 아닐까?

몇 달 전 아프리카에서 개발의 이름으로 생태계가 파괴되고 삶의 터전을 잃게 되는 에티오피아 오모 밸리의 원시부족을 떠올렸다. 아마존의 원주민들도 조만간 똑같은 실낙원의 운명을 맞을 것 같다는 안타까운 생각을 떨칠 수 없다.

내일 아침 2010년 1월 최초로 배낭여행을 시작했던 잉카제국의 옛

땅 페루로 돌아간다.

어찌 보면 후반생을 시작한 첫해의 나그넷길이 지구를 돌고 돌아서 원점으로 돌아가는 마지막 목적지가 되는 셈이다. 잉카문명의 대간 안데스를 넘어 파스코 지역에서 1주일을 보내는 것으로 395일 지구둘레길 그리고 다섯 번째 순례 여정을 마무리하게 될 것이다.

옥사팜파에서 테오티우아칸 피라미드까지

어린 시절 꿈꾸었던 아마존 탐사를 마치고 다음 목적지 페루로 향했다. 2010년 1월 마추픽추를 찾아 첫 배낭을 멘 지 1년 만에 다람쥐 쳇바퀴 돌듯 지구를 돌고 돌아서 다시 옛 잉카의 땅을 찾아온 것이다. 다섯 번째 배낭여행을 마치고 집으로 돌아가는 길에 페루에서 꼭 만나기로 약속한 친구가 있었다.

지난 가을 남아프리카의 수도 프리토리아에서 만났던 제이슨이라는 40대 젊은 친구인데 며칠을 지나면서 그의 인품에 매료되었고 우리는 쉽게 친해졌다. 제이슨은 몇 달 전에 페루로 돌아와 안데스 고원의 오지에서 집에서 모이는 교회의 선교사로 일하는 친구이다.

아프리카 여행 중 접했던 남부 에티오피아의 원주민과 마다가스카르 빈민들의 생활상에 관해 얘기하던 중 제이슨이 일하고 있는 페루 안데스 고원의 가난한 원주민의 실상에 대하여 듣게 되었다. 그들의 삶과 만나기 위해 2011년 남아메리카 종단의 마지막 순례지로 페루의 안데스 고원 파스코 지역을 선택하였다.

2011년 2월 2일, 브라질 마나우스에서 페루 리마로 가려면 먼저 파나마로 가야 했다. 파나마 공항에서 몇 시간 지체한 항공기는 자정이 지나 리마 공항에 도착하였다.

리마 공항에는 선교사 친구인 트레버와 애슐리가 밤늦게 도착한 나를 기다리고 있었다. 페루 안데스 산간의 원주민으로 리마에서 일하는 교우 호세의 집으로 갔다. 호세는 호스텔에서 묵으려는 나를 한국에서 온 친구라고 꼭 자기 집에서 하룻밤을 재워 보내기를 원했다. 아침 일찍 출근한 부인 대신 저녁 근무를 하는 호세가 직접 점심도 만들어 주고, 우리 둘은 의기투합해서 나의 서투른 스페인어와 호세의 몇 마디 영어를 섞어가며 한동안 흥미로운 대화의 시간을 나누었다.

2011년 2월 4일 금요일. 트레버와 애슐리의 숙소에서 하루를 보낸 나는 버스로 10시간가량 걸리는 파스코 지방의 라 머세데에서 제이슨과 그의 페루인 동역자 포르피리오를 만나기로 했다. 8시 반에 리마를 떠나야 할 버스는 9시가 다 되어서야 도착했다. 페루의 버스 시스템은 칠레나 아르헨티나의 버스와 비교하면 수준이 한참 떨어진다. 동부 아프리카보다는 상태가 낫지만 이곳 장거리 버스는 고물차가 많고 가다가 아무 데서나 손님을 태우는 것이 한국의 옛날 시골 완행버스와 똑 같았다.

페루 파스코 지역

안데스 산맥의 계곡물이 그림같이 흐른다

안데스 산맥을 넘다가 미아가 될 뻔하다

한 가지 불편하고 답답한 것은 운전석 뒤 승객의 좌석 앞에 커튼을 쳐놓아 좌석에 앉은 승객은 창밖에 흐르는 안데스의 아름다운 경치를 볼 수 없다는 것이다. 또 화면도 안 나오는 고장 난 TV 모니터에서는 귀에 거슬리고 알아들을 수 없는 목소리만 계속 시끄럽게 들리는데 조수가 모니터를 꺼보려 하나 고장이라 끌 수도 없다. 아, 앞으로 10시간을 어떻게 견뎌내야 할지 참으로 암담하구나!

옆 사람의 좌석 창밖으로 지나가는 안데스의 깎아지른 절벽과 계곡 사이를 흐르는 강물 그리고 푸른 호수의 절경을 간간이 훔쳐 볼 수 있는 것이 유일한 위안이었다.

출발 몇 시간 후 버스의 중량 계측지점에서 버스가 잠시 서 있는 동안 길가 풀숲에서 자연 화장실을 찾고 있는데 내가 탔던 버스는 나를 못 보았는지 그냥 출발해 버렸다. 원 세상에 이런 황당한 일이 다 있나? 볼일도 못 본 채 손을 흔들고 소리치며 버스 뒤를 쫓아가는데 버스는 정차하지 않고 계속 가고 있다.

U 자형 길 중간을 질러가며 손을 흔들고 큰 소리로 운전사를 불러대니 잠시 후 버스가 멈추고 내게 건너오라고 손짓을 한다. 여권과 현찰 그리고 모든 짐을 버스에 두고 내렸던 터라 버스가 U 자형 계측지점을 돌아가지 않았더라면 안데스 산중에서 여지없이 낙동강 오리알이 될 뻔하였다.

만약 그때 버스를 놓쳤더라면 내 경험담은 좀 더 흥미진진했으리라. 그러나 잃어버린 카메라, 노트북 그동안 찍었던 사진과 여행일기 등 지금도 그 생각만 하면 눈앞이 아찔하다.

나를 두고 떠날 뻔한 버스

아메리카에서 제일 높은 리마-주닌 철로

주닌으로 가기 전 우리는 고도 4,800m 이상의 안데스 고지를 넘어가야 했다. 이곳은 리마에서 주닌으로 가는 철로가 고도 4,818m를 통과하는 지점이다. 안데스 산맥의 가장 낮은 고개 위에 있는 이곳의 이름은 티클리오인데 2006년 티베트의 칭하이 철도가 완성되기 전까지 지상에서 가장 높은 곳에 건설된 철로였다. 스페인 식민지 시절부터 사용했던 이 철로는 한때 승객을 수송하였으나 민영화된 이래 지금은 안데스 광산에서 나오는 광물을 페루의 카야호 항구까지 수송하는데 주로 사용되고 있다.

고도가 약 5,000m인 안데스 산맥의 티클리오 령을 눈보라 속에 곡예 하듯 버스가 아슬아슬하게 넘어가는 것이 긴장감이 있긴 하나 이쯤 되면 어김없이 찾아오는 고산병 때문에 숨이 가빠오고 두통이 심해진다. 버스가 티클리오 고개를 넘자 눈앞에 아마존의 수원인 주닌 호수가 펼쳐진다. 케추아 말로 북쪽 호수라는 주닌 호수는 해발 4,082m 위에 있는 페루의 가장 큰 호수인데 수량이 풍부하여 우파마요 강으로 흐르는 곳에는 수력 발전소가 있다.

이곳에서 발전시설 기술자로 일하고 있는 친구의 말로는 페루 정부에서 전력난 해소를 위해 이곳에 한국식 양수발전소를 건설 중이라고 한다. 그리고 주닌 호수는 1933년 이래 광산 인근의 폐기물이 이 호수로 흘러들어 아마존 상류 생태계를 위협하고 있다고 한다. 개발에는 항상 자연 파괴라는 비싼 대가를 치러야 하는데 이곳도 예외는 아닌가 보다. 우리가 탄 버스가 고도 2,000m에 내려오자 눈 덮인 주변 풍광은 다시 녹색의 산과 계곡으로 바뀐다.

계곡 사이를 흐르는 강 위에 푸엔테 레이텔Puente Reither이라는 아름다운 다리가 보이는 것이 파스코 밸리가 멀지 않은 것 같다. 10시간 후 라 머시드에 도착하자 제이슨과 그의 동료 포르피리오가 나를 기다리

푸엔테 레이텔 마을

레이텔 브리지 아래 계곡물이 시원하게 흐른다

멀리 파스코 밸리가 내려다보인다

고 있었다. 우리 셋은 다시 미니버스를 타고 1시간 정도 비포장도로를 더 간 후 산타 안나 호스텔에 짐을 풀었다. 라 머시드와 산 라몬이 있는 찬차마요 지방은 페루의 커피 주산지이다.

찬차마요의 원주민은 아마존 인디언의 야네사족과 아샤닌카족이다. 특히 아샤닌카족은 페루 아마존 지역에 사는 65개 소수민족 가운데 가장 큰 부족이고 그들은 고유 언어 아샤닌카어를 사용한다. 이 부족은 매우 용맹하고 독립심이 강해서 잉카제국과 스페인 정복자들도 이들 때문에 큰 어려움을 겪었다는 유명한 부족이다. 그러나 19세기에 들어서면서부터 아샤닌카 부족에게 커다란 비극이 닥쳤다.

아마존 일대에 고무 붐이 일자 고무 재벌의 수액 채취자가 이들을 노예로 잡아가고 분산시킨 결과, 부족의 80%가 소멸되었다고 한다. 그리고 1980년대 페루 내전 중에는 샤인닝 패스라는 페루 공산당 게릴라에 의해 강제로 징집되거나 노예로 전락하여 여러 지역에 강제로 분산되는 불운이 이어졌다.

안데스 고원에 사는 친구 돈 후앙을 찾아서

제이슨과 나는 독감에 걸린 포르피리오를 호스텔에 남겨두고 산 라몬에서 10km 떨어진 안데스 고산 밀림 속에서 커피 농장을 하는 돈 후앙을 찾아가기로 했다. 돈 후앙은 아샤닌카 인디언 출신 교우로 손자 셋, 아들 내외와 같이 사는데 오늘 그의 집에서 하룻밤 자고 모임을 할 계획이다.

돈 후앙의 집에 가기 위해서는 산타 안나에서 5시간 정도 산길을 걸어 올라가야 한다. 운이 좋으면 하루 두세 번 다니는 합승택시를 얻어

타고 1시간 반쯤 간 후 마을 초등학교 앞에서 내려 1시간 이상 산길을 더 올라가면 그의 집이 나온다.

2월 5일 토요일 아침, 제이슨과 나는 돈 후앙의 집을 향해 걷기 시작했다. 우리는 운 좋게 그쪽으로 가는 합승택시를 만나서 3시간 동안 걷지 않고 초등학교 앞까지 쉽게 갈 수 있었다. 이 지역은 외따로 떨어진 원주민들이 산을 개간하여 주로 커피나무를 심고 화전을 일구어 파인애플을 재배한다. 가파르고 경사진 산기슭에서 순전히 손으로 커피를 추수하고 파인애플을 재배하는 노동의 일상은 참으로 힘들고 고달픈 삶이다.

전화도 없고 전기도 없는 딴 세상에 사는 이들에게 예고 없이 찾아온 우리는 친가족처럼 반가운 존재다. 점심때가 되어 도착한 제이슨과 나는 그들이 만든 페루 인디언 수프로 간단한 점심대접을 받고는 근처 아들 내외 집에 새로 부엌을 들이는 일을 돕기로 했다. 부엌이라야 기둥 4개를 세우고 그 위에 양철을 덮으면 거의 완성된다. 나는 기둥을 세우기 전 나무껍질을 벗기는 일을 하였다. 나머지는 판자나 흙벽돌로 벽을 만들면 작업 끝이다. 21세기 IT 문명의 세계에서 찾아온 나는 이

고산 밀림 돈 후앙의 흙벽돌 집에서 하룻밤

외로운 산중에서도 행복한 돈 후앙과 그의 가족

들의 단출하고 검소한 생활방식에 다시 한 번 충격을 받았다.

돈 후앙의 아내 소시마르 부인은 스페인어를 전혀 모르는 원주민인데 우리 시골의 순박한 할머니처럼 먼 한국에서 찾아온 나를 위해 닭을 잡아 저녁을 준비했다. 이들이 사용하는 식당 겸 부엌은 흙벽돌 어도비 움막인데 밤에는 가축들의 우리가 된다. 이 작은 공간에서 저녁을 준비하고 식사를 할 뿐 아니라 밤에는 기니피그, 토끼, 닭 그리고 새끼 양 한 마리도 같이 지내는 작은 동물원이다.

작업하는 중에 비가 쏟아져 일을 계속할 수 없게 되자 돈 후앙에게 어떻게 이곳에 이주하게 되었는지 물어보았다. 파란만장한 그의 삶은 소설책을 한 권 쓰고도 남을 것 같다. 돈 후앙은 아샤닌카 부족 마을의 유지였는데 1980년대 샤인닝 패스 페루 공산당 게릴라들이 그가 살던 마을을 습격하고 젊은이를 강제징집하여 데려갔다. 돈 후앙은 개죽음을 당하지 않기 위해 게릴라를 피해서 부인과 어린 아들을 남겨두고 고향을 떠났다고 한다.

여러 곳을 떠돌다가 마침내 이곳에 정착하기 위해 산을 개간하고 커피농장을 시작하게 되었단다. 그리고 몇 해가 지난 후 정치적 상황이 호전되자 남겨두었던 가족을 찾아서 이곳 커피농장으로 데려왔다고 한다. 지금은 비록 육체적으로 힘들고 고달프지만 경제적으로 안정되고 행복한 생활을 하고 있다.

돈 후앙은 몇 년 전 이 지역을 우연히 지나가던 선교사 트레버를 만나게 된 것이 그의 생애 가운데 가장 중요한 전환점이 되었다고 말한다. 그가 누리는 심령의 자유와 평화 그리고 행복한 가정은 자신을 찾아준 신의 선물이라고 확신하고 있었다.

부엌을 만들기 위해 기둥을 세우는데
비가 쏟아지다

식당 겸 부엌에 기니피그와 닭,
토끼와 새끼 양이 공생한다

반가운 손님이 찾아올 때 닭을 잡아 대접하는 우리네 옛 풍속처럼 소시마르 부인도 우리를 위해 닭 한 마리를 잡았다. 맛있게 저녁을 먹은 후 돈 후앙의 가족과 함께 잠시 성서를 공부하고 간단한 예배 회를 가지는 동안 돈 후앙과 소시마르 부인이 비록 외로운 안데스 고원의 밀림 속에 살면서도 충실하게 자신들의 신앙을 지키는 것을 보고 깊이 감동받았다.

우리의 옛 조상이 그러했듯이 인간이 느끼는 행복의 조건이란 꼭 물질의 풍요나 문명의 혜택만이 아니라는 것을 이 순박한 사람들의 자족하는 삶을 통해 다시 확인할 수 있었다.

마지막 여행지 전설이 담긴 옥사팜파로

밤새 계속되는 폭우와 뇌성 때문에 잠을 설친 나는 어제 타고 왔던 합승택시를 다시 얻어타기 위해 새벽 5시에 돈 후앙의 집을 나와 초등학교를 향해 걸었다. 밤새 내린 비는 아직도 그칠 생각을 하지 않는다. 내가 판초를 가져오지 않은 것을 알고 돈 후앙이 비닐포대 한 장을 주어서 우선 카메라를 넣은 배낭 위를 덮을 수 있었다.

빗속에서 내리막길 행군을 시작한 지 30분도 안 돼 벌써 등산화 속에는 물이 가득하고 온몸이 다 젖은 것이 마치 군대 시절 유격훈련을 하는 기분이 들었다.

물에 빠진 생쥐 꼴이 되어 포르피리오가 기다리고 있는 산 라몬 호스텔에 돌아와 서둘러 샤워를 했다. 비가 그치자 이곳에서 목수로 일하는 카시아노의 집으로 향했다. 카시아노의 부인은 어제 우리가 찾아갔던 돈 후앙의 딸인데 이 부부 역시 산 라몬의 충실한 원주민 교우들이다. 페루 안데스 산골에 사는 순박하고 친근한 사람들과 같이 시간을 보낼 수 있었던 경험은 평생 잊을 수 없는 추억으로 간직하게 될 것 같다. 이들도 먼 한국 땅에서 찾아온 나를 형제처럼 따뜻한 마음으로 반겨주었다.

최종 목적지 옥사팜파로 가기 위해 산 라몬에서 라 머시드까지 미니버스를 탔다. 라 머시드에 도착해 보니 미니버스에 빈자리가 없어 우리는 다른 승객과 합승해 택시를 타고 옥사팜파로 향했다. 그런데 택시기사는 한국의 총알택시를 능가하는 과속 운전을 하다가 산에서 무너져 내린 큰 돌멩이와 부딪혀 앞 타이어에 펑크를 냈다. 도로에는 어젯밤부터 계속 내린 비로 여러 곳에 산사태가 나 있었는데 택시기사는 무엇이 그리 급한지 과속으로 달리다 사고를 낸 것이다. 그가 오토라고 부르는 세 바퀴 오토바이를 얻어타고 산 라몬에 돌아가서 터진 타이어를 수리해 올 때까지 우리는 황토빛 급류가 계곡 사이를 흘러가는 우안카밤바 강가에서 40분간을 멍하니 기다려야 했다.

옥사팜파는 리마에서 400km 떨어져 있는 인구 1만 명의 파스코 지역 소도시다. 라 머시드에서 옥사팜파까지 가는 길은 경치가 정말 수

려하다. 이곳의 주민은 아직도 옛 독일 - 오스트리아계 정착민의 전통을 그대로 유지하고 있다. 주변의 아름다운 자연 풍경과 건축양식은 유럽의 한적한 타운 분위기를 한껏 자아낸다. 포수소와 이곳 옥사팜파에 사는 나이 많은 주민은 아직도 옛 독일 방언을 사용한다고 한다.

열대우림이 우거진 계곡 아래로는 우안카밤바의 누런 강물이 흐르고 간간이 비탈진 산등성이에는 산림을 개간하여 만든 커피 농장도 보인다. 택시가 옥사팜파에 도착하자 제이슨의 권유로 이틀 밤을 아담하게 생긴 엘 트라피체 여관에서 지내기로 하였다. 엘 트라피체는 독일 - 오스트리아 후손들이 중세 유럽풍으로 지은 통나무 집인데 페루 돈으로 50솔, 한국 돈 2만 원이다. 좀 비싼 편이나 주변 경관이 너무나 아름답고 저녁과 아침까지 준다니 오랜만에 눈 딱 감고 호강을 해보기로 했다.

다음 날 우리는 오토를 타고 와라포 1890 트라피체 양조장를 찾아갔다. 주변에는 파란 하늘 아래 그림 같은 중부 유럽의 전원과 통나무 가옥들이 아름답게 나타난다. 오토는 비에 씻겨나간 비포장도로를 툴툴거리며 반 시간 이상 더 갔다. 얼마 후 아름다운 촌타밤바 출렁다리

아름다운 옥사팜파 교외의 와라포 정원

옥사팜파의 타운센터

에 도착했는데 지금의 차량이 다닐 수 있는 다리가 생기기 전에는 모두 이 출렁다리를 건너야 했단다. 마침 한 원주민 아주머니가 여자아이와 함께 이 출렁다리를 건너고 있었다.

와라포는 1890년에 시작된 마을 이름이고 또 사탕수수를 분쇄하여 즙을 추출하고 발효시켜 만든 이 지방 주민이 즐기는 술 이름이다. 한적한 교외에 있는 트라피체 양조장은 아마도 중부 유럽의 이민자들이 들여온 럼 양조법으로 와라포를 만드는지 이곳에서 몇 km 떨어진 곳에서도 사탕수수즙이 발효되는 술 냄새를 맡을 수 있었다. 지붕 덮인 울타리로 둘러싸인 와라포 안에는 수십 년이 넘은 사탕수수 분쇄기와 구식 양조기구들이 지금도 그대로 사용되고 있다.

옥사팜파에서 사흘을 보내는 동안 이곳에 사는 여러 친구를 만났으며 파스코 고원의 아름다운 경관에 흠뻑 빠졌다. 그리고 이곳에서 결코 잊지 못할 이 지역의 전설과 얼어붙은 안데스 고갯길을 넘었던 옥사팜파와 포수소 이주자의 역사를 배우게 되었다. 안데스를 넘는 그들의 눈물겨운 투쟁과 인간의 존엄성을 지키기 위해 밀림을 일구어 삶의 터를 다졌던 초기 개척자들의 소박한 꿈의 흔적도 볼 수 있었다. 또한

촌타밤바 출렁다리

와라포 주정공장

그들의 흔적 속에서 미국 이민 초기의 자신의 모습을 보았다.

2011년 2월 8일 밤, 며칠간 특별한 체험을 하게 해준 제이슨과 포르피리오와 아쉽게 작별하고 파스코 이주자가 넘었던 안데스 산맥을 네 번째 넘어 리마로 향했다.

첫 번째 넘었던 안데스 산맥은 잉카의 오솔길을 따라 마추픽추로 향해 넘었던 4,200m 죽은 여인의 고갯길이었다. 그리고 두 번째는 고도 3,810m 안데스의 우스파야타 패스이다. 이 고갯길을 이스터 섬에서 칠레 산티아고를 경유 아르헨티나 부에노스아이레스로 오는 길에 넘었다. 우스파야타 패스는 1817년 아르헨티나의 호세 데 산 마르틴이 스페인 제국으로부터 칠레를 해방하기 위해 안데스 부대를 이끌고 넘었던 곳이다.

그리고 바로 1주일 전 고도 4,800m가 넘는 안데스의 티클리오 고갯길을 버스를 타고 세 번째로 넘어 옥사팜파에 왔었다. 이제 마지막으로 안데스 티클리오 고갯길을 다시 넘어 리마로 가는 길이다. 옛 옥사팜파의 개척자가 넘었던 안데스 고갯길을 지나며 35년 전에 젊은 시절 내가 넘었던 가파른 미국 이민의 고갯길을 회상하게 되었다.

옥사팜파에서 밤 8시 버스를 타면 리마에 아침 6시에 도착하는데 지난 사흘 동안 내린 비로 파스코 지역의 도로들이 유실되었고 산사태로 진흙과 돌멩이 덮인 비포장도로는 엉망이었다. 특히 옥사팜파에서 라 머세드까지 지나는 밤길은 아슬아슬한 곡예 운전이었다. 비에 씻기고 깊이 파인 도로 아래에는 깎아지른 절벽이 있고 계곡 아래는 누런 격류가 흐르고 있다.

2층 버스의 제일 앞자리에 앉아 헤드라이트에 비치는 구불구불한

다시 넘는 어둠 속의 안데스 산맥

안데스 계곡의 기암절벽

도로와 어둠 속의 깊은 계곡이 너무 가까워서 불안하여 잠을 잘 수 없다. 몇 시간 동안 지그재그로 4,000m인 안데스 산맥의 티클리오 고갯길에 올라올 때까지 이것이 황천으로 가는 마지막 버스가 아니기를 바라고 있었다. 이럴 때는 차라리 창밖이 안 보이는 뒷자리가 오히려 잠을 자기에는 더 나았으리라.

새벽 5시경에 리마 근교에서 버스 뒷바퀴에 펑크가 났다. 옥사팜파 가는 길에서도 펑크가 났는데 웬일인지 이번 페루 여행에는 타이어 펑크와 무슨 인연이 있나 보다. 우여곡절 끝에 리마의 버스터미널에 도착하니 아침 6시 반이었고 트레버와 애슐리가 한참 늦은 나를 기다리고 있었다.

마지막 옥사팜파를 떠나며 가난했던 이민 시절을 회상하다

약 1세기 전 옥사팜파와 포수소에 정착한 타이롤과 프러시아인의 초기 이민사에서 1970년대 신혼의 아내와 2개의 이민 가방을 들고 최초로 미국 땅을 밟았던 젊은 날의 초상을 보게 되었다. 내가 넘어야 했던 가파른 이민 유학의 고갯길을 어찌 안데스를 넘었던 옥사팜파 개척자의 애환과 고달픈 투쟁에 감히 비교할 수 있을까? 그러나 동병상련이 아닐지라도 그들처럼 가파른 고갯길을 넘어야 했던 체험의 유사성은 공감할 수 있었다.

현재 오스트리아 남쪽에 있는 타이롤의 1850년대 유산법은 아들이 결혼할 때 부모의 농지를 나누어 주게 되어 있었다. 1명 이상의 형제가 있는 가족이 분가하는 형제의 머릿수대로 농지를 나누다 보니 경작할 농지는 점점 줄어들게 되었다. 분할된 농지의 소출로는 가족들이 생계를 유지할 수 없게 되자 정부에서 법으로 가구당 한 자녀 외에는 혼인을 금하게 하였다. 그뿐만 아니라 당시 중부 유럽에 계속되는 전쟁과 기근 그리고 자연재해로 타이롤과 프러시아의 가난한 서민들은 그 땅에서 심각한 생존의 위협에 직면하게 되었다.

당시 독일의 탐험가이자 여행자인 다미안 슈에츠-홀자우센 남작은 그 같은 곤궁한 상황을 타개하기 위해 페루 알토 후아야가의 처녀지에 6년 동안 1만 명의 중부 유럽인을 이민 보내기로 1853년 페루 정부와 협약을 맺었다.

첫 번째 이민자 대부분이 감소한 농토 때문에 결혼할 수 없었던 180

유럽풍의 가옥들이 그림 같다

옥사팜파의 1939년 나무 교회당

조셉 에그 신부

명의 타이롤리아 청년들이었다. 중도에 합류한 프러시아인을 포함한 총 300명의 이민자들은 37살의 지도자 조셉 에그 신부를 따라서 페루로 떠나는 선박 노톤에 올랐다.

당시 미혼의 처녀 총각들은 에그 신부의 집전으로 선상 교회당이기도 한 노톤 호에서 결혼식을 올린다. 약 4개월간의 긴 항해 끝에 그들은 페루 리마의 카야오 항구에 상륙하게 된다. 그들이 도착하였을 때는 실망스럽게도 원래 계약 조건과는 달리 세로 데 파스코의 안데스 산맥을 넘는 도로가 아직 건설되기 전이었다. 상황이 여의치 않게 되자 일부 미혼의 장인들은 파스코로 가는 것을 포기하고 다른 일자리를 찾아 초기 이민자의 무리를 떠난다.

나머지 이주자들은 페루 해안의 사막지대에서 시작하여 안데스 산맥을 넘어 계곡과 정글을 건너 파스코로 가기 위해 긴 행군을 시작한다. 이삿짐을 노새에 싣고 여자와 아이들을 당나귀에 태운 남자들은 걸어가며 '나귀가 지나갈 신작로'를 손수 만드는 고난의 행군을 계속하였다. 도중에 고달픈 행로에 지친 일부 이민자는 안데스 너머에 있을 신세계의 꿈을 포기하고 페루의 농장 일자리를 찾아 하나 둘 떠나간다. 다만 지칠 줄 모르는 에그 신부의 초인적인 지도력이 가난한 유럽 이주자들의 분산을 막아내 완초를 출발한 지 두 해 뒤 이주자 300명 가운데 165명 만이 안데스 산맥을 넘어 신천지 세로 데 파스코에 도착하게 되었다.

그들은 밀림 속에서 땅을 개간하여 농지를 만들고 마침내 포수소 마을을 이루게 된다. 그리고 1891년 포수소 주민은 파스코 지역에 옥사팜파를 세웠다.

존 스타인벡의 소설 『분노의 포도』

나는 타이롤과 프러시아의 가난한 이민자들이 세운 이 작은 낙원에서 존 스타인벡의 『분노의 포도』에서 읽은 캘리포니아로 향한 오클라호마의 고달픈 이주민을 연상하였다. 그것은 태평양의 연안에서 얼어붙은 안데스 산맥을 넘었던 타이롤과 프러시아 개척자들의 고달픈 행군이 대공황과 기근으로 농장을 잃은 수천 명의 오클라호마 유민들이 오클라호마 먼지 사발Dust Bowl에서 신천지 캘리포니아 샐러드 사발Salad Bowl을 향해 수천 킬로미터 대륙을 횡단했던 고난의 행군과 유사하기 때문이었다. 또한 이 두 그룹의 이주 역사는 무척이나 힘에 버거웠던 1970년대 나의 미국 이민 여정을 회상하게 한다.

스타인벡은 나와 아내가 첫 미국 이민생활 14년을 보낸 캘리포니아 산호세 근교에 있는 작은 소읍 살리나스에서 태어났다. 우리는 세 아이가 어렸을 때부터 그의 작품의 배경이기도 한 스타인벡의 고향 살리나스에 가끔 들르곤 했다. 『분노의 포도』는 미국 고교와 대학의 영어 부교재로 쓰일 만큼 1930년대 당시의 실제 시대상황을 잘 묘사한 미국 문학의 대표적 작품이다.

우리 아파트 이웃에 살던 나이 많은 부부 야브로 가족은 그 당시 오클라호마에서 이주해 왔던 오키오클라호마 사람을 낮추어 부르는 별명 가운데 한 가족이었다. 그들에게서 당시의 힘들고 어려웠던 상황을 듣곤 하였다.

『분노의 포도』는 오클라호마의 악명 높은 더스트 볼의 기근과 은행

빚 때문에 농장을 잃고 비참하고 절망적인 상황에서 전단에 묘사된 풍요로운 캘리포니아에서 높은 임금을 받을 수 있다는 소문에 마지막 희망을 걸고 서쪽으로 이주하는 조드 가족과 오키들의 이야기이다.

66번 국도를 따라 서부로 이동하는 동안 조드 가족은 하나 둘 죽어갔다. 그러나 서부로 가는 길 위에서 똑같은 희망을 품은 1,000여 명의 오키 이주자들이 합류하게 된다. 물론 그들을 기다리는 캘리포니아는 낙원이 아닌 대형 농업회사의 임금 착취와 부패한 보안관들이 이주자를 괴롭히는 지옥과 같은 상황이었지만….

이 책은 기아의 고통보다 더 무서운 공포는 없다고 다음과 같이 말한다.

'굶주림에 뒤틀린 자신의 뱃가죽뿐 아니라, 어린 자식들이 기아의 고통을 느끼는 이 사람을 어느 누가 겁박할 수 있을까? 공갈 협박으로는 그를 절대로 겁먹게 할 수는 없을 것이다. 왜냐면 그는 인간이 겪어온 모든 공포의 한계를 넘어선 진정한 배고픔의 공포가 무엇인지 아는 자이기 때문이다.'

지난 1년 동안 세계 속으로 걸어가는 순례자의 길을 걸으며 보고 겪었던 체험의 조각들은 60여 년의 생애, 짧지 않은 인생 여로의 굴곡들을 돌아보게 하였다. 그래서 어떤 성인은 인간의 삶을 고달픈 여행이라고 하지 않았던가?

나는 옥사팜파를 설립한 가난한 타이롤과 프러시아 이주민들의 고달픈 여정을 생각할 때에 아메리칸 드림을 가슴에 품고 어린 아내와 사고무친의 땅 캘리포니아로 이주의 길을 떠나왔던 35년 전 그 시절을 회고하게 된다.

1960~1970년대의 한국은 가난하고 아직도 농촌에서는 보릿고개를 걱정하던 배고픈 시대였다. 그 당시 이 땅의 사람들은 기회와 연고만 있으면 미국으로 떠날 길을 찾았지만 미국 비자를 받기 어려운 시절이라 손에 호미 한번 쥐어보지 못한 와이셔츠 족과 삽질 한 번 해본 적 없던 넥타이 부대도 남미 파라과이와 브라질로 농업 이민차 이 땅을 떠났었다.

3년간 휴전선 안팎에서 군 복무를 마친 후 1년 동안 한 제약회사의 영업사원으로 근무하였던 나는 결혼한 지 3개월 된 아내의 손을 잡고 샌프란시스코행 노스웨스트 항공기에 올랐다. 1960년대에 이미 미국으로 이주한 손위 누이와 종합병원 의사인 형이 살고 있던 동부로 가는 대신 캘리포니아 산호세로 이주했다.

그 이유는 30년 이상을 한국에서 살아온 미국 친구 그레이스 해밀턴 할머니의 '젊은이여 서부로 가라!'는 권유 때문이었다. 1920년대 20대 초반의 그레이스는 일제하의 신의주 근교 미국 광산에서 직원 자녀를 위한 학교 교사로 몇 년 동안 근무하였고 한국을 사랑하여 여생을 한국에서 보내기 위해 1965년 남편과 다시 이 땅에 돌아왔던 분이다.

당시 이민자들이 정착 후에 돈을 벌어서 갚는 외상 항공권 2장과 어렵게 바꾼 1,000달러의 미화, 그리고 2개의 이민 가방이 우리가 가진 재산 전부였다. 낯선 미국 땅에 도착한 신혼의 우리는 그레이스 할머니의 큰딸 부부 더넷 댁에서 첫 3개월 동안 민폐를 끼친 후 작은 아파트를 얻어 독립하였다. 우리의 은인이자 수학선생인 엘든 더넷 씨는 내가 캘리포니아 운전면허를 취득하도록 운전연수를 시키는 한편, 직장을 구하기 위해 생판 모르는 회사를 돌아다니며 구직신청서를 낼 수 있도록 귀중한 시간과 자동차를 빌려주었다. 서툰 운전 솜씨로 아슬아슬하게 합격하여 면허증을 받던 날 너무나 흥분한 나는 어처구니없이 접촉사고를 내서 그분의 차에 흠집을 내고 말았다.

그 후 2달 동안 내세울 것 없는 경력의 이력서를 들고 이곳저곳 직장을 찾아 고달프게 헤매다가 운 좋게 얻은 첫 직장은 컴퓨터 데이터 센터의 운전사였다.

심야에 샌프란시스코 베이 지역에서 주변 회사를 순회하며 컴퓨터 출력자료를 배달하는 일이었다. 상상해 보시라! 미국 면허증을 받은 지 불과 며칠 안 된 왕 초보운전자가 그 복잡한 샌프란시스코 시내에서, 또 베이 주변 여러 도시를 어둠 속에서 차를 몰다가 얼마나 길을 잃고 헤매었을지를….

내 전임자는 고객회사로 가는 경로와 회사의 위치를 알려주기 위해 이틀 동안만 함께 동행하였다. 파트너 없이 처음으로 혼자 운전하던 밤 길을 잃고 헤매다가 몇 시간 늦게 집에 돌아왔다. 그 당시 영어 몇 마디 못하는 임신 3개월의 아내가 제시간에 돌아오지 않은 나를 애타게 기다리며 두려움 속에 가슴 졸이고 계단 위에 앉아 있던 애처로운 모습이 지금도 눈에 선하다.

황금으로 포장된 거리를 상상하고 가난한 나라 코리아에서 찾아온 이민자에게 신천지 미국은 외롭고 서러운 그리고 생소한 나라였다. 그러나 이 기회의 땅 실리콘 밸리에서 아내와 몇 년 동안 더 고달픈 삶의 여정을 계속하여야 했다. 밤에는 어렵게 얻은 직장에서 일하고 낮에는 풀 타임 학생으로 도서관과 강의실에서 보내는, 그래서 혼자 있는 아내와 막 태어난 첫 아이 얼굴도 제대로 보지 못한 채 토막 잠을 자며 두 해의 이민생활을 보냈다.

컴퓨터 데이터센터에서 운전사로 일하는 동안에 틈틈이 익힌 컴퓨터 운영기술 덕분에 친구 소개로 구직신청서를 냈던 두 번째 직장 베리언에 야간 조 근무 컴퓨터 오퍼레이터로 채용되었다. 당시 받던 쥐꼬리만 한 주급에서 외상으로 구입한 항공료를 갚아야 했고 학교와 직장을 오가는 기름값 때문에 우리의 신혼생활은 중고 가구와 얻어온 살림도구만으로 부자나라 미국에서 극빈자처럼 살아야 했다.

아직도 아내는 우리 첫 아이 큐의 크립아기 침대을 신문광고를 보고 중고로 사온 나의 무능을 용서하지 못한 것 같다. 땅콩버터와 딸기 잼으로 만든 점심 샌드위치만을 가져오는 나를 보고 동료는 내가 땅콩버터 샌드위치를 무척 좋아하는 줄 알았을 것이다. 그때 나는 비로소 눈물 섞인 빵을 씹는 기분이 어떤 것인지를 배웠다.

베리언에서 일하던 3년 동안 지독한 코리안을 대하는 동료의 인종차별적 굴욕과 대학에 다닌 적이 없는 고약한 보스의 질시 어린 눈초리 가운데서도 죽어라 학업을 계속하였다. 그리고 3년 후 그동안 대학에서 배운 프로그램 언어 덕분에 한 컴퓨터회사의 반도체 설계자동화 부서의 주니어 프로그래머로 새로운 일을 시작하게 되었다.

내가 근무하던 NCA 반도체 설계자동화 회사를 찾아오는 일본 반도체 설계 엔지니어들을 보며 이 분야에 미래가 있다는 것을 직감하고 컴퓨터 관리에서 컴퓨터공학으로 전공을 바꾸기로 하였다. 데안자 칼리지에서 정규 공대 전학을 위한 예비과정을 마치고 산호세 주립대학교 공대에 전학하는 데 필요한 학점을 받은 후 전학 신청을 했다.

그러나 산호세 주립대학 행정부서의 입학심사 관리자는 내가 미국에서 고등학교 영어교육을 받지 않았다는 이유로 공학과 입학을 허가하지 않고 대신 같은 대학의 다른 전공을 선택하도록 종용하였다. 나는 공대학장과 컴퓨터공학 학과장을 찾아가 이 대학교 학사행정의 부당한 논리를 따졌다. 주니어 칼리지에서 이미 영어 과목에 B+ 학점을 받았고, 또 공대가 아닌 다른 학과의 전공을 권유하며 공학과의 입학을 허가하지 않는 일관성 없는 논리를 물고 늘어졌다.

집요한 공세에 질렸는지 공대학장과 컴퓨터공학 학과장은 학사행정 책임자에게 나의 전학신청을 허가하도록 설득해 주었다. 이것은 내가 이방인으로 미국 땅에 들어온 후 집념과 논리적 근거로 쟁취한 첫 번째 달콤한 승리였다. 그리고 미국 사회에서 생존하기 위해서는 인정과 감정에 호소하는 대신 집념과 논리적 대처가 필요하다는 것을 뼈저리게 배웠다.

한국에서 다녔던 대학의 학점이 인정되지 않은 미국 공대에서 수학, 물리학 그리고 전자공학 부문의 추가로 필요한 학점을 보충하기 위해 그리고 가족을 책임져야 하는 직장인으로 5년 이상 학교를 더 다녀야 했다. 명석하지 못한 두뇌 때문에 더 시간이 필요했다. 그리고 이민 가방을 들고 미국 땅을 밟은 지 꼭 10년 만에 캘리포니아 주립 산호세 공대를 졸업하고 컴퓨터 공학사의 졸업장을 받았다. 비록 박사 학위는 아니었으나 한 코리안의 지독한 집념으로 미국에서 쟁취한 두 번째 작은 승리라고 말할 수 있다.

미국에서 보낸 유학생활 10년은 비록 고달프고 배고팠던 외로운 세월이었으나 그것을 어찌 짐을 진 나귀가 지나갈 길을 손수 내며 눈 덮인 안데스 산맥을 넘었던 포수소, 옥사팜파 개척자의 애환과 비교할 수 있을까? 그러나 그들이 넘었던 가파른 안데스의 산맥과 눈물로 건너야 했던 골짜기의 경험이 무엇인지 공감할 수 있을 것 같다.

이민 온 지 4년째 되던 어느 날 우리에게 청천벽력이 떨어졌다. 3년 안에 첫 집을 마련하겠다는 나의 지독한 목표 때문에 두 아이의 엄마인 아내가 무리하며 직장을 나가야 했었다. 어렵게 어렵게 첫 집을 마련한 얼마 후 아내는 자궁외임신으로 피를 쏟고 쓰러졌다. 심한 출혈 때문에 생명이 위독해 삶과 죽음의 갈림길에서 헤매고 있던 아내와 수술 결과를 안타깝게 기다려야 했던 그 시간은 미국 이민 14년의 여정 중에 건너야 했던 가장 어둡고 힘들었던 눈물의 골짜기였다.

연약한 인간은 이와 같은 절박한 상황이 닥치면 비록 무신론자일지라도 필사적으로 전능한 자의 도움을 갈구하게 된다. 불행 중 다행으로 아내는 장시간의 수술 끝에 생명을 건졌으나 심한 출혈과 쇠약해진 건강 때문에 오랫동안 힘든 시간을 보내야 했다. 나는 아내에게 진 생명의 빚을 평생 갚을 길이 없다는 것을 잘 알고 있다. 그 이후에도 아내와 크고 작은 산을 넘고 깊은 골짜기를 건너야 했다.

어렵고 고달픈 14년의 이민생활을 이겨낼 수 있었던 원동력이 있다면 첫 번째는 힘겨운 이민생활을 불평 없이 믿고 따라준 아내의 헌신적인 사랑의 힘이며, 두 번째는 부족하지만 내가 지닌 신앙의 힘이라고 말해야 할 것 같다.

여행기 가운데 몇 번 언급한 '집에서 모이는 교회'는 '좋은 의사' 장기려 박사의 전기에서 '종들의 모임'이라고 묘사된 성서 본연의 기독교 정신을 따라서 살아가는 소박한 무리를 가리킨다. 교파도, 이름도, 건물도 없는 교회이다. 2명씩 나가는 집 없는 전도자들은 거저 받았으니 거저 주라는 교훈을 생활로 실행하는 추수 마당의 일꾼들이다.

신학을 공부하면서도 정신적으로 어두운 황야를 헤매고 있을 때 내가 본 빛 '아직도 초대교회의 정신으로 살아가는 적은 수의 무리가 21세기 시공 속에서 존재한다'는 사실은 나에게는 하나의 기적이었고 계시였다. 나는 2010년과 2011년 6대륙 33개 나라를 다니는 동안 그것을 확인하였다.

장기려 박사를 처음으로 만났던 때는 14년간의 미국 생활을 청산하고 귀국한 1989년이었다. 장기려 박사는 당시 열악한 한국 전자 반도체 설계자동화 분야에 작은 보탬이 돼 보겠다고 가족과 함께 역이민하여 돌아왔던 나를 한국의 전자산업을 도와줄 과학도라고 분에 넘치는 소개를 자신의 동료들에게 해 주었다.

그래서인지 지난해 35년간 일했던 EDA 업계에서 은퇴할 때까지 22년간 한국의 반도체와 전자산업 분야에서 일하는 동안 전자 반도체 설계자동화 핵심기술의 국내 도입에 미력이나마 기여할 수 있었던 사실에 자부심을 느끼고 있다. 또한 오늘날 한국의 삼성과 LG 같은 전자회사들이 일류제품으로 세계시장에서 대한민국의 경제영토를 넓히는 것을 볼 때 1989년 한국으로 돌아왔던 것을 절대 후회하지 않는다.

그리고 이제 미련 없이 예순여섯 해의 전반생을 뒤로하고 새로운 후반생에 도전하는 순례의 길을 계속할 수 있을 것 같다.

테오티우아칸 피라미드 그리고 남아메리카여 안녕!

리마에서 이틀을 더 보내고 2011년 2월 10일 오전 8시 반 샌프란시스코행 항공기에 올랐다. 2010년 12월 초에 남극대륙을 향해 출발한

피라미드 위에서 본 사자의 거리와 신들의 도시

태양 피라미드 앞에서

후 남아메리카에서 배낭을 메고 좌충우돌하였던 다섯 번째 여행을 마치고 드디어 가족에게 돌아가는 날이다. 샌프란시스코로 가는 항공기는 멕시코 공항에 오후 1시에 도착하였다. 이곳이 나의 남미 여행의 마지막 기착지가 되는 셈이다. 저녁 8시 20분에 출발하는 항공기를 탈 때까지 멕시코 공항에서 7시간 이상을 기다려야 한다.

멕시코 공항에 도착한 나는 주어진 7시간을 어떻게 쓸까 생각하였다. 멕시코에 오기 전 중앙아메리카에도 이집트와 같은 피라미드가 있다는 사실을 알고 있었다. 그러나 문제는 내가 그곳에 다녀올 시간이 충분한지 확실치 않았다. 공항에 도착하자 바로 안내 데스크에 가서 문의해 보니 피라미드 광장은 공항에서 1시간 반 거리에 있다고 한다. 택시로 가는 데 왕복 4시간을 잡고 피라미드 광장에서 2시간을 보낸다고 해도 연결편 항공기가 떠나기 전에는 충분히 돌아올 수 있을 것 같았다. 출국심사를 마치자마자 수수께끼의 도시 테오티우아칸신들이 만들어진 장소으로 가기 위하여 무조건 택시에 올라서 테오티우아칸 피라미드로 가자고 했다.

교통체증과 공해가 심한 도심을 통과해서 1시간 반가량 가자 도로 표시판이 나오고 그 길로 계속 가니 '신들의 도시'라는 유적지가 나온다. 이곳은 케찰코아틀, 태양의 피라미드, 사자死者의 거리, 달의 피라미드 사원이 기하학적 그리고 상징원리에 의해 조성된 곳이다. 택시운전사에게 다시 공항으로 돌아갈 수 있도록 입구에서 기다려 달라고 부탁하고 신들의 도시 안으로 들어가 태양 피라미드의 정상을 향해 올라가기 시작하였다.

지구 상에 존재하는 피라미드 가운데 세 번째로 크다는 태양의 피라미드는 폭 225m에 높이가 75m이다. 테오티우아칸 문명이 멸망한 후 이곳에 이주한 아스텍이 태양의 피라미드라 명명한 것이라고 하나 원래 이름이 무엇인지는 아무도 모른다.

세기 초에 메소아메리카의 중심 문명의 한 획을 그었던 신들이 만들어진 장소이다. 여행시즌이 지났는지 이 신비의 도시는 텅 빈 사자의 거리와 태양과 달의 피라미드에 올라가는 몇 사람을 제외하고는 말 그대로 죽음의 도시처럼 적막하고 괴이한 것이 영화 속에서 보는 외계의 한 풍경 같다.

그리스도가 베들레헴 땅에 태어났을 그즈음 중앙아메리카의 고지 위에 이 거대한 피라미드를 세웠던 원주민들은 누구였을까? 그리고 당시 가장 컸던 이 신비의 도시 이름이 무엇이었는지 수수께끼는 아직도 밝혀지지 않고 있다.

이 도시의 최초 설립자는 톨텍 민족이라는 설이 있지만 이것은 그들의 이름이 식민지 시대의 기록에 최초로 언급되어 있기 때문일 뿐 확실한 것은 아니다. 테오티우아칸이라고 부르기 시작한 것은 도시가 멸망하고 수 세기가 지난 후에 이주한 나우아틀어를 쓰는 사람들이었다고 한다.

테오티우아칸은 선사시대부터 농경지역이었고 메소아메리카 지역에서 시작된 올멕, 마야, 잉카와 아스텍으로 이어지는 중남아메리카의 중요한 문명권의 하나였다. 고고학자들은 테오티우아칸이 기원전 100년에서 약 350년에 걸쳐 건설되었고 첫 번째 밀레니엄, 콜럼버스가 미대륙을 발견하기 이전까지 지구 상에 존재했던 가장 큰 도시였다고 한다. 그들의 주장은 기원전 1세기 당시 인구 20만이 거주했다고 추측하는 이 도시는 세계사에 기록된 어느 유적지보다 큰 도시이기 때문이다. 메소아메리카의 찬란했던 문명의 발자취를 돌아보기 위해 언제인가 다시 배낭을 메고 이곳을 찾아오리라 다짐한다.

2011년 2월 11일 샌프란시스코를 거쳐 2달 반 만에 사랑하는 가족 품에 건강한 몸으로 돌아왔다.

65세에 시작한 6대륙 33개 나라, 13개월의 나그넷길에서 지구둘레길을 거닐며 많은 친구를 만났다. 그리고 높은 산을 오르며 깊은 호수를 건너고, 넓은 바다와 끝없는 사막 가운데서 조물주의 황홀한 작품도 감상하였다.

또한 여행길에 주어온 보석 같은 전설들, 나누고 싶은 이야기를 장년의 세대에 같은 꿈을 꾸고 있는 벗들과 나누고 싶다는 욕심을 부려본다. 내가 걸었던 길들이 내 아이들에게 한 아버지가 발자취로 남겼던 것처럼 작은 전설이 될 수 있기를 바라며 또한 솜씨 없는 이 글은 삶의 이모작을 시작한 내게는 행복한 여행길의 소중한 기록이며 추억이다.

세상의 끝
그러나 모든 것의 시작

이 말은 남미대륙의 가장 끝자락에 있는 소도시 우수아이아를 가리킨다. 또한, 이 구절은 한 지점이 종점이 될 수도 출발점이 될 수도 있다라는 뜻이기도 하다. 살다 보면 누구에게나 인생 반전의 순간이 찾아오기 마련이다.

나는 2010년 초 만 65세에 35년간 종사해 왔던 소프트웨어 설계자동화 분야를 끝으로 전반부 경력을 마감하였다. 그리고 후반생 미지의 세계에 도전하기로 하였다. 그것은 내가 도달한 은퇴의 종착역이 새로운 삶의 시발역이 될 수 있다는 믿음 때문에 인생 이모작을 경작해 보려는 것이다.

누구에게나 꿈의 버킷리스트가 있을 것이다. 가보고 싶은 곳, 해보고 싶은 일, 남기고 싶은 것들….

첫 번째 꿈의 리스트를 따라 배낭을 메고 한 해 동안 지구촌을 순례하였다. 홀로 걸었던 나그네 길목에는 잉카제국의 옛길, 빙하 덮인 마지막 대륙 남극, 시베리아의 바이칼 호, 북극권의 오로라, 아마존의 밀림, 킬리만자로의 눈, 나미비아의 모래언덕, 에티오피아의 원시 부족 마을, 세계의 지붕 티베트 고원, 히말라야의 설국, 몽골의 대평원, 수백 년간 비가 내린 적이 없는 칠레 아타카마 사막, 이스터 섬과 그 외 숨겨진 오지와 지구촌의 구석진 동네들이 있었다. 구경꾼이 아닌 순례자로 신화와 전설이 담긴 고장을 그리고 숨은 역사와 원주민의 숨결이 느껴지는 외진 동네를 찾아다녔다.

비용을 줄이기 위해 무거운 배낭을 메고 합숙소에서 잠을 자고, 직접 음식을 만들어 먹는 저 경비 여행을 통해 지구촌의 그늘진 뒷골목을 좀 더 자세히 살피도록 했다. 찾아갔던 그 고장 사람들의 저렴한 교통수단과 그 땅의 먹거리를 통해 그들의 체취와 음식문화를 체험하였고, 그리고 춤과 노래를 통해 그 민족의 역사와 문화를 이해하도록 했다. 때로는 말이 안 통하는 여러 나라에서도 살아남는 희열과 수시로 겪었던 모험은 예순여섯 살 소년을 마냥 젊고 행복하게 하였다.

두 번째 꿈은 내가 걸었던 후반생 첫 나그넷길에서 만난 전설과 이야기를 우리 시대에 일탈을 꿈꾸는 어버이들과 나눌 수 있도록 한 권의 책으로 엮는 것이다. 어쩌면 이 서투른 글이 재산보다는 전설을 유산으로 남기고 싶어 하는 어버이들에게 마중물이 되어 줄 수 있다면 나에게 하나의 작은 행복이 될 것이다. 더 욕심을 부린다면 내가 걸어온 인생행로의 굴곡과 순례길에서 보았던 젊은 날의 초상이 현대를 살아가는 젊은이들에게 꿈을 지피는 작은 불쏘시개가 되기를 소망하고 있다.

이 책은 지리적인 구분에 따라 첫 번째와 마지막 배낭여행을 함께 묶은 남아메리카와 남극 편이고, 두 번째 책은 유라시아 순례기 그리고 세 번째는 아프리카와 중동 여행기가 될 것이다.

이 글이 마무리되는 대로 못다 한 순례길, 지구촌의 구석진 동네를 향해 나는 다시 배낭을 멜 생각이다.

마지막으로 이 글의 초고를 읽고 출판할 것을 권유하고 조언하며 격려를 아끼지 않은 구은모 선생에게 고마움을 전하고 싶다.